医疗损害责任纠纷司法解释
理解与适用丛书

最高人民法院
关于医疗损害责任纠纷案件司法解释
理解运用与案例解读

主　编：杨立新
副主编：陈龙业　刘召成

撰稿人：杨立新　陈龙业　刘召成
马　辉　赵　玉　阙梓冰
王丽莎

中国法制出版社
CHINA LEGAL PUBLISHING HOUSE

前言

《最高人民法院关于审理医疗损害责任纠纷案件适用法律若干问题的解释》历经7年的起草和论证，终于在2017年12月13日公布，并于次日实施。这在侵权责任法领域中是一件大事，对于正确适用《中华人民共和国侵权责任法》第七章“医疗损害责任”的规定，处理好医疗损害责任纠纷案件，具有重要的实践意义和理论价值。我作为《中华人民共和国侵权责任法》的立法参与者以及这部司法解释的起草参与者，对此感到十分欣慰，可以说是期盼已久。

在起草《中华人民共和国侵权责任法》的过程中，具体侵权责任类型的规定，医疗损害责任这一部分是最难的。一方面，从医疗事故责任向医疗损害责任的转化，解决了很多重要的问题，在保护患者权利，认定医疗损害责任，平衡患者、医疗机构和全体人民的利益关系等方面，都有了突破性的进展，构建了新型的医疗损害责任制度；另一方面，对于其中的一些难题，由于各方面的原因未能得到解决，如医疗过失和因果关系的举证责任缓和、医疗损害责任的鉴定等，因而也给司法实践留下了法律适用的困惑。近几年，不论是司法实践还是法学理论研究，都对此进行了深入探讨，提出了解决问题的意见。最高人民法院通过调查研究，借鉴理论和实践研究成果，终于完成了医疗损害责任纠纷司法解释制定工作，解决了其中的主要问题。因此，这部司法解释不仅对于司法实践具有重要的指导意义，对于理论研究也具有重要意义。

最高人民法院研究室的陈龙业法官是我指导的博士研究生，他毕业之后就一直在最高人民法院研究室工作。这部司法解释的起草工作就是由他负责的，这是他主笔起草完成的第一部司法解释，他对此感到深受鼓舞，我对他的工作成绩也感到欣慰。我和陈龙业以及我的其他学生共同写作这本书，既表达了这样的心情，也体现了我们这个研究团队理论与实践相结合的研究风格。

这部司法解释刚刚公布实施，对其进行的研究虽然有前期工作的基础，但是对很多问题还需要继续进行更加深入的研究。加之写作时间仓促，写作中难免存在一些不足，敬请读者批评指正。

杨立新

目　录

第一编　医疗损害责任纠纷司法解释整体释评

第二编 医疗损害责任纠纷司法解释条文释义

第三编 医疗损害责任纠纷法律适用经典案例

附录

第一编　医疗损害责任纠纷司法解释整体释评

第一章　《最高人民法院关于审理医疗损害责任纠纷案件适用法律若干问题的解释》起草的基本情况和重大意义

2017 年 12 月 13 日，最高人民法院公布了《最高人民法院关于审理医疗损害责任纠纷案件适用法律若干问题的解释》（以下简称《解释》），对医疗损害责任纠纷的法律适用问题作出了规定。《解释》的发布是最高人民法院贯彻落实党的十九大精神和习近平总书记关于健康中国重要论述，依法保护患者合法权益，保障医药卫生事业发展，推动构建和谐医患关系，促进平安医院建设，助推健康中国战略实施的有力举措。从内容上看，《解释》始终坚持问题导向，积极回应社会各方关切，切实解决审判实践中各方反应较为突出的医疗损害责任举证难、鉴定难、责任认定难等问题，推动建立健全医疗损害责任纠纷司法解决的长效机制。由于《解释》的社会关注度较高，现结合有关理论和实践中的问题、观点、意见等，对《解释》的起草背景、过程及重大意义等进行释解，以便社会各界更好地理解《解释》的内容，更好地推动《解释》正确实施。

一、《解释》的起草是人民法院积极推进健康中国建设的有力举措

医疗卫生事业与广大人民群众的生活息息相关，医患关系是构建社会主义和谐社会的重要内容。党中央高度重视深化医药卫生体制改革，十八届五中全会明确提出了推进健康中国建设的总体要求，习近平总书记在全

国卫生与健康大会上的重要讲话中指出，“当前，医药卫生体制改革已进入深水区，到了啃硬骨头的攻坚期。要加快把党的十八届三中全会确定的医药卫生体制改革任务落到实处。”“要把人民健康放在优先发展的战略地位。”“推进健康中国建设，是我们党对人民的郑重承诺。”习近平总书记要求，“各级党委和政府要把这项重大民心工程摆上重要日程，强化责任担当，狠抓推动落实。”同时指出，“要严厉依法打击涉医违法犯罪行为特别是伤害医务人员的暴力犯罪行为，保护医务人员安全。”党的十九大报告更是庄严提出实施健康中国战略，强调“人民健康是民族昌盛和国家富强的重要标志。要完善国民健康政策，为人民群众提供全方位、全周期健康服务。”

《解释》的起草是在人民法院充分发挥职能作用，积极推动和践行健康中国建设的背景下进行的。人民法院既是健康中国建设宏伟蓝图的推动者，更是参与者、实施者。

最高人民法院党组坚决贯彻中央精神，要求各级人民法院充分发挥司法职能，促进卫生与健康事业改革发展，切实保障人民健康，推动构建和谐医患关系，为加快推进健康中国建设提供有力司法服务和保障。党组书记、院长周强同志多次指示，要进一步健全医疗纠纷调解和司法解决机制，促进卫生与健康事业的法治化治理与发展，为增进人民健康提供法治保障。2016 年 9 月，最高人民法院党组召开会议，传达学习全国卫生与健康大会精神，部署贯彻落实措施。周强院长主持会议并讲话强调，要认真学习贯彻会议精神，特别是习近平总书记重要讲话精神，深刻认识建设健康中国的重要意义，坚持以人民为中心的发展思想，充分发挥司法职能，促进卫生与健康事业改革发展，切实保障人民健康，为加快推进健康中国建设提供有力司法服务和保障。周强强调，要充分发挥司法职能，促进卫生与健康事业的法治化治理与发展，为增进人民健康提供有力法治保障。要深刻认识建设健康中国的重要意义，坚持以人民为中心的发展思想，把人民健康放在优先发展的战略地位，努力做到全方位、全周期保障人民健康。要坚持严格公正司法，依法惩治损害人民身体健康和生命安全的违法犯罪行为。要依法审理医疗领域纠纷案件，健全完善多元化纠纷解决机制，妥善化解各类医患纠纷，推动构建和谐医患关系。要依法严厉打击涉医违法犯罪行为，特别是伤害医务人员的暴力犯罪行为，依法严厉打击在医疗机构聚众滋事等违法犯罪行为，对暴力伤医行为“零容忍”，切实保护医务人员安全，为医务人员营造安全的执业环境，为患者创造良好的看病就医环境。2017 年 3 月 27 日，周强院长主持最高人民法院审判委员会审议《解释》（稿）时又专门强调，医疗卫生事业与广大人民群众的生活息息相关，医患关系是构建社会主义和谐社会的重要内容。近年来，随着人民生活水平的不断提高，社会公众对医疗服务的期望日益提高，同时医疗改革进入深水期和攻坚期，利益调整更加复杂。党中央高度重视深化医药卫生体制改革，党的十八届五中全会明确提出推进健康中国建设的总体要求。习近平总书记在全国卫生与健康大会上发表重要讲话，系统阐述了推进健康中国建设的重大意义、工作方针和重点任务，为建设健康中国提供了根本遵循和行动指南。最高人民法院党组认真贯彻习近平总书记重要讲话精神，要求各级人民法院正确审理医疗损害责任纠纷案件，依法维护当事人合法权益，充分发挥审判机关职能作用，推动构建和谐医患关系，促进卫生与健康事业改革发展。针对当前司法实践需求，最高人民法院研究制定《解释》，以更好地贯彻落实党中央决策部署，切实保障患者利益、保护医疗人员积极性，促进构建和谐医患关系。要把社会各界的意见建议充分反映到司法解释中，广泛凝聚共识和力量，共同推进健康中国建设。周强院长的这一讲话内容鲜明精准地概括了《解释》起草的大背景。

和谐医患关系的构建是健康中国建设的题中应有之义。加强医药卫生事业建设，是实现人民群众病有所医，提高全民健康水平的重要社会建设工程。经过多年努力，我国医药卫生事业发展取得显著成就，但医疗服务能力、医疗保障水平与人民群众不断增长的医疗服务需求之间仍存在一定差距。一段时期以来，一些地方相继发生暴力杀医、伤医以及在医疗机构聚众滋事等违法犯罪行为，严重扰乱了正常医疗秩序，侵害了人民群众的合法利益。这些闹医、殴医甚至弑医事件一定程度上加剧了医患关系的紧张程度，个别地方甚至成为“现象级”的社会目光集聚焦点所在。我们认为，良好的医疗秩序是社会和谐稳定的重要体现，也是增进人民福祉的客观要求。依法惩处涉医违法犯罪，维护正常医疗秩序，有利于保障医患双方的合法权益，为患者创造良好的看病就医环境，为医务人员营造安全的执业环境，从而促进医疗服务水平的整体提高和医药卫生事业的健康发展。为此，最高人民法院坚决贯彻中央精神，积极投入打击医闹的工作中，最高人民法院、最高人民检察院、公安部、司法部、国家卫生和计划生育委员会五家单位联合发布《关于依法惩处涉医违法犯罪维护正常医疗秩序的意见》（法发〔2014〕5号），明确要求，对涉医违法犯罪行为，要依法严肃追究、坚决打击。其中要求人民法院应当加快审理进度，在全面查明案件事实的基础上依法准确定罪量刑，对于犯罪手段残忍、主观恶性深、人身危险性大的被告人或者社会影响恶劣的涉医犯罪行为，要依法从严惩处。在注重刑事打击“医闹”在推动平安医院建设、构建和谐医患关系中的重要作用的同时，也应该理性的看到，破解“医闹”这一医患关系难题，需预防与化解并举，真正做到“两手抓，两手都要硬”。健全医疗损害责任纠纷民事责任方面的法律适用规则，为预防和化解医患矛盾提供具体规则指引，即将医患纠纷纳入法治化轨道，通过法治思维、法律规则来确定裁判规则和行为规则，一方面，这对于解决双方矛盾，引导双方理性冷静处理纠纷具有重要意义，另一方面，通过明晰的法律规则给患者合法权益予以充分保障的同时，对医疗机构的合法权益也予以充分保障，使得医疗机构及其医务人员可以在法律规则制度的保护下放手进行诊疗活动，这无疑对于防范“医闹”以及促进医疗卫生事业发展具有积极意义。此外，对于“医闹”问题的解决要疏堵并举，但更要预防为主，《解释》的起草正是在民事领域积极应对这一问题，厘清医患双方权利义务的法律适用规则，从而有效推动和谐医患关系构建的有机组织部分。

二、《解释》的起草是从供给侧解决审判实践中突出问题的有力举措

《解释》的起草是最高人民法院紧密结合医疗损害责任纠纷审判需求，致力于解决相关法律适用突出问题的背景下进行的。

（一）关于医疗损害责任纠纷案件审理的基本情况

近年来，全国法院受理医疗损害责任纠纷案件数量总体上较为稳定，在整个民商事案件中占比不大。但是各地普遍反映医疗损害责任纠纷审理难度大、审理周期长、案件调撤率底，其中有关举证责任、鉴定程序规范、责任构成、责任承担等法律适用中的争点、难点问题多，亟需统一裁判尺度。

2011 年至 2016 年全国法院审理医疗损害责任纠纷案件情况表

年份	收案	结案	判决	驳回起诉	撤诉	调解
2011	17237	17277	6401	120	2920	7525
2012	16966	16999	5997	75	2894	7671
2013	18799	17530	6101	114	2769	8061
2014	19944	18340	7229	168	2878	7552
2015	23221	20327	8928	238	3227	7220
2016	21480	20833	10050	329	3572	6489

总体而言，全国各地受理医疗损害责任纠纷案件平稳，占民事案件的比例小。比如，2010 年至 2014 年，全国法院共受理医疗损害责任纠纷一审案件 90189 件，审结 87205 件，年均增长 3.7%。平均每年受理 1.8 万件，占民事案件总数比例较小，处于 2.4‰～2.8‰间，并且比例在逐年减小。相比之下，医疗纠纷调解委员会等人民调解组织受理的医疗纠纷数量更多，2014 年人民调解处理医疗损害责任纠纷 6.6 万起，占医疗损害责任纠纷总量的 57.4%，且调解成功率在 85% 以上。从同期医疗服务观察，2014 年全国门诊总量为 78 亿人次，诉至法院的医疗纠纷数量占比非常小。这在一定程度上表明，当前我国医患关系的主流是和谐的，绝大多数的医患双方还是互相配合，并且大部分的医患纠纷都可以通过医调会协调解决。

（二）关于医疗损害责任纠纷案件审理的基本特点

近年来，人民法院审理医疗损害责任纠纷案件呈现以下特点：

1. 总体上调撤率偏低，全国各地不均衡。比如有的地方医疗纠纷案件调撤率稳定在60%左右，但总体上低于一般民商事案件的调撤率，即使调撤率偏高的地区这几年也回调到40%多。但有的地方，比如西部某较发达地方的基层法院2006年至2011年共受理医疗损害责任纠纷案件127件，审结93件。其中，调解14件，调解率为15.1%；撤诉20件，撤诉率为21.5%；判决55件，判决率为59.1%；驳回起诉4件，占4.3%。医疗损害责任纠纷案件还有一个特点是医疗纠纷案件的上诉率和申诉率明显高于其他民商事案件，比如有的地方一审医疗损害责任纠纷案件上诉率约为其他民商事案件上诉率的3倍以上，申诉率则更高。

2. 患者胜诉多，但获赔率低。目前因医患纠纷诉至人民法院的案件，原告绝大多数为患者，一般来说，95%以上为患者告医院，即属于医疗损害责任纠纷的范畴。从诉讼结果看，虽然医院败诉居多，不少地方患方胜诉率一般能达到60%左右甚至更高。例如，2011年至2014年，浙江某市医疗损害责任纠纷案件一审判决结案共222件，判决支持或部分支持患者诉讼请求的达59.91%，其中判决医疗机构承担主要责任的占14.5%，承担次要责任的占45.50%；某基层法院的数据表明，患方获得医方经济赔偿或补偿的占63.27%；广东某基层法院已判决的81件案件中，患者胜诉率达65.43%。由于患者起诉时普遍期望偏高，而经过法院审判后数额常常相差甚远，因此虽然患者胜诉率高，但获赔率较低。

3. 审理周期普遍较长。医疗纠纷案件的审理往往涉及医疗行为有无过错和医疗行为与损害结果之间有无因果关系的专业鉴定，平均鉴定时间在4个月以上，审理周期普遍较长。从东部某发达省份法院案件审理情况看，医疗损害责任纠纷平均审理时间为158.83天，远超民事案件平均审理时间51.3天，其中实际审理期间在6个月以上的占31.04%，在1年以上的占12.51%。大部分医疗纠纷案件经过二次以上鉴定，鉴定最长的历时近2年。

简言之，医疗损害责任纠纷案件数量增长并不多，但案件审理难度较大，调撤率不高，审理周期较长（医患矛盾比较突出，专业问题需要鉴定导致周期较长）。审理难的原因主要在于：医疗损害责任纠纷案件审理工作的重点是对医疗行为的过错与患者损害结果之间的因果关系进行审查和认定，而对以上问题的认定涉及专业性问题，往往需要通过鉴定予以确定。同时，由于法官通常缺乏医学专业知识，对证据的判断存在一定的困难，因此，医疗损害赔偿纠纷审理难度很大。此外，由于医疗损害责任纠纷关系患者的人身财产权利以及医院的声誉，即使在诉讼过程中，医患双方的矛盾仍很容易激化，这使得医疗损害责任纠纷案件的审理难度更大。

正是由于审判实践中医疗损害责任纠纷案件审理存在上述难点问题，凸显了医疗损害责任纠纷领域法律适用规则供给侧的不足，也就凸显了制定医疗损害司法解释的重要性。应该说，《解释》的制定是解决当前医疗损害责任纠纷存在的突出问题、有效统一全国法院裁判尺度的一剂必不可少的良药。

三、《解释》的起草是细化有关法律规定、指导统一裁判尺度的有力举措

根据《人民法院组织法》《各级人民代表大会常务委员会监督法》和《全国人民代表大会常务委员会关于加强法律解释工作的决议》等有关规定，人民法院在审判工作中具体应用法律的问题，由最高人民法院作出司法解释。《解释》是一部关于医疗损害责任纠纷案件审理的系统规定，既有实体内容，又有程序规则，是根据审判实践需要对《侵权责任法》《民事诉讼法》相关规定的细化，以统一医疗损害责任纠纷案件的裁判尺度，维护法律适用的统一。

2009 年《侵权责任法》的出台为医疗损害责任的法律适用提供了基本遵循。比如，面对司法实践中医疗事故责任和医疗过错责任双轨制的现实问题，采用统一的“医疗损害责任”概念。统一使用医疗损害责任概念，不仅仅是一个侵权法的概念的统一问题，更重要的是结束了医疗损害

责任双轨制所表现出的法制不统一的现状，统一了法律适用规则，实行统一的、一元化结构的医疗损害救济制度，用统一的法律尺度保护受害患者的民事权益。又如，明确了医疗损害责任的基本类型。《侵权责任法》第55条至第59条分别规定了医疗伦理损害责任、医疗技术损害责任和医疗产品损害责任三种医疗损害责任的类型；确定了医疗损害责任的归责原则体系。《侵权责任法》在第54条明确规定："患者在诊疗活动中受到损害，医疗机构及其医务人员有过错的，由医疗机构承担赔偿责任。"按照这一规定，医疗技术损害责任适用过错责任原则。证明医疗机构及医务人员的医疗损害责任构成要件包括过错要件，由原告即受害患者一方承担举证责任，只有在第58条规定的情形下，可以推定医疗机构或者医务人员有过错。同样，证明医疗伦理过失实行过错责任，采取原告证明的方式认定医疗伦理过失。按照第59条规定，医疗产品损害责任实行无过错责任原则，因药品、消毒药剂、医疗器械的缺陷或者输入不合格的血液造成患者损害的，患者可以向生产者或者血液提供机构请求赔偿，也可以向医疗机构请求赔偿。患者向医疗机构请求赔偿的，医疗机构赔偿后，有权向负有责任的生产者或者血液提供机构追偿。其中医疗机构在此承担的属于中间责任，是无过错责任原则；如果医疗机构承担最终责任，则须参照第42条规定，只有对于医疗产品的缺陷产生具有过错的，才予以承担，否则最终责任应当由缺陷医疗产品的生产者承担。应该说，相较原先的体系内容，《侵权责任法》关于医疗损害责任的规定是成功的。但是作为调整侵权责任关系的基本法律，《侵权责任法》不可能涵盖医疗损害责任的方方面面，而由于社会生活的复杂性和不断变化发展的客观情况，实践中医疗损害责任纠纷的具体情形也千差万别，这就需要以司法解释的形式予以细化，特别是对责任构成、责任承担、损害赔偿等实体法规则予以进一步明确。

对于人民法院审理医疗损害责任纠纷案件而言，还需要运用大量的程序法规则。众所周知，举证责任分配和鉴定程序对于医疗损害责任纠纷的依法妥善处理具有至关重要的作用，可谓医疗损害责任纠纷处理的"双核驱动"。但是，《民事诉讼法》及民事诉讼法司法解释有关举证责任及鉴定程序的规定都是针对所有民商事案件的一般性规定，不能照顾到医疗损害责任纠纷案件的特殊性。比如，关于举证责任，2001 年最高人民法院出台了《最高人民法院关于民事诉讼证据的若干规定》，其第 4 条第 1 款第 8 项规定："因医疗行为引起的侵权诉讼，由医疗机构就医疗行为不存在医疗过错和因果关系承担举证责任。"该规定明确将医疗过错的举证证明责任分配给医疗机构，即在过错方面实行了举证证明责任倒置的做法，实质上采用了过错推定责任的归责原则。这主要考虑的是医疗损害责任纠纷中患者一方举证困难，多数医疗病历资料由医疗机构保管，且医疗技术性和专业性过强，不利于患者获得公正赔偿。《最高人民法院关于民事诉讼证据的若干规定》出台以后，很大程度上促进了对患者一方权益的保护，但同时也产生了很大争议。有意见认为，这一方面会导致滥诉，部分患者没有损害也告医院，增加了许多诉讼案件；另一方面给医疗机构和医务人员造成了巨大的责任压力，在一定程度上导致了过度医疗和保守医疗越来越严重，看病越来越难，也越来越贵。正因如此，《侵权责任法》第 54 条对于医疗损害技术责任明确规定了过错责任原则，即医疗机构及其医务人员有过错的，医疗机构承担赔偿责任；而对于过错要件事实，原则上由原告承担举证责任。但由于没有解决医疗方和患者方信息不对称的问题，在理论上和司法实务中对诊疗损害责任纠纷案件的举证证明责任的分配问题仍有不小争议，特别是仍有意见认为，《侵权责任法》第 54 条虽然规定为过错责任，并没有明确举证证明责任的分配，依然有适用《最高人民法院关于民事诉讼证据的若干规定》第 4 条第 8 项规定的余地。由于举证责任问题是医疗损害责任纠纷处理最为基本和关键的问题，在《民事诉讼法》《侵权责任法》没有明确规定的情况下，《解释》必须依据相关法律精神对此作出回答，而对这一问题的研究论证也是《解释》起草过程中花费精力最多的内容。再如，关于鉴定的问题，由于医学本身的专业性问题，鉴定意见对于妥善处理医疗损害责任纠纷的重要性不言而喻。但是《侵权责任法》并没有解决医疗损害鉴定的双轨制问题，对于医疗损害鉴定意见如何采信、鉴定程序如何规范乃至鉴定公信力如何保证等，是在医疗损害责任纠纷审判实践中绕开不开的问题，也是《解释》所不能回避的课题。

如上所述，正是因为《侵权责任法》《民事诉讼法》在供给侧为审判实践中依法审理医疗损害责任纠纷提供的具体法律规则不足，有些法律适用规则亟需明确、裁判规则亟需统一，这也就亟需《解释》的出台。换言之，《解释》的起草就是在不断加强在供给侧为医疗损害责任纠纷输出裁判规范的背景下进行的。

四、《解释》的起草过程

《解释》的起草工作正式开始于 2011 年，历时近 7 年，前后修改 20 余稿，可谓“七年磨一剑”。应该说，《解释》的起草始终坚持以问题为导向，充分进行调研，收集整理并认真研究了全国各地法院制定的审理医疗损害责任纠纷案件数十万字的指导意见材料，先后多次到浙江、北京、江苏、福建等地实地调研；多次召开卫生系统座谈会，充分听取卫计委有关部门、医学会、医学专家和医院代表意见；在高校召开专家学者论证会，认真听取法学、医学专家意见；召开全国部分法院调研座谈会，听取审理医疗损害责任纠纷案件一线办案法官意见。经过起草小组多次讨论修改后，书面征求卫计委、司法部、国务院法制办等单位，各高级人民法院以及最高人民法院内相关部门意见，共收到反馈意见 400 余条。在对各方意见认真梳理、充分研究吸收后，报送全国人大常委会法工委征求意见，最终形成送审稿提交最高人民法院审判委员会审议。

为广泛汇聚民意民智，把社会各界的意见建议充分反映到司法解释中，2017 年 3 月 27 日，周强院长主持最高人民法院审判委员会召开会议审议《解释》时，专门邀请了部分全国人大代表、全国政协委员和专家学者列席会议。在这里需要特别说明的是，周强院长在这此会议上强调，邀请人大代表、政协委员、专家学者列席最高人民法院审判委员会，是最高人民法院顺应司法改革要求，倾听群众呼声、主动接受监督、深化司法公开的重要途径，对于完善审委会工作机制，更好地倾听民意、汇聚民智，促进司法为民、公正司法具有重要意义。要深入践行司法为民，始终坚持以人民为中心的发展思想，把实现好、维护好、发展好最广大人民的根本利益作为一切工作的出发点和落脚点，认真倾听人民群众呼声，及时、准确了解人民群众的司法需求，切实增强司法服务的针对性、实效性，做到民有所呼、我有所应。要大力发扬司法民主，充分听取社会各界的意见，广泛汇聚民智，吸纳各方面智慧力量，推进各项工作更加深入有效地开展。要坚定不移地深化司法公开，进一步增强审判委员会工作的透明度，多渠道听取人大代表、政协委员、律师、法学专家等各界意见，涉及重大公共利益和受到社会广泛关注的司法政策、司法解释在起草、制定过程中，要邀请人大代表、政协委员、专家学者等列席会议，充分听取各方面意见建议，主动接受社会监督，使司法更加贴近人民群众，更好地服务人民群众。这也为下一步司法解释起草和审议工作指明了方向。

《解释》审议通过后，最高人民法院又围绕代表委员们所提意见建议，进行了认真细致的研究，对《解释》相关内容作了有针对性的完善，最终发布实施。

五、《解释》起草所遵循的基本原则

《解释》坚决贯彻党的十八大、十九大和十八届三中、四中、五中全会精神，按照全面依法治国，推进健康中国建设的总体部署，始终坚持将法治思维和法治方式作为妥善处理医患纠纷的基本范式，致力于依法统一医疗损害责任纠纷案件的裁判尺度，指引医患双方规范各自行为，为构建和谐医患关系提供有力司法保障。具体而言，《解释》的起草，主要遵循了以下原则：

一是坚持依法解释的原则。司法解释的起草必须严格遵循立法精神。《解释》的起草坚决贯彻了《侵权责任法》《民事诉讼法》等法律规定，对于法律规定较为原则的规则予以细化，以更有效地指导审判实践。《解释》按照《侵权责任法》规定医疗损害责任适用过错责任原则的规定和《民事诉讼法》关于举证证明责任的规定精神，明确规定了医疗损害责任的举证责任分配的具体规则。根据《侵权责任法》关于医疗产品责任主体的规定、《民事诉讼法》关于诉讼主体方面的规定，细化规定了医疗产品责任的当事人及追加的规则；根据《侵权责任法》关于产品责任承担规则的规定，明确规定了销售者承担医疗产品责任的规则。同时遵循立法精神，也要最大限度地探究立法本意、掌握立法背景。《解释》对于审判实践中如何界定医疗过错，不局限于立法文义，而是在研究掌握立法资料的基础上，探究立法本意，结合审判实际，规定了“当地医疗水平”作为认定医疗过错的参考因素。《解释》的起草在坚持依法解释的基础上，充分尊重和参照医药卫生方面的部门规章，以使解释内容更加科学。比如，参照《医疗机构管理条例实施细则》《医疗美容服务管理办法》等的规定，在《侵权责任法》第54条规定的基础上对诊疗行为的范围作了进一步的明确列举。此外，在与我国法律规定不冲突的情况下，《解释》也适当参考域外的法律规则。比如，《解释》对于医疗损害责任按照过错责任的规则设计的医疗损害责任举证责任分配规则以及按照严格责任规则设计的医疗产品责任规则，与德国、日本、法国等大陆法系国家以及美国的做法均是原则一致的；在医疗损害鉴定方面对“同行评价原则”的探索也是参考了日本等发达国家的惯常做法。最后，在《解释》起草过程中，也充分尊重立法机关意见，认真向立法机关征求意见。

二是坚持问题导向与总结各地审判经验相结合的原则。《解释》的起草，致力于解决当前医疗损害责任纠纷案件审判实践中亟需解决且有一定普遍性的问题。在对调研征集的各地审理医疗损害责任纠纷案件中反映的问题进行系统梳理研究的基础上，对各方反映较为突出的法律适用问题作出明确规定。尤其是针对各方普遍反映的医疗损害责任举证难、证据认定难（比如病历的提交难以及病历真实性、完整性的认定难），鉴定难等问题，在充分尊重和总结吸收各地审判实践经验的基础上，细化了医疗损害责任案件的一般举证证明责任分配规则，医疗产品责任的举证证明责任分配规则，明确了医院提交病例资料的义务，明确了当事人举证责任与鉴定程序启动的衔接；细化了鉴定程序的启动、鉴定费用的交纳、鉴定人的选择及资质要求、鉴定事项、原因力规则的把握、鉴材和鉴定意见的质证程序，强化了鉴定人出庭的要求及法律后果，为依法规范医疗损害鉴定程序提供了有益参考，为下一步会同有关行政主管部门制定统一的医疗损害鉴定程序规则，彻底解决医疗损害鉴定双轨制问题指明了方向。针对审判实践中医疗损害责任的适用范围、医疗过错的认定以及责任认定较为混乱等问题，在充分调研的基础上作出了细化规定，并对紧急救治的情形与责任，多个医疗机构均实施诊疗行为情形下的责任，会诊的情形与责任，医疗机构违反告知义务的情形与责任，医疗产品责任如何承担等问题作了明确规定。

三是坚持依法保护患者利益与保障医药卫生事业发展相平衡的原则。医患双方利益的平衡保护，事关权利救济与医药卫生事业发展乃至广大人民群众健康福祉有机统一的重大问题。有损害必有救济。依据《侵权责任法》等法律的规定，任何民事主体的合法权益受到损害都应得到相应救济，医疗纠纷中受到损害的患者也不例外。同时，医药卫生事业的发展与每个人的生命身体健康息息相关。良好的医疗秩序是社会和谐稳定的重要体现，也是增进广大人民群众健康福祉的客观要求。维护正常医疗秩序，有利于保障医患双方的合法权益，为患者创造良好的看病就医环境，为医务人员营造安全的执业环境，促进医疗服务水平的整体提高和医药卫生事业的健康发展，最终受益的也是广大人民群众。因此，《解释》自始至终都将实现患者利益保护与维护良好的医疗秩序、保障医药卫生事业发展之间的有机平衡作为起草的基本原则，合理设计条文内容。比如，在医疗产品责任方面，一方面，为充分救济患者一方的损害，明确了患者一方可以主张医疗产品生产者、销售者与医疗机构共同承担赔偿责任的规则；另一方面，在举证责任方面则为医疗机构最终责任的承担合理设计了“门槛”，依照无过错责任的基本规则，又充分考虑到患者专业知识、举证能力的不足，明确了患者一方要对医疗产品是否存在缺陷以及该缺陷与患者损害之间的因果关系问题可以申请鉴定。同时，为更好地维护患者利益，威慑和制裁知假产假售假者，《解释》依法规定了惩罚性赔偿制度，但为保障医药卫生事业的发展，避免医疗机构承担过重的责任，将医疗机构排除在惩罚性赔偿的责任主体之外。再如，关于诊疗过错的认定，《解释》充分考虑我国不同地区发展不平衡的问题，明确将当地的医疗水平作为参考因素，意在依法保障相对落后地区医药卫生事业的发展；关于医务人员违反说明义务的精神损害赔偿的规定，《解释》也明确了患者在此情形下有主张精神损害赔偿的权利，但将此限定为造成患者人身损害或者实施手术、特殊检查、特殊治疗的情形，避免对这类问题形成“滥诉”，造成医院过重的负担，从而平衡保护医患双方的利益。关于紧急救治的情形与责任的规定，既细化了医院在患者生命垂危且不能表达意见情形下的救治义务以及怠于履行该义务的责任，同时也避免医院承担过重责任，甚至出现医疗伦理上的争议，将原条文中的“近亲属的意见明显不利于患者利益的”一项删除。《解释》对于会诊责任的规定也贯彻了这一原则，规定了这一情形下由邀请方承担责任的一般规则，意在促进医学交流与发展，提高社会整体医疗水平，方便群众就医。对于患者同时请求多个医疗机构承担赔偿责任的情形，一方面，针对实践中不少患者通过转院到赔偿标准较高地区的医疗机构就诊来“拉管辖”的方式获得更高赔偿，不当加重原医疗机构责任的问题，明确了受诉法院所在地的医疗机构依法不承担赔偿责任时，不能按照受诉法院所在地的赔偿标准来计算须承担责任的医疗机构的赔偿数额的规则；另一方面，本着对患者损害充分救济的考虑，对于该两个以上医疗机构共同承担责任的情形，则依据“就高不就低”的原则，可以按照其中赔偿标准较高的医疗机构所在地的标准执行。

四是坚持尊重诊疗行为自身规律与合理分配医疗风险相统一的原则。按照分配正义的基本原理，现代侵权责任法的一个基本功能就是如何分配不幸的损害或者风险。具体到医疗损害责任领域，如何看待和处理诊疗活动中的风险，将很大程度上影响医学的发展进步和广大人民群众的健康福祉。如果医疗机构的风险过大、负担过重，就会导致部分医生有意识地回避一些高风险的手术，采取保守、甚至是消极的治疗，长远来看必然会阻碍医学的发展，更会损害大多数患者的利益。因此，确定医疗损害的责任承担规则，首要考虑的就是如何合理分配医疗风险，而这就要以准确认识医疗风险以及诊疗行为本身的特点为基础。诊疗行为以医学为基础，兼具自然科学和社会科学的属性，具有鲜明的实验性和发展性，医学要随着疾病的变化而不断发展和探索；同时，医学也是经验科学，但今天的经验往往来自于昨天的创新，来自于试错，只有不断总结经验，才能有所进步，而试错就意味着风险。概言之，诊疗行为本身具有公益性、专业性、探索性、风险性的特点。医疗机构救死扶伤的基本职责是诊疗行为公益性的鲜明体现，同时诊疗行为的公益性这一特征也直接决定了医药卫生事业发展与广大人民群众病有所医的根本利益密切相关。诊疗行为本身的专业性是医学本身科学性和经验性的体现，这不仅表现为医务人员掌握和运用医疗知识的专业性、诊疗行为本身的精准性和复杂性，也表现为患者对于诊疗行为以及疾病本身的非专业性、医患双方的信息不对称，还表现为医疗纠纷中诊疗过错以及诊疗行为与损害后果因果关系判断的专业性和复杂性。诊疗行为的探索性则是基于诊疗行为自身公益性的功能和医学自身发展的客观要求。为攻克当前不能治愈疾病或者不断变化变异疾病，提高全民健康水平，必然要求医学以及诊疗行为不断向前实验和探索。诊疗行为本身的风险性是与其探索性、疾病本身的复杂性等相伴生。受制于医学发展本身的局限性、诊疗行为本身的复杂性、疾病的不断变化或者变异、医疗水平以及医务人员资质能力的不同、患者个体体质差异等，医疗风险会或多或少的存在。公益性与专业性是诊疗行为的基本特征；探索性和风险性则是基于诊疗行为公益性与专业性所必然出现的客观情况，也是引发医疗损害责任纠纷的重要因素。依法妥善处理医疗损害责任纠纷案件，就要准确把握诊疗行为本身的特点，尤其是要充分考虑诊疗行为公益性与专业性的要求。比如正是因为医患双方的信息偏差、举证能力不足等，《解释》在举证责任部分，明确了患者举证责任缓和的规则，在当事人无法通过自身能力进行举证的情况下，通过启动鉴定来进行专业判断。同时明确了鉴定程序、鉴定意见对于医疗损害纠纷处理的重要地位，尤其是在鉴定人资质要求方面，在当前条件下最大限度引入了同行评价原则。过错认定多种因素（除了当时当地医疗水平外，还要考虑患者个体差异、病情紧急程度等）、惩罚性赔偿、医疗机构违反说明义务情形下的举证责任分配等，也是基于其公益性考虑，避免医疗机构保守治疗、过度检查而不敢进行试新的探索。

六、《解释》重点解决的问题

《解释》的起草，按照全面依法治国、实施健康中国战略的总体部署和“一手抓严厉打击涉医违法犯罪活动、一手抓医疗纠纷预防与处理长效机制建设”的工作要求，着力解决审判实践中困扰医疗损害责任纠纷案件审理的突出法律适用问题，主要包括：一是界定了《解释》的适用范围，即患者以在诊疗活动中受到人身或者财产损害为由请求医疗机构，医疗产品的生产者、销售者或者血液提供机构承担侵权责任的案件，适用本解释。同时明确将医疗美容损害责任纠纷纳入医疗损害责任纠纷范围，为人民法院依法审理医疗美容责任纠纷提供基本遵循。二是明确了《侵权责任法》第54条规定所涉及的举证证明规则。《解释》以构建和维护和谐医患关系为出发点，明确了患者主张医疗机构承担赔偿责任的，应当提交到医疗机构就诊、受到损害的证据。无法提交医疗机构及其医务人员有过错、诊疗活动与损害之间具有因果关系的证据，依法提出医疗损害鉴定申请的，人民法院应予准许。三是规定了医疗损害责任纠纷中存在数个侵权人时的当事人确定及追加规则，明确了患者仅起诉部分侵权人时，当事人依法申请追加其他主体为共同被告或者第三人的，人民法院应予准许。四是基于医疗损害鉴定对于医疗损害责任纠纷案件处理的重要性，针对审判实践中存在的鉴定程序不规范、鉴定意见公信力不足、鉴定人出庭难等问题，依据《民事诉讼法》有关规定，对医疗损害鉴定的程序启动、鉴定意见的采信、鉴定人出庭、专家辅助人等问题作了规定。五是对医疗损害责任承担规则作了规定，明确了多个医疗机构造成患者同一损害的责任形态、医务人员外出会诊责任、医疗产品责任及输入不合格血液受到损害的责任承担、医疗产品责任中的惩罚性赔偿等审判实践中普遍存在、较为关注问题的法律适用规则。具体而言，《解释》主要解决了以下问题：

其一，关于医疗美容纠纷的法律适用问题。审判实践中，因为美容问题引发的纠纷如何适用法律，尤其是对此类纠纷是否属于医疗损害责任纠纷的范畴争议较大。明确医疗美容损害责任纠纷的法律适用规则，对于规范医疗美容行业健康有序发展、维护广大人民群众的健康利益具有重要意义。在充分调研论证基础上，参考《医疗机构管理条例实施细则》第 88 条、《医疗美容服务管理办法》第 2 条的规定，《解释》明确了医疗美容属于“诊疗活动”的范围，规定因医疗美容行为引发的纠纷应属于医疗损害责任的范围，应当适用医疗损害责任的规定。同时，《解释》还参考《医疗机构管理条例实施细则》《医疗美容服务管理办法》的有关规定，对医疗美容损害责任纠纷作了明确界定，以与生活美容类损害责任纠纷相区别。

其二，关于医疗损害责任纠纷的举证责任问题。举证责任问题是每个医疗损害责任纠纷案件必然要遇到的问题，也是医疗损害责任纠纷案件中较受关注的问题。明确举证责任分配规则也是确定鉴定申请程序及后续责任承担规则的基础。《最高人民法院关于民事诉讼证据的若干规定》关于医疗损害责任纠纷中因果关系和过错要件适用举证责任倒置的做法，虽然缓和了患者举证责任，也在一定时期内起到其应有作用，但在执行过程中也出现了一些不利后果，无助于医学发展进步，不利于从根本上维护患者看病就医权利。《侵权责任法》第 54 条明确规定，患者在诊疗活动中受到损害，医疗机构及其医务人员有过错的，由医疗机构承担赔偿责任。《解释》在严格遵循立法本意的前提下，以构建和维护和谐医患关系为出发点，在大量实证调研和借鉴域外经验做法基础上，进一步明确了司法适用规则，即患者依据《侵权责任法》第 54 条规定主张医疗机构承担赔偿责任的，应当提交到该医疗机构就诊、受到损害的证据；患者无法提交医疗机构及其医务人员有过错、诊疗活动与损害之间具有因果关系的证据，依法提出医疗损害鉴定申请的，人民法院应予准许；医疗机构主张不承担责任的，应当就《侵权责任法》第 60 条第 1 款规定的情形等抗辩事由承担举证证明责任。对于医疗产品责任纠纷，《解释》也遵循上述思路规定了患者无法提交使用医疗产品或者输入血液与损害之间具有因果关系证据，依法申请鉴定的，人民法院应予准许。

《解释》的上述规定，既遵循了《侵权责任法》确立的过错责任原则，又避免了因举证证明责任分配不当而导致双方实体权利义务显著失衡而激化医患矛盾，充分考虑到患者存在医学专业性不足、信息不对称等客观情况，对患者进行了适当的举证责任缓和。这一规定属于在医疗损害责任纠纷案件审理过程中的法律适用规则，并不涉及立案受理问题。医疗损害责任纠纷案件立案要按照立案登记制的要求，依法做到有案必立、有诉必理。

其三，关于医疗损害鉴定程序的规范问题。由于医学本身的专业性，诊疗行为有无过错及其与患者损害后果有无因果关系、原因力的大小等往往需要通过鉴定程序来解决。没有医疗损害鉴定，多数医疗损害责任纠纷案件的处理会非常困难，因此医疗损害鉴定对于医疗损害责任纠纷案件的处理的重要性不言而喻。但实践中存在鉴定程序不规范、鉴定意见公信力不足、鉴定人出庭难等问题，很大程度上影响了案件的公正处理。正因为如此，《解释》依据《民事诉讼法》有关鉴定程序的规定，基于促进鉴定程序的规范化、科学化，提高鉴定意见的公信力，对医疗损害鉴定意见的采信、鉴定人出庭等问题作了规定。具体而言，主要包括：（1）针对实践中鉴定人的资质要求不规范以及当事人是选择鉴定机构还是鉴定专家等问题，《解释》明确了医疗损害鉴定的根本在于借助专家的专门知识、技能和经验，辅助法官对专门性事实问题作出判断，以保证案件裁判的公正。因此，《解释》依据《民事诉讼法》的有关规定，明确了鉴定人的确定应当从具备相应的鉴定能力、符合鉴定要求的专家中选择的基本要求。当然这并不影响当事人通过先选择鉴定机构，再确定鉴定专家的实践做法。人民法院应当根据案件具体情况对鉴定专家作必要审查，确保鉴定专家具备相应鉴定能力。涉及临床医学方面专门性问题的鉴定，应当具备临床医学鉴定方面的资质要求；涉及法医学方面专门性问题的，应当具备法医学方面的资质要求。（2）针对实践中鉴定材料提交混乱影响鉴定程序正常开展的问题，《解释》明确了当事人应当按照要求提交真实、完整、充分的鉴定材料的基本要求，并对补充提交鉴定材料、鉴定材料的质证作了明确规定。(3) 针对实践中鉴定人资质不符合要求、鉴定期限过长、鉴定意见书写不规范，甚至有的鉴定意见无法作为案件证据使用的问题，《解释》规定了当事人申请或者人民法院依职权委托鉴定的，应当有明确的鉴定内容和要求，对其中需要鉴定的专门性问题和鉴定要求的事项作了具体列举。(4) 医疗损害责任纠纷案件中普遍存在原发疾病、个人体质及诊疗过错等共同作用导致损害发生的多因一果问题，实践中鉴定意见对于原因力的表述不一，影响了人民法院对鉴定意见的准确采信。针对这一问题，《解释》根据侵权责任法的基本理论，从人民法院裁判案件的角度对医疗损害责任中诊疗行为与患者自身疾病等其他造成患者损害的原因之间的原因力大小区分了六种情形予以规定，从而规范鉴定意见对原因力问题的写法，以便人民法院更准确地确定当事人之间的责任。

其四，关于鉴定人出庭难及鉴定意见质证难的问题。对此，《解释》主要从强化鉴定人出庭作证程序和明确适用专家辅助人制度两个方面作出了规定，既弥补当事人尤其是患者一方对鉴定意见专业性方面举证能力的不足，又充分发挥庭审作用，为人民法院依法准确认定案件事实提供程序保障。《民事诉讼法》第 78 条明确规定了鉴定人出庭作证的具体情形及相应法律后果。鉴定人出庭作证难的问题在更加依赖鉴定意见的医疗损害责任纠纷案件中更加突出，相应的规范鉴定人出庭作证程序对于医疗损害责任纠纷的处理就显得更加重要。为此，《解释》依据《民事诉讼法》的有关规定，在明确规定鉴定意见的质证要求的基础上，细化了医疗损害责任纠纷中鉴定人出庭作证的程序要求。同时，考虑到医疗损害纠纷案件本身的专业性特点，有必要发挥专家辅助人制度对于依法妥善解决医疗纠纷的重要作用。实践中对专家辅助人提出意见的证据定性及效力问题存有争议，这一问题在医疗损害责任纠纷中较为突出。为增强当事人对鉴定意见进行质证的能力，充分发挥庭审实质作用，《解释》依据《民事诉讼法》第 79 条的规定，对医疗损害责任纠纷中的专家辅助人制度作了规定，突出强调该专家辅助人须具有医学专门知识，并在参考其他相关司法解释的基础上，明确了专家辅助人所提意见经过质证，可以作为认定事实的根据。

其五，关于自行委托鉴定意见的采信问题。审判实践中，当事人自行委托鉴定的情形不在少数，对此效力认定的问题存有较大争议。普遍认为当事人一方自行委托鉴定存在明显的弊端，由此作出的鉴定意见往往仅对委托鉴定的一方当事人有利，欠缺公正性。调研中也有意见指出，自行委托鉴定对于诉前解决医疗损害责任纠纷具有一定的积极意义。因此，为保证鉴定意见的信服力，推动当事人依法启动鉴定程序，经过慎重考虑，《解释》就医疗损害鉴定中单方委托鉴定的问题，适当提高了人民法院采信自行委托鉴定意见的门槛，规定了一方当事人自行委托鉴定作出的医疗损害鉴定意见，在另一方当事人认可的情况下，人民法院可以对该鉴定意见予以采信。同时，对于双方当事人共同自行委托鉴定的情形，基于当事人处分原则，对此应予准许，这在价值导向上也有利于通过诉前调解等方式化解矛盾。如果一方当事人对双方共同委托而作出的鉴定意见不认可，则应当提出明确的异议内容并予以质证；在该异议不成立的情况下，人民法院应当采信该鉴定意见。

其六，关于紧急救治情形的责任承担问题。《侵权责任法》第56条规定了紧急情况下医疗机构实施紧急医疗措施的内容，但实践中对于如何认识该条中“难以取得患者或者其近亲属同意”以及紧急救助情形下的责任承担问题分歧较大，亟需进一步明确。在深入调研、反复论证的基础上，《解释》对因抢救生命垂危的患者等紧急情况且不能取得患者近亲属意见的情形作出细化规定的基础上，本着鼓励和维护医疗机构在患者处于紧急情况下积极施救的价值导向，规定对于抢救生命垂危的患者等紧急情况，不能取得患者或者其近亲属意见的，医务人员经医疗机构负责人或者授权的负责人批准立即实施相应的医疗措施，患者因此请求医疗机构承担赔偿责任的，人民法院不予支持。同时，对于医疗机构怠于立即实施相应的医疗措施，导致患者受到损害的，《解释》也明确规定了医疗机构应当承担相应的赔偿责任。这样不仅有利于指导实务操作，有利于规范医疗机构行为，也有利于保障生命垂危等紧急情况下患者得到及时救治，维护其生命、健康权益。

其七，关于医师外出会诊责任的承担问题。医师外出会诊是当前医疗实践中较为普遍的一种现象。会诊对于促进医学交流与发展，提高医疗水平，保证医疗质量和医疗安全，方便群众就医，实现医疗资源优化配置、提高医疗服务水平、维护人民群众身心健康、满足人民群众不断增长的医疗需求具有重要意义。但在会诊过程中，由于涉及发出邀请的医疗机构、接受邀请的医疗机构、会诊医师和患者四方当事人，一旦造成患者损害，如何确定法律责任，缺乏相应的法律规定，属于法律空白地带，亟需明确有关法律适用规则，以统一裁判尺度。《解释》在深入调研、综合各方意见的基础上，对于会诊责任确立了由邀请医疗机构承担责任的规则。由邀请医疗机构承担责任而不由会诊医疗机构承担责任，对于鼓励和促进医学交流与发展，提高社会整体医疗水平，方便群众就医，维护人民群众健康福祉具有积极意义。

其八，关于医疗产品责任纠纷案件中惩罚性赔偿的适用问题。《侵权责任法》在产品责任一章中确立了惩罚性赔偿制度，其目的在于通过制裁故意将缺陷产品投放市场并且已经造成了使用人严重人身损害的行为，督促生产者、经营者规范其行为，以充分保护产品使用人的合法权益。医疗产品事关广大人民群众生命健康，从某种意义上讲，缺陷医疗产品的危害较普通产品的危害更为严重。在医疗产品责任纠纷中适用惩罚性赔偿，对于规范医疗领域存在的医疗产品市场不规范、制售假冒伪劣医疗产品屡禁不止等问题具有重要意义。由于《侵权责任法》第 47 条并没有规定相应的惩罚性赔偿的标准，经过慎重考虑，《解释》参照《消费者权益保护法》第 55 条第 2 款的规定，明确规定了医疗产品的生产者明知医疗产品存在缺陷仍然生产或者医疗产品的销售者明知医疗产品存在缺陷仍然销售的，造成患者死亡或者健康严重损害，患者请求生产者或者销售者赔偿损失及所受损失二倍以下的惩罚性赔偿的，人民法院应予支持。这对于威慑或者阻遏明知医疗产品存在缺陷仍然生产、销售的行为，维护广大人民群众的生命健康利益，具有重要而积极的作用。

七、《解释》实施的重大意义

最高人民法院发布《解释》，旨在积极回应社会各方关切，统一审理医疗损害责任纠纷案件的裁判标准，切实解决审判实践中各方反映较为突出的医疗损害责任举证难、鉴定难、责任认定难等难点、争点问题，运用法治思维和法治方式指引医患双方规范各自行为，健全医疗纠纷司法解决机制，促进卫生与健康事业的法治化治理与发展，为增进人民健康提供法治保障。

其一，《解释》为医疗损害责任纠纷案件的依法妥善审理提供具体指引，有力推动了医疗损害责任纠纷处理的司法长效机制的建立健全。《解释》是第一部系统全面规定医疗损害责任纠纷案件审理法律规则的司法解释，既有实体责任承担规则，又有诉讼程序规定，条文内容简明清晰，便于操作，具有很强的指导性和实践性，能够在供给侧有效满足今后一定时期内审理医疗损害责任纠纷的法律规则需求。比如关于举证责任分配的规则，较法律及以前司法解释的规定，在具体规则方面作了更加明晰全面的规定，便于人民法院裁判适用，也便于当事人掌握；关于鉴定人出庭作证的程序要求及客观原因不能出庭的规定，给人民法院处理相关问题提供了清晰的规则指引；关于紧急救治的规定对“不能取得患者或者其近亲属意见”的五种情形的具体化阐释，对于减少认知争议、指导司法实践意义重大。尤其要说明的是，《解释》关于诊疗过错的认定问题，在《侵权责任法》第57条将医疗机构及其医务人员过错的认定标准界定为“未尽到与当时的医疗水平相应的诊疗义务”的基础上，明确了认定诊疗过错应依据诊疗行为发生时的法律、行政法规、规章以及其他有关诊疗规范规定的普遍医疗水平，这是一般规则。但由于我国经济社会发展并不平衡，发达地区与不发达地区的医疗水平存在较大差异，不同医疗机构及医务人员资质存在差别，患者自身病情及紧急程度也存在不同，在某些特定情况下，对诊疗过错的认定有必要适当考虑病情的紧急程度、患者个体差异、医疗机构及其医务人员资质、地区差异等客观因素。这一规定符合我国实际情况，有利于对相对落后地区或者资质较低的医疗机构或者医务人员放心开展诊疗活动，也有利于患者就近解决看病就医问题。

同时，《解释》的施行也会对医疗纠纷的多元纠纷化解决机制的健全发展，推动非诉方式化解医疗纠纷提供法律适用方面的指引，促进医患纠纷的妥善化解。比如关于双方自行委托鉴定意见的采信问题，《解释》的规定更是有利于诉前调解过程中对这一鉴定意见的采信，从而快速有效化解矛盾纠纷。

其二，《解释》的实施必将对规范医患行为、促进医患关系和谐产生重要影响。司法解释作为裁判规范毫无疑问会产生行为规范的作用和价值。《解释》的内容，特别是其中的实体法规则，无论从行为规范还是价值导向上对于规范医患双方行为具有积极意义，尤其是规范医疗机构行为、发挥医疗机构救死扶伤公益性职责以及医疗产品生产者、销售者保证和改善医疗产品质量有明显促进作用。甚至有意见认为，《解释》的施行必将对医疗实务工作产生深远影响。例如，对于举证责任分配的规定，不仅是对医患双方当事人如何举证的规定，给当事人申请鉴定提供指引，也指导当事人在行为意义上或者日常工作、生活中妥善保管病历资料等证据。又如，《解释》将“医疗美容纳入医疗损害责任范畴”，对于规范医疗美容行业健康有序发展、维护广大人民群众的健康利益具有重要意义。再如，关于紧急救治的规定，有利于保障生命垂危等紧急情况下患者得到及时救治，维护其生命、健康权益。有意见认为，这一规定不仅体现了对患者生命的高度重视，也体现了对医疗机构的约束。更有意见认为，这一规定为医疗机构主动抢救生命垂危患者提供了法律遵循，既统一了此类案件的法律适用，也解除了医务人员履行救死扶伤职责的后顾之忧，更堵死了因患者近亲属不愿签署意见而延误抢救可能引发悲剧的制度漏洞，有利于从源头上减少或防止此类医患矛盾的发生。

尤其需要说明的是，关于受诉法院所在地的医疗机构依法不承担赔偿责任时死亡赔偿金、残疾赔偿金的计算标准问题。《最高人民法院关于审理人身损害赔偿案件适用法律若干问题的解释》对于死亡赔偿金、残疾赔偿金的计算标准采取了受诉法院所在地上一年度城镇居民人均可支配收入或者农村居民人均纯收入的标准，而不同地区的经济发展不平衡，各地的赔偿标准多有高有底。在医疗损害责任纠纷中，有一些患者或者患者近亲属为获得更高赔偿，通过转院到赔偿标准较高地区的医疗机构就诊的方式，来获得连接点找管辖法院，导致到该医疗机构所在地法院起诉的案件屡屡发生。尤其在受诉法院所在地的医疗机构并不承担责任的情况下，仍然判决原来的医疗机构按照受诉法院所在地的赔偿标准承担责任，不仅加重了该医疗机构的负担，也加重了不承担责任医疗机构的诉讼负担，不利于和谐医患关系的构建。为此，《解释》针对患者同时请求多个医疗机构承担赔偿责任的情形，从维护诉讼诚信和维护和谐医患关系的角度，明确了受诉法院所在地的医疗机构不承担赔偿责任时，不能按照受诉法院所在地的赔偿标准来计算须承担责任的医疗机构的赔偿数额。《解释》的这一规定，旨在在依法救济受害人损害的基础上，导向患者一方理性诚信选择管辖法院（个别情况下包括诊疗医院），有效避免当事人滥诉，维护正常有序的诉讼秩序，也能在明晰法律责任的前提下，引导当事人理性选择纠纷处理方式，理性对待纠纷从而理性解决问题。由此推之，《解释》对于有关医疗损害责任纠纷法律适用规则作出明晰规定，使得医患双方当事人对自己的诉讼权利义务以及实体权利义务都有清晰认识，对于纠纷处理乃至行为规范及法律后果都具有合理预期，这对于医患双方冷静处理纠纷无疑是具有积极意义的。因此，《解释》的实施，必将对于预防和化解医患矛盾，构建和谐医患关系，促进平安医院建设，有效遏制“医闹”具有积极意义。

其三，《解释》的实施，从根本上是为了促进医疗卫生事业健康有序发展与维护广大人民群众健康福祉的有机统一。《解释》的内容坚决贯彻“以人民为中心”的理念，在司法制度层面推动病有所医的落实和发展。例如，《解释》中关于医师外出会诊责任承担的规定，价值导向上是为了促进医疗资源的有机分配，鼓励资质水平高的医疗机构积极外派医师进行诊疗，这也方便人民群众在当地得到较好的医疗救治。又如，《解释》中的紧急救治条款，《解释》将特定情况下的紧急救治的决定权交给医疗机构及其医务人员，并且在制度层面给医生提供相应的保障，这在很大程度上消除了他们的后顾之忧，有助于医生在紧急情况下放心大胆地投入对患者的积极救治中去，从而让生命垂危的患者得到最及时、最精准、最高效的救治。这一鼓励是对于生命至上理念的有力彰显，不仅有利于保障生命垂危等紧急情况下患者得到及时救治，而且有利于生命至上理念得到更大程度上的弘扬，有利于人的生命权与健康权得到更为切实的维护与保障。也有意见指出，"急救免责，怠救担责"，法律责任清晰明确，有助于医疗机构和医务工作者对角色职责有更加清醒的认识，更好地担负起救死扶伤、治病救人的神圣使命。再如，关于缺陷医疗产品的惩罚性赔偿规则的确立，对于规范医疗领域存在的医疗产品市场不规范、制售假冒伪劣医疗产品屡禁不止等问题具有重要意义。

第二章　《最高人民法院关于审理医疗损害责任纠纷案件适用法律若干问题的解释》条文整体释评

2017 年 3 月 27 日，最高人民法院审判委员会第 1713 次会议通过，自 2017 年 12 月 14 日起施行的《最高人民法院关于审理医疗损害责任纠纷案件适用法律若干问题的解释》（法释〔2017〕20 号，以下简称《解释》），自《侵权责任法》实施之后就开始起草，历经 7 年，经过反复打磨，终于在 2017 年 12 月 13 日公布。这是对《侵权责任法》第七章"医疗损害责任"规定作出的权威、全面的司法解释，既有程序法的内容，也有实体法的规范，具有重要的理论价值和实践意义。笔者曾经参与过对《解释》草案的起草工作，在本书中，仅对《解释》条文的含义和具体适用问题提出个人的理解意见。

一、《解释》的适用范围和医疗损害责任纠纷案件的当事人

《解释》第1条至第3条，规定的是《解释》的适用范围，以及医疗损害责任纠纷案件当事人的法律适用问题。

（一）《解释》的适用范围

《解释》第1条规定："患者以在诊疗活动中受到人身或者财产损害为由请求医疗机构，医疗产品的生产者、销售者或者血液提供机构承担侵权责任的案件，适用本解释。患者以在美容医疗机构或者开设医疗美容科室的医疗机构实施的医疗美容活动中受到人身或者财产损害为由提起的侵权纠纷案件，适用本解释。当事人提起的医疗服务合同纠纷案件，不适用本解释。"这是对适用《解释》的医疗损害责任纠纷案件范围的规定。

1.《侵权责任法》第七章规定的医疗损害责任纠纷案件

《解释》第1条第1款规定的医疗损害责任纠纷案件，与《侵权责任法》第七章规定的医疗损害责任的范围一致，即法律明文规定的医疗损害责任纠纷案件。

对《侵权责任法》规定的医疗损害责任，在立法过程以及在立法后的研究中，笔者认为包括四种医疗损害责任，即医疗伦理损害责任、医疗技术损害责任、医疗产品损害责任和医疗管理损害责任。四种医疗损害责任的具体内容是：

医疗伦理损害责任，是医疗机构和医务人员违背医疗良知和医疗伦理的要求，违背医疗机构和医务人员的告知或者保密义务，具有医疗伦理过失，造成患者人身损害或其他合法权益的损害，应当承担侵权损害赔偿的医疗损害责任。

医疗技术损害责任，是医疗损害责任的基本类型，是医疗机构和医务人员在医疗活动中，违反医疗技术的高度注意义务，具有违背当时的医疗水平的医疗技术过失，造成患者人身损害，应当承担侵权损害赔偿的医疗损害责任。

医疗产品损害责任，实际上就是在医疗过程中发生的产品责任，是医

疗机构在医疗过程中，使用有缺陷的药品、消毒药剂、医疗器械以及不合格的血液等医疗产品及准医疗产品，造成患者人身损害，医疗机构和医疗产品生产者、销售者或者血液提供机构应当承担侵权损害赔偿的医疗损害责任。

医疗管理损害责任，在《侵权责任法》第七章中没有明确列出，包含在该法第 54 条之中，是医疗机构和医务人员违背医政管理规范和医政管理职责的要求，具有医疗管理过失，造成患者人身损害、财产损害，应当承担侵权损害赔偿的医疗损害责任。①

《解释》第 1 条第 1 款有关责任主体的规定分为两个层次：前一个层次是“医疗机构”，后一个层次是“医疗产品的生产者、销售者或者血液提供机构”。以医疗机构作为单一责任人的医疗损害责任纠纷案件，包括医疗伦理损害责任、医疗技术损害责任和医疗管理损害责任的纠纷案件。以医疗产品的生产者、销售者或者血液提供机构作为责任人的医疗损害责任纠纷案件，是医疗产品损害责任纠纷案件，在其责任人中也包含医疗机构。

2. 在美容医疗机构和医疗机构的医疗美容科室受到损害的纠纷案件

对于在医疗美容实施过程中发生的损害责任是否适用《侵权责任法》第七章医疗损害责任的规定，存在争论。主要争论的不是在医疗机构的医疗美容科室发生的人身损害纠纷，而是就美容发生的损害赔偿纠纷，包括在医疗美容机构以及一般的美容机构是否适用医疗损害责任的规定。医疗美容损害责任纠纷案件发生在两种场合，一是专门的医疗美容机构，二是在医疗机构开设的医疗美容科室。不论在上述哪种场合，凡是发生医疗美容损害责任纠纷的，其前提都是通过医疗手段进行美容。医疗美容机构须是经医疗行政主管部门批准的，否则不能进行医疗美容。因此，医疗机构开设的医疗美容科室就是医疗机构的分支机构；而医疗美容机构则是经过

① 上述对医疗损害责任的四种分类，参见杨立新：《侵权责任法》，法律出版社 2015 年版，第 287～294 页。

批准的准医疗机构。在上述医疗美容活动中发生的医疗美容损害赔偿责任纠纷案件，当然是医疗损害责任纠纷案件，应当适用《侵权责任法》第七章关于医疗损害责任的规定。

在没有医疗机构资质的一般的美容机构进行美容而发生的损害责任纠纷案件，不是在医疗活动中发生的纠纷，不适用《侵权责任法》关于医疗损害责任的规定，因而不属于《解释》的适用范围。《解释》第1条第2款通过适用《解释》范围的规定，排除了一般美容机构进行美容造成损害适用《侵权责任法》关于医疗损害责任的规定，而应当适用《侵权责任法》第6条第1款规定的过错责任规则确定侵权责任。

3. 医疗服务合同纠纷案件不适用《解释》

在民事诉讼中，医疗损害责任纠纷案件和医疗服务合同纠纷案件是两种不同类型的民事纠纷案件。医疗损害责任纠纷案件是侵权责任纠纷案件，适用《侵权责任法》。而医疗服务合同纠纷案件是合同纠纷案件，适用《合同法》。尽管医疗损害责任纠纷案件是发生在医疗服务合同领域中的案件，但是由于医疗机构及其医务人员在医疗服务合同的履行中造成患者损害，损害的是患者的固有利益，构成侵权责任和违约责任竞合，符合《合同法》第122条规定，患者原本可以请求医疗机构承担违约责任或者侵权责任，但是，由于《侵权责任法》已经将这种民事责任明确规定为侵权责任，因而医疗损害责任是法定的侵权责任类型，一般都依照《侵权责任法》提起诉讼。尤其是《民法总则》已经将所有的民事法律关系的诉讼时效都规定为3年，违约责任和侵权责任在这一点上已经完全一样，选择医疗服务合同的违约责任解决患者固有利益的损害赔偿已经没有优势。如果仅仅是在医疗服务合同的履行过程中发生的违约责任，没有造成患者的固有利益损害，不是医疗损害责任纠纷案件，不在《解释》的适用范围之内。

（二）医疗损害责任纠纷案件的当事人

在医疗损害责任纠纷案件的当事人中，原告是受害患者；被告通常是医疗机构。尽管医疗损害责任的实际加害人多是医务人员，由于医疗损害责任是用人单位责任的特殊表现形式，[①] 因而在通常情况下，医疗机构是被告，不包括医务人员。

1. 同一伤病在多个医疗机构接受诊疗受到损害纠纷案件的被告

《解释》第2条和第3条规定的是医疗损害责任纠纷案件中的特殊当事人的两种情况。

第2条规定的当事人，即“患者因同一伤病在多个医疗机构接受诊疗受到损害，起诉部分或者全部就诊的医疗机构的，应予受理。患者起诉部分就诊的医疗机构后，当事人依法申请追加其他就诊的医疗机构为共同被告或者第三人的，应予准许。必要时，人民法院可以依法追加相关当事人参加诉讼。”

患者因同一伤病在多个医疗机构接受诊疗受到损害，患者可以起诉部分或者全部就诊的医疗机构。这一规定契合《侵权责任法》第13条和《民法总则》第178条的规定，究竟起诉部分或者全部医疗机构，是患者本人的权利。在患者起诉部分就诊的医疗机构后，如果当事人依法申请追加其他就诊的医疗机构作为共同被告或者第三人，符合《民事诉讼法》的规定的，当然可以，例如被诉的医疗机构认为责任人另有他人而申请追加当事人。如果人民法院认为有必要，当事人不申请追加，也可以自己依照职权追加相关当事人参加诉讼。

2. 医疗产品损害责任纠纷案件的被告

医疗产品损害责任纠纷案件与普通的产品责任纠纷案件的不同之处，就在于医疗机构作为不真正连带责任的责任人之一，与医疗产品生产者、销售者或者血液提供机构共同参加了不真正连带责任法律关系，他们都是《侵权责任法》第59条规定的责任主体。

针对这种情况，《解释》第3条规定，第一，患者因缺陷医疗产品受到损害，起诉部分或者全部医疗产品的生产者、销售者和医疗机构的，应

① 用人单位责任，即《侵权责任法》第34条第1款规定的侵权责任类型。该法第54条规定的医疗损害责任也是用人单位责任，但其具有特殊性，因而单独规定了第七章“医疗损害责任”。

予受理。这符合《侵权责任法》第59条的规定。第二，患者仅起诉医疗产品的生产者、销售者以及医疗机构中的部分主体为被告，也符合《侵权责任法》第59条以及第43条规定的要求。如果当事人依法申请追加其他主体为共同被告或者第三人的，人民法院应予准许。同时，如果确有必要，人民法院还可以依照职权，依法追加相关当事人参加诉讼。不过，医疗产品损害责任的责任形态是不真正连带责任，以起诉其中一个当事人为被告承担责任为常态，因此，最好是不追加其他被告，不必把所有的当事人都起诉作为共同被告。第三，患者因输入不合格的血液受到损害提起侵权诉讼的，在司法实践和理论研究中有一定的意见分歧，争论主要是血液是不是产品的问题。血液当然不是产品，但是《侵权责任法》第59条将血液造成损害与医疗产品造成损害同列在一个条文之中，因此可以将血液认定为准产品，就是准用产品责任规定的非产品，不合格的血液就是准缺陷产品。因此，应当参照适用《解释》第2条前两款规定，对不合格血液的提供者参照缺陷产品的生产者、销售者的规定，列为当事人或者追加为当事人。

二、医疗损害责任纠纷案件的举证责任分配及具体规则

在医疗损害责任纠纷案件中，由于医疗机构和患者掌握医疗信息严重不对称，因此在举证责任分配上具有特殊性，具体表现在：第一，《侵权责任法》第54条明确规定医疗损害责任适用过错责任原则，但是患者确实存在证明的困难；第二，《侵权责任法（草案）》曾经规定了医疗损害责任的因果关系推定规则，即第二次审议稿的第59条规定："患者的损害可能是由医务人员的诊疗行为造成的，除医务人员提供相反证据外，推定该诊疗行为与患者损害之间存在因果关系。"① 这一规则规定的就是举证责任缓和，是一个完全正确的规定。但是由于第二次审议稿在全国人大常委会审议中，一些常委提出批评意见，因此将该条文删除。正因为如此，

① 王胜明主编：《中华人民共和国侵权责任法释义》，法律出版社2013年版，第534页。

《解释》对于医疗损害责任纠纷案件的举证责任如何进行分配，根据实际情况作了明确的规定。

（一）医疗损害责任纠纷案件举证责任的分配规则

对于医疗损害责任纠纷案件的举证责任分配，《解释》第 4 条规定："患者依据侵权责任法第五十四条规定主张医疗机构承担赔偿责任的，应当提交到该医疗机构就诊、受到损害的证据。患者无法提交医疗机构及其医务人员有过错、诊疗行为与损害之间具有因果关系的证据，依法提出医疗损害鉴定申请的，人民法院应予准许。医疗机构主张不承担责任的，应当就侵权责任法第六十条第一款规定情形等抗辩事由承担举证证明责任。"这一规定确定的基本规则是：

第一，患者负有证明"到该医疗机构就诊"和"受到损害"的举证责任。医疗损害责任的构成要件，一是医疗机构的诊疗活动，二是患者受到人身损害，三是医疗机构的诊疗活动与患者受到人身损害之间具有因果关系，四是医疗机构及其医务人员在诊疗活动中有过失。在一般的侵权责任纠纷案件中，这四个侵权责任的构成要件都须由原告举证。《解释》第 4 条第 1 款明确规定，原告只就到该医疗机构就诊和受到损害两个要件承担举证责任，对于因果关系和过失的要件，并没有要求原告须承担举证责任。因此，受害患者作为原告，在诉讼中须提供到该医疗机构就诊和受到损害两个要件的证据；如果不能举证或者举证不足，应当承担败诉的后果。

第二，对于医疗机构的过失和因果关系要件，不强制原告承担举证责任。如果患者无法提交医疗机构及其医务人员有过错、诊疗行为与损害之间具有因果关系的证据，受害患者作为原告也不必然承担败诉的后果，而是可以依法提出医疗损害的鉴定申请，通过医疗损害责任鉴定，确定医疗机构一方是否存在过失，是否具有因果关系。这样的规定，虽然没有明确对医疗损害责任的过失要件和因果关系要件的举证责任倒置或者举证责任缓和，但是，这样的规定基本符合举证责任缓和的要求，弥补了《侵权责任法》在医疗损害责任的因果关系要件规定中的不足，能够保护好受害患者的诉讼权利和实体权利。举证责任缓和的要求是，原告应当首先证明被证明对象的可能性，然后实行举证责任转换，由被告举证证明否认原告提出的证明对象的可能性；能够否认原告证明的可能性的，被告胜诉；不能否认原告证明的可能性的，原告的可能性证明得到确认，原告胜诉。[①]《解释》第4条第2款没有明确规定这些规则，只是确定原告依法提出医疗损害鉴定申请的，人民法院应予准许，即通过医疗损害责任鉴定，确定医疗机构的过失和因果关系的要件。尽管这一条文没有明确规定举证责任缓和规则，但是这样的规则基本上体现了这样的要求，能够保护受害患者的权益也是好的。

第三，医疗机构主张不承担责任的，应当就《侵权责任法》第60条第1款规定情形等抗辩事由承担举证责任。这个规定不言自明，因为抗辩事由本身就是被告一方负有举证责任。第60条第1款规定的免责事由，一是患者或者其近亲属不配合医疗机构进行符合诊疗规范的诊疗，二是医务人员在抢救生命垂危的患者等紧急情况下已经尽到合理诊疗义务，三是限于当时的医疗水平难以诊疗。对《解释》第4条第3款规定的"等"字应当怎样理解呢？应当理解为包括其他的抗辩事由，如意外、不可抗力等。总而言之，凡是主张免责事由的被告，都要对自己的抗辩事由提供证据证明，不能证明或者证明不足的，都不能免除其侵权责任。

（二）对具体医疗损害责任类型的举证责任分配

1. 违反告知义务的医疗伦理损害责任的举证责任分配

《侵权责任法》第55条规定的是违反告知义务的医疗伦理损害责任。对于医疗伦理损害责任的举证责任，《解释》第5条第1款规定，"患者依据侵权责任法第五十五条规定主张医疗机构承担赔偿责任的，应当按照前条第一款规定提交证据。"患者依据《侵权责任法》第55条规定主张医疗机构承担赔偿责任的，应当提交到该医疗机构就诊、受到损害的证据，即由原告举证证明这两个要件。

---

① 参见杨立新：《民法思维与司法对策》（下卷），北京大学出版社2017年版，第1991、2019页。

依照《侵权责任法》第55条规定，医疗机构的告知义务包括三种，简言之，一是一般病情一般告知，二是特殊病情特别告知，三是不宜告知患者的应当告知其近亲属。《解释》第5条第2款规定的是第二种情形，即特殊病情特别告知：实施手术、特殊检查、特殊治疗的，医务人员应当及时向患者说明医疗风险、替代医疗方案等情况，并且取得其书面同意。

首先，医疗机构应当承担说明义务，说明义务的内容是医疗风险和替代医疗方案等情况。

其次，应当取得患者或者患者近亲属的书面同意，只有属于《侵权责任法》第56条规定的情形，即因抢救生命垂危的患者等紧急情况，不能取得患者或者其近亲属同意，经医疗机构负责人或者授权的负责人批准的除外。

再次，医疗机构提交患者或者患者近亲属书面同意证据的，人民法院可以认定医疗机构尽到说明义务，但患者有相反证据足以反驳的除外。书面同意证据，主要是由患者或者患者近亲属签字的医疗风险告知书等，在医疗风险告知书等文书的下方，有患者或者患者近亲属签名同意的意思表示。医疗机构提供了患者或者患者近亲属的书面同意证据就完成了举证责任，就证明了医疗机构保障了患者以及患者近亲属的知情同意权；不过，即使在这种情形，如果患者有相反证据足以反驳医疗机构出具的书面同意证据的，则认定医疗机构没有尽到告知义务，应当承担侵权责任。例如，医疗机构出具的患者或者患者近亲属书面同意的证据系伪造，就有这种法律效果。

2. 对推定医疗机构有过错事由的解释

《侵权责任法》第58条规定的是在医疗技术损害责任中推定医疗机构有过错的事由，共有三项：一是违反法律、行政法规、规章以及其他有关诊疗规范的规定，二是隐匿或者拒绝提供与纠纷有关的病历资料，三是伪造、篡改或者销毁病历资料。在这三种推定过错的情形中，第一种没有理解上的困难；第二种和第三种情形，即在提供病历资料的不作为即隐匿或拒绝提供，对病历资料违法的积极作为即伪造、篡改或者销毁病历资料，对病历资料应当怎样解释存在争论，即病历资料究竟是指主观的病历资料还是客观的病历资料。

《解释》第 6 条第 1 款规定："侵权责任法第五十八条规定的病历资料包括医疗机构保管的门诊病历、住院志、体温单、医嘱单、检验报告、医学影像检查资料、特殊检查（治疗）同意书、手术同意书、手术及麻醉记录、病理资料、护理记录、医疗费用、出院记录以及国务院卫生行政主管部门规定的其他病历资料。"这里解释的病历资料，既包括客观的病历资料，也包括主观的病历资料。在司法实践中，凡是列入本条第 1 款的病历资料，都是《侵权责任法》第 58 条第 2 项规定的病历资料；除此之外，国务院卫生行政主管部门规定的其他病历资料也在其中。凡是对上述病历资料，医疗机构采取消极的不提供行为，或者是违法的积极作为行为，隐匿或者拒绝提供，伪造、篡改或者销毁的，都应当推定医疗机构有过失。

在司法实践中，对于病历资料存在谁享有所有权的争论。有的认为病历资料的所有权为医院，有的认为是患者享有病历资料的所有权。其实，这种争论是没有意义的。病历资料作为一种物，属于动产，当然谁占有谁就享有所有权，医疗机构占有病历资料，当然是其所有权人。从《侵权责任法》的角度研究病历资料是因为其为书证，又是由医疗机构保管的，那么，患者对于自己的病历资料就享有必要的权利，这就是《侵权责任法》第 61 条第 2 款规定的患者要求查阅、复制前款规定的病历资料的，医疗机构应当提供。本条第 2 款规定："患者依法向人民法院申请医疗机构提交由其保管的与纠纷有关的病历资料等，医疗机构未在人民法院指定期限内提交的，人民法院可以依照侵权责任法第五十八条第二项规定推定医疗机构有过错，但是因不可抗力等客观原因无法提交的除外。"这一规定意味着，患者向法院申请医疗机构提交病历资料是行使自己的权利。在人民法院指定期限后，医疗机构应当在期限内提交；如果医疗机构未在法院指定期限内提交，就视为拒绝提交病历资料，则推定医疗机构有过错，如果医疗机构能够证明自己具有不可抗力等客观原因的，不作这样的过错推定，仍然采用鉴定的方法确定医疗机构是否有过错。

3. 医疗产品损害责任纠纷案件的证据规则

《侵权责任法》第59条规定的医疗产品损害责任，是无过错责任，在其责任构成中无须具备过错要件。这完全是产品责任规则在医疗领域中的适用。《解释》第7条规定的是医疗产品损害责任纠纷案件的证据规则，主要包括以下三项内容：

第一，患者依据《侵权责任法》第59条规定，依照医疗产品损害责任请求赔偿的，应当完成的举证责任包括：一是应当提交医疗机构在医疗活动中使用了医疗产品或者输入了血液的证据，对此，《解释》省略了医疗机构“在医疗活动中”的条件，这一点必须强调，因为如果不是医疗机构在医疗活动中使用医疗产品或者输入血液，就不存在医疗产品损害责任的问题，而是一般的产品责任。二是受到损害的证据，患者受到的损害应当是人身损害。患者主张医疗产品损害责任，对上述两个要件负有举证责任，不能举证或者举证不足，要承担败诉的后果。

第二，对于医疗机构在医疗活动中使用医疗产品或者为患者输入血液与患者受有人身损害之间具有因果关系的要件。如果患者能够提供证据证明，当然更好；但是，这个举证并不是强制的责任，因为在很多情况下，患者对此无法举证。因而《解释》规定，患者无法提交使用医疗产品或者输入血液与损害之间具有因果关系的证据，依法申请鉴定的，人民法院应予准许。这个规定意味着，在医疗产品损害责任纠纷案件中，因果关系的举证责任并非必须由患者承担，患者不能证明因果关系要件，也并不就面临败诉后果，其可以向法院申请因果关系的鉴定。对于患者提出的医疗产品损害责任因果关系鉴定的申请，法院必须准许，不得拒绝，因为法院如果拒绝患者提出的医疗产品损害责任因果关系要件的鉴定，将无法认定是否构成侵权责任。

第三，确认医疗产品损害责任除了上述两个要件以外，最重要的要件是缺陷。输血造成患者损害的则是血液不合格，因而血液不合格在输血感染的准医疗产品损害责任中，相当于缺陷的地位。在上述两个要件具备的情况下，医疗机构，医疗产品的生产者、销售者或者血液提供机构主张不承担责任抗辩的，其承担的举证责任的证明对象是医疗产品不存在缺陷或者血液合格。这一举证责任规则是司法解释对产品责任的缺陷要件究竟由谁承担举证责任这一问题，第一次作出明确规定。有关产品责任缺陷的规定，《侵权责任法》第 41 条和第 42 条以及《产品质量法》都有相关规定，但都没有规定缺陷要件由哪一方当事人承担举证责任，司法解释也从来没有对此作出过明确规定。《解释》第 7 条第 3 款明确规定，医疗机构以及医疗产品的生产者、销售者或者血液提供机构，如果主张自己不承担责任，就应当对医疗产品不存在缺陷或者血液合格的抗辩事由承担举证证明责任。这样，就把产品责任的缺陷要件的证明责任，分配给了产品生产者、销售者以及医疗机构和血液提供机构。这样的规定，不仅对于医疗产品损害责任的举证责任分配具有重要意义，而且对于《侵权责任法》第五章规定的产品责任的举证责任分配也具有重要意义。当然，这一款规定中也有一个“等”字，这里包括的也是意外或者不可抗力等情形，如果能够证明成立，当然也应当作为免责事由。

三、医疗损害责任纠纷案件的鉴定意见与专家辅助证人

在医疗损害责任纠纷案件的证明中，最重要的证据就是鉴定意见。在《侵权责任法》的立法过程中没有解决这个问题。其中一个理由是证明责任为程序法规定的规则，实体法不必规定。但其真实的原因是规定医疗损害责任鉴定是非常困难的，主要是谁有鉴定意见的鉴定资格，究竟是医学会的医疗鉴定专家还是司法鉴定机构的法医，有资格出具医疗损害责任鉴定意见，不好确定。

面对医疗损害责任纠纷案件的鉴定难题，《解释》作出了 7 条规定，包括谁有权主张申请鉴定，鉴定人如何进行选择，鉴定材料由谁提供，委托鉴定书和鉴定内容，因果关系鉴定的要求，对当事人自行委托和共同委托的鉴定意见的采信以及专家辅助证人，内容十分丰富，基本上解决了上述问题。

（一）医疗损害责任鉴定的申请人和鉴定人

在司法实践中，究竟谁在医疗损害责任纠纷案件中有权申请医疗损害责任鉴定，不是一个特别明确的问题，因为这涉及举证责任由谁承担。一般认为谁负举证责任，就应当由谁申请鉴定。对此，《解释》采取模糊的处理方法，即在第 8 条规定，当事人依法申请对医疗损害责任纠纷中的专门性问题进行鉴定的，人民法院应予准许。这里的当事人，既包括原告即受害患者，也包括被告即医疗机构（其中也包括医疗产品损害责任中的医疗产品的生产者、销售者以及血液提供机构）。换言之，凡是医疗损害责任纠纷案件的当事人，都有权主张进行医疗损害责任鉴定。对此，受理案件的人民法院应当准许，并组织进行医疗损害责任鉴定。如果案件的当事人未申请鉴定，人民法院对前款规定的专门性问题认为需要进行鉴定的，应当依职权委托鉴定。

确定进行医疗损害责任鉴定后，如何选择鉴定人，也是一个历史遗留的问题。《解释》第 9 条对此规定了明确的方法：

第一，当事人申请医疗损害鉴定的，由双方当事人协商确定鉴定人。这是选择鉴定人的民主方法，尊重双方当事人的一致意见。如果双方当事人协商确定了鉴定人，就按照双方确定的鉴定人进行医疗损害责任鉴定，使双方对鉴定人的选择方法都满意。

第二，如果当事人就选择鉴定人无法达成一致意见，不能用民主协商的方法确定鉴定人的，人民法院应当提出确定鉴定人的方法，当事人对法院提出确定鉴定人的方法同意的，按照该方法确定鉴定人，也是民主的方法，也尊重了当事人的意见。但是，如果当事人不同意，那就由人民法院指定鉴定人。

第三，无论是民主选择鉴定人，还是人民法院指定鉴定人，鉴定人从哪里产生，仍然还是一个问题。实践中争执的问题就是谁有医疗损害责任的鉴定资格。《解释》回避了这个问题，确定的方法是，“应当从具备相应鉴定能力、符合鉴定要求的专家中确定”。这样的做法能够保证做到，只要具备相应的鉴定能力，符合鉴定要求的专家，不管是在医学会的医疗鉴定专家，还是在司法鉴定机构中的医疗鉴定专家（如法医），都可以确定为医疗损害责任纠纷案件的鉴定人。

这样的做法有一个特别重要的价值，就是否定了医学会医疗事故鉴定的五人专家鉴定组集体鉴定的做法。在医疗损害责任鉴定以及在所有的司法鉴定中，鉴定人都是自己对法律负责，对案件事实负责，而不是集体负责。事实证明，集体负责就是谁也不负责的制度，因为没有办法找到具体的责任人，也无法追究有过失的鉴定人的责任。在《解释》第9条中，确定对医疗损害责任纠纷案件的鉴定是鉴定人的鉴定，而不是鉴定组鉴定。这一点非常重要。

（二）对医疗损害责任鉴定有关材料和程序的要求

1. 鉴定材料的提交和质证

委托医疗损害责任鉴定，首先必须有鉴定材料，如有关病历资料等。《解释》第10条规定，对于鉴定材料，当事人负有提交的责任，人民法院负有组织当事人对鉴定材料进行质证的职责。

首先，确定当事人申请医疗损害责任鉴定，委托医疗损害责任鉴定的，负有提交鉴定材料的责任。当事人应当按照要求，提交真实、完整、充分的鉴定材料。如果提交的鉴定材料不符合要求，人民法院应当通知当事人更换或者补充相应材料。

其次，在委托鉴定人进行鉴定之前，人民法院应当组织当事人对鉴定材料进行质证，由提供鉴定材料的一方将鉴定资料出示给对方当事人，对方当事人应当提出对鉴定材料的证明效力的意见。经过质证以后，对于取得一致意见的鉴定材料，提交给鉴定人进行鉴定。对于没有取得一致意见的鉴定材料，司法解释没有规定具体办法，应该由人民法院确定哪些鉴定材料应当提交给鉴定人。

2. 委托鉴定书、鉴定事项和鉴定要求

（1）委托鉴定书

委托进行医疗损害责任鉴定，首先要有委托鉴定书。《解释》第11条对此作出了规定。委托鉴定书的必要内容是：有明确的鉴定事项，有明确的鉴定要求。

委托鉴定书的作用是为鉴定人提出鉴定的事项及鉴定要求。鉴定人接受委托之后，应当按照委托鉴定书的要求完成委托鉴定的事项，按照鉴定要求进行鉴定。

（2）鉴定事项

《解释》第 11 条第 2 款规定的是鉴定事项，包括：

一是，实施诊疗行为有无过错。医疗损害责任中的过错原则上只有过失，没有故意，因而实施诊疗行为有无过错的鉴定事项是鉴定医疗机构及其医务人员在诊疗活动中是否存在过失，即不注意的心理状态。如果医疗机构及其医务人员在诊疗活动中有故意，那将转化为故意犯罪的刑事问题，绝不仅仅是医疗损害赔偿问题。同时，如果能够按照《侵权责任法》第 58 条的规定推定过失的，就不必进行这种鉴定，直接以推定过失确认医疗机构的责任。

二是，诊疗行为与损害后果之间是否存在因果关系以及医疗机构对患者造成损害的原因力大小。医疗损害责任的因果关系要件，在医疗损害责任构成中具有极重要的作用，因为因果关系要件既涉及医疗损害责任的构成，又涉及医疗损害责任数额的大小。在一般情况下，医疗损害责任纠纷案件都可以进行这种鉴定，因为没有专业的素养，无法做出因果关系有无和大小的判断。在原因力的判断上，医疗机构以及医疗损害责任鉴定通常叫作“医疗损害参与度”鉴定。所谓的参与度，就是原因力，是原因力的大小。这是医疗损害责任鉴定的必要事项。

三是，医疗机构是否尽到了说明义务、取得患者或者患者近亲属书面同意的义务。这一鉴定事项是针对《侵权责任法》第 55 条医疗伦理损害责任的规定。

四是，医疗产品是否有缺陷、该缺陷与损害后果之间是否存在因果关系以及原因力的大小。这一鉴定事项是针对《侵权责任法》第 59 条的规定，鉴定的是医疗产品是否有缺陷，以及该缺陷与损害后果之间的因果关系。这里应当补充的是，造成输血感染的血液是否合格也是准医疗产品损害责任的鉴定事项。

五是，患者损伤残疾程度。这一鉴定事项并非为医疗损害责任鉴定所专有，在所有的人身损害赔偿案件中都会存在这样的鉴定，对医疗损害责任中的患者损伤残疾程度的鉴定在司法鉴定中并无特殊性。

六是，患者的护理期、休息期、营养期。这一鉴定事项也是人身损害赔偿案件的一般鉴定事项，也没有特殊性。

七是，其他专门性问题。这是一个弹性条款，在医疗损害责任纠纷案件中存在其他的专门性问题需要进行鉴定的，也是委托鉴定事项。

(3) 鉴定要求

鉴定要求，是当事人以及人民法院委托进行医疗损害责任鉴定想要达到的鉴定目的，包括鉴定人的资质、鉴定人的组成、鉴定程序、鉴定意见、鉴定期限等。这些鉴定要求都应当在委托鉴定书中一一写明。其中鉴定人的资质和鉴定人的组成以及鉴定意见最为重要。对于鉴定人的资质，关系到鉴定人的专业与所鉴定事项的对应性，应当特别说明。鉴定人的组成，即由一个还是几个鉴定人进行鉴定，应当根据专业鉴定的具体要求确定，并提出具体要求。

(三) 因果关系的原因力鉴定

因果关系要件在医疗损害责任纠纷案件中，既包括因果关系的有无，也包括因果关系的大小即原因力的鉴定，后者决定责任人承担损害赔偿责任的大小。《解释》第12条是专门对因果关系中的原因力鉴定作出的规定。

通常做法是对侵权行为的原因力大小采用百分比的方法进行，即过失医疗行为或者缺陷医疗产品、不合格血液，对于造成患者人身损害的原因力为百分之多少。本条规定的内容是："鉴定意见可以按照导致患者损害的全部原因、主要原因、同等原因、次要原因、轻微原因或者与患者损害无因果关系，表述诊疗行为或者医疗产品等造成患者损害的原因力大小。"在通常情况下，原因力大小是采用全部原因、主要原因、同等原因、次要原因和无原因力的说法来表述。《解释》增加了一个"轻微原因"的层次，这是一个新的提法，将医疗机构承担责任的原因力，在同等原因和无原因之间，又增加了一个新的档次。这样的要求包括两个要素，一是作为原因的过失医疗行为的等级，二是对损害发生的原因力大小，两者的对应关系是：

全部原因 = 100%；

主要原因 = 75% 左右；

同等原因 = 50%；

次要原因 = 30 左右%；

轻微原因 = 10% 左右；

无原因 = 无责任。

鉴定人对医疗损害责任原因力的鉴定意见应当符合上述要求。在司法实践中，有的鉴定人能够鉴定出精确的原因力比例，例如 17%，也不是不可以，但是应当有确切的依据。

（四）对鉴定意见的质证

《解释》第 13 条对鉴定意见质证规定的规则是：

第一，鉴定意见应当经当事人质证，这是基本原则。鉴定意见没有经过质证的，不应采信；如果采信没有经过质证的鉴定意见，应当属于采信证据错误，构成事实不清、证据不足。

第二，鉴定人出庭质证，途径有两个：一是当事人申请鉴定人出庭作证，经人民法院审查同意。这样的要求过于严格。应当是，凡是当事人申请鉴定人出庭作证的，法院都应当准许。二是人民法院认为鉴定人有必要出庭的，即使当事人没有申请，也应当通知鉴定人出庭作证。如果双方当事人同意鉴定人通过书面说明、视听传输技术或者视听资料等方式作证的，可以准许。这是变通的鉴定人的质证程序。在今天的网络时代，鉴定人通过视听传输技术方式出庭并非困难的事情，可以达到质证的目的和效果。如果是以书面说明和视听资料等方式质证，则有可能达不到质证的效果，须经双方当事人同意方可。

第三，鉴定人因健康原因、自然灾害等不可抗力或者其他正当理由不能按期出庭的，可以选择两种方法处理：一是延期开庭，等待上述原因消灭后再开庭；二是经人民法院许可，也可以通过书面说明、视听传输技术或者视听资料等方式作证。

第四，无鉴定人的健康原因、自然灾害等不可抗力或者其他正当理由，鉴定人拒绝出庭作证，当事人对鉴定意见又不认可的，对该鉴定意见不予采信，不能作为认定事实的根据。

（五）专家辅助证人

《民事诉讼法》第 79 条规定："当事人可以申请人民法院通知有专门知识的人出庭，就鉴定人作出的鉴定意见或者专业问题提出意见。"这种有专门知识的人，通常称之为专家辅助证人。医疗损害责任纠纷案件是专业性特别强的案件，也需要专家辅助证人参加诉讼。《解释》第 14 条规定："当事人申请通知一至二名具有医学专门知识的人出庭，对鉴定意见或者案件的其他专门性事实问题提出意见，人民法院准许的，应当通知具有医学专门知识的人出庭。前款规定的具有医学专门知识的人提出的意见，视为当事人的陈述，经质证可以作为认定案件事实的根据。"这是对《民事诉讼法》关于专家辅助证人规定在医疗损害责任纠纷案件中的落实。其要点是：

第一，在医疗损害责任纠纷案件中，当事人可以申请通知专家辅助证人出庭作证；

第二，申请通知专家辅助证人的人数是一至二人；

第三，专家辅助证人是否出庭作证，应当经过人民法院准许，经过准许的，具有医学专门知识的专家辅助证人应当出庭作证；

第四，具有医学专门知识的专家辅助证人出庭提出的意见，其性质视为当事人陈述；

第五，专家辅助证人出庭所作的陈述，经过质证，可以作为认定案件事实的根据。

（六）对当事人单独或者共同委托的医疗损害鉴定意见的采信

《解释》第 15 条规定的是对医疗损害鉴定意见的采信程序，包括当事人单独委托和共同委托的医疗损害鉴定意见。

对于当事人自行委托鉴定人作出的医疗损害鉴定意见，可以提供给法庭。法庭应当将该方当事人自行委托鉴定人作出的医疗损害鉴定意见出示给对方当事人审阅，如果对方当事人对该医疗损害鉴定意见认可的，法庭可予采信。反之，则不予采信。

对于当事人共同委托鉴定人作出的医疗损害鉴定意见，原则上各方当事人应当对该医疗损害鉴定意见予以认可。如果一方当事人对医疗损害鉴定意见不认可的，应当提出明确的异议内容和理由。法庭应当对当事人共同委托鉴定人作出的医疗损害鉴定意见的不认可一方当事人的异议内容和理由进行审查。如果有证据足以证明该异议成立的，法庭对该鉴定意见不予采信；如果异议不成立的，则法庭对该医疗损害鉴定意见应予采信。

四、医疗损害责任纠纷案件的侵权责任认定

《解释》第16条至第22条，是对医疗损害责任纠纷案件的责任认定作出的具体解释，这一部分的内容比较丰富，是纯粹的医疗损害责任的实体法内容。

（一）对医疗机构及其医务人员过失的认定因素

《解释》第16条规定的是认定医疗技术过失的因素，即“对医疗机构及其医务人员的过错，应当依据法律、行政法规、规章以及其他有关诊疗规范进行认定，可以综合考虑患者病情的紧急程度、患者个体差异、当地的医疗水平、医疗机构与医务人员资质等因素”。这一规定的内容比较丰富，都非常重要。

1. 认定医疗机构及其医务人员过失的客观标准

认定医疗机构及其医务人员过失的基本要求，是依据法律、行政法规、规章以及其他有关诊疗规范的规定。凡是违反上述规范的，就构成医疗技术过失。要特别说明一点，《侵权责任法》第58条第1项规定，将“违反法律、行政法规、规章以及其他有关诊疗规范的规定”作为医疗技术过失的推定事由，是不正确的，因为这是确定医疗技术过失的基本判断方法，而不是过错推定的事由。在确定医疗技术过失时，并非一定要找出

医疗机构及其医务人员在主观上存在不注意的心理状态，而是证明其在诊疗行为中采取的医疗行为，违反了法律、行政法规、规章以及其他有关诊疗规范的规定。这是认定医疗技术过失的客观标准。《解释》的这一规定，恢复了认定医疗技术过失标准的本来面目，是特别重要的规定。

2. 认定医疗技术过失的适当考虑因素

在适用上述认定医疗技术过失的基本确定标准的基础上，还要综合考虑患者病情的紧急程度、患者个体差异、当地的医疗水平、医疗机构与医务人员资质等因素。对此，在《侵权责任法》立法中也有一定的问题。《侵权责任法（草案）》第二次审议稿第57条规定得十分明确，即“医务人员在诊疗活动中应当尽到与当时的医疗水平相应的注意义务。医务人员未尽到该项义务，造成患者损害的，应当承担赔偿责任”。“判断医务人员注意义务时，应当适当考虑地区、医疗机构资质、医务人员资质等因素。”[①] 由于在立法审查中有反对意见，因而将后款的规定删除。本条司法解释采取实事求是的客观态度，恢复了这些认定医疗技术过失的适当考虑因素，特别值得赞赏。

（1）患者病情的紧急程度。这是认定医疗技术过失的适当考虑因素之一，因为在患者病情紧急的情况下，医务人员在抢救中可能会舍弃一些次要的问题，而集中精力解决基本的、主要的问题。在抢救生命的危急情况下，出现一些没有考虑到或者不得不舍弃的问题，这是可以理解的。例如在非典期间，知道使用某种抢救方法和药物会引起一些副作用，但是为了抢救生命而不得不放任这些不利后果，对此不能认为有过失，即使有一般过失，也不会认定为过失。这是利益衡量的结果。

（2）患者个体差异。患者的个体差异是非常大的，因患者的个体差异而出现无法预料的后果，在认定医疗技术过失时也有重要的作用。

（3）当地的医疗水平。各地的医疗机构的医疗水平肯定是参差不齐的，在边远山区缺医少药的情况下，其医疗水平显然不能与北京、上海等

① 王胜明主编：《中华人民共和国侵权责任法释义》，法律出版社2013年版，第534页。

大城市相比。因此，当地的医疗水平是高还是低，对于认定医疗技术过失也起到重要作用。

（4）医疗机构与医务人员资质。不仅地区与地区的医疗水平不同，即使在同一地区，不同的医疗机构和医务人员的医疗水平也是不一样的。有些情形，在三甲医院可以认定为医务人员存在医疗技术过失，但是在乡镇卫生院的临床医生中，却可能不一定会认定为医疗技术过失，因为他没有这样的医疗水平。

在综合考虑认定技术过失的客观标准和上述诸要素的基础上，法庭综合认定医疗机构及其医务人员是否存在医疗技术过失。有人在网上提出，上述适当考虑因素是在《侵权责任法》立法中被否定的规则，现在司法解释又把它翻出来，作为认定医疗技术过失的新规则，有违立法精神。笔者不这样认为，因为当时立法删除上述规定是基于某种压力，这样的规则是没有错误的，最高人民法院作出这样的解释也没有错误，而是为了解决审判工作需要，维护医患关系的利益平衡。

（二）关于知情同意权的问题

1. 医务人员单纯违反告知义务不宜认定为构成侵权损害赔偿责任

《解释》第 17 条规定的内容是："医务人员违反侵权责任法第五十五条第一款规定义务，但未造成患者人身损害，患者请求医疗机构承担损害赔偿责任的，不予支持。"对这一规定，存在应当怎样理解的问题。

如果说这里规定的仅仅是针对《侵权责任法》第 55 条第 1 款规定的医疗机构告知义务及患者知情同意权，而不是针对该条文的第 2 款，这样规定是正确的。但问题是，《侵权责任法》第 55 条第 1 款根本就没有规定侵权责任，规定违反告知义务的医疗伦理损害责任是在该条第 2 款。同样，第 1 款也没有规定损害的要件，只有第 2 款才规定了"损害"的要件。接下来的问题是，这里讲的损害只有在第 55 条第 2 款才有，那么，对这个"损害"解释为只包括人身损害是正确的吗？

《侵权责任法》第 55 条第 2 款的损害，既包括造成患者的人身损害，也包括造成患者知情同意权的损害。如果认为违反告知义务必须造成人身损害才构成这种侵权责任的话，这样理解就是不正确的，因为侵害了患者的知情同意权也构成医疗伦理损害责任。因此，建议对《解释》第 17 条的理解，解释为仅适用于《侵权责任法》第 55 条第 1 款，而不适用于第 2 款。对这一点，在法律适用中必须特别注意。

2. 抢救生命垂危患者紧急情况及应当承担的责任

《解释》第 18 条是对《侵权责任法》第 56 条关于抢救生命垂危患者紧急情况规定的解释。具体内容是：

（1）认定因抢救生命垂危的患者等紧急情况下医疗机构及其医务人员的义务，首先应当取得患者的意见，只要被抢救的患者还有表达意志的能力，就应当取得患者的意见。在医疗领域的知情同意是患者的权利，而不是患者近亲属的权利。因而，患者本人的意思表示的效力高于患者近亲属的意思表示。在最近几年发生的类似案件中，都过于强调患者近亲属的意见，而不听取患者自己的意见，这是不正确的。尽管在本条司法解释中没有作出这样明确的说明，但是从“因抢救生命垂危的患者等紧急情况下，且不能取得患者意见时”，才要取得患者近亲属的意见的表述中，可以推出这样的结论。

（2）如果不能取得患者的意见时，应当取得患者近亲属的意见。如果也不能取得患者近亲属的意见的，医务人员经过医疗机构负责人或者授权的负责人批准，可以立即实施相应的医疗措施。这是抢救生命的必要措施。

（3）究竟对何种情形能够认定为“不能取得患者近亲属意见”，《解释》认为，下列情形可以认定为《侵权责任法》第 56 条规定的不能取得患者近亲属意见：（一）近亲属不明的；（二）不能及时联系到近亲属的；（三）近亲属拒绝发表意见的；（四）近亲属达不成一致意见的；（五）法律、法规规定的其他情形。存在这五种情形之一，就可以认定为不能取得患者近亲属的意见。

（4）由于医疗机构既不能取得患者的意见，也不能取得患者近亲属的意见，医务人员经医疗机构负责人或者授权的负责人批准立即实施相应医疗措施，而患者因此请求医疗机构承担赔偿责任的，不存在侵权的问题，不构成侵权责任，而是医疗机构善尽紧急抢救义务，是应当的、也是必须的合法行为。对这种要医疗机构对紧急抢救生命垂危患者的行为承担侵权责任的请求，法院不予支持。

（5）医疗机构及其医务人员怠于实施相应医疗措施造成患者损害，即医疗机构及其医务人员违反紧急抢救义务，该违反抢救义务的行为与患者损害之间存在因果关系，且有过失的，构成侵权责任。如果患者请求医疗机构承担赔偿责任，人民法院应予支持。

（三）两个以上医疗机构及医务人员的共同侵权或者分别侵权

1. 两个以上医疗机构的共同侵权或者分别侵权

《解释》第 19 条规定："两个以上医疗机构的诊疗行为造成患者同一损害，患者请求医疗机构承担赔偿责任的，应当区分不同情况，依照侵权责任法第八条、第十一条或者第十二条的规定，确定各医疗机构承担的赔偿责任。"这里说的是，对两个以上医疗机构的诊疗行为造成患者同一损害发生的医疗损害赔偿责任纠纷案件，应当区分不同情况，分别认定为共同侵权行为（第 8 条）、叠加分别侵权行为（第 11 条）和典型分别侵权行为（第 12 条），承担连带责任或者按份责任。

两个以上的医疗机构的诊疗行为造成患者同一损害，符合《侵权责任法》第 8 条规定，构成共同侵权行为的，应当承担连带责任。这种两个以上的医疗机构的诊疗行为构成的共同侵权行为，主要是客观的共同侵权行为，即两个以上的医疗机构并没有主观的意思联络（共同故意），而是在客观上的诊疗行为结合在一起，造成了患者的同一损害，具有共同的原因力，且损害后果是不可分割的医疗损害责任。其中包括共同过失，也包括致害的诊疗行为的客观结合，都是不存在共同故意的共同侵权行为，即客观的关连共同。对此，应当依照《侵权责任法》第 13 条和第 14 条的规定，承担连带责任。

《侵权责任法》第 11 条规定的是叠加分别侵权行为。[①] 在医疗损害中，叠加分别侵权行为是两个以上的医疗机构分别实施诊疗行为，造成了患者的同一损害，每个医疗机构的诊疗行为都足以造成全部损害的，应当承担连带责任的医疗损害分别侵权行为。这种分别侵权行为的关键之处，是每一个医疗机构的诊疗行为都足以造成患者的全部损害，在原因力上是“100% +100% =100%”的形式，因此才要造成患者同一损害的数个医疗机构承担连带责任。

《侵权责任法》第 12 条规定的是典型分别侵权行为，即通常所说的无过错联系的共同致害行为。[②] 这种分别侵权行为也是侵权人分别实施加害行为，但是数个行为人的行为没有主观上和客观上的共同联系，仅仅是行为的后果是一个，因而每一个行为人仅对自己的行为所造成的损害部分承担按份责任。其原因力的形式是“50% +50% =100%”。两个以上的医疗机构的诊疗行为造成患者同一损害，符合上述要求的，就是数个医疗机构的典型分别侵权行为，各个医疗机构按照自己诊疗行为的原因力，按份承担责任，相互不连带负责。

在《侵权责任法》第 11 条和第 12 条之间，其实还存在一种情形，就是半叠加分别侵权行为，[③] 其表现形式是，有的行为人的行为是造成损害的全部原因，有的行为人的行为不是造成损害的全部原因，而是部分原因，尽管也是分别侵权行为，但是却既不同于典型分别侵权行为，也不同于叠加分别侵权行为，因而是半叠加分别侵权行为。在医疗损害责任中也同样存在这种情形，即有的医疗机构的诊疗行为是造成患者损害的全部原因，有的只是部分原因，这就是医疗损害责任中的半叠加分别侵权行为。这种分别侵权行为的责任形态是部分连带责任，即对原因力重合的部分，由数个医疗机构承担连带责任；对原因力不重合的部分，由相关的医疗机

① 参见杨立新、陶盈：《论分别侵权行为》，载《晋阳学刊》2014 年第 1 期。
② 参见杨立新、陶盈：《论分别侵权行为》，载《晋阳学刊》2014 年第 1 期。
③ 参见杨立新、陶盈：《论分别侵权行为》，载《晋阳学刊》2014 年第 1 期。

构承担单独责任。[①] 这种责任形态类似于美国侵权法中的混合责任。[②] 对此，《最高人民法院关于审理环境侵权责任纠纷案件适用法律若干问题的解释》第3条第3款作出的规定是非常精准的。[③] 这一规则，本司法解释虽然没有规定，但是，在医疗损害责任中对此规则应当予以借鉴。

2. 受邀医务人员的过错造成患者损害的责任承担

《解释》第20条规定："医疗机构邀请本单位以外的医务人员对患者进行诊疗，因受邀医务人员的过错造成患者损害的，由邀请医疗机构承担赔偿责任。"为什么这样规定，应当进行探讨。

这里规定的责任形态是替代责任。医疗机构邀请本单位之外的医务人员对患者进行诊疗，仍然是本单位进行的诊疗行为，而不是个人行为。这就是，受邀医务人员并非执行职务，而是受邀为非本单位工作，是为邀请医疗机构进行工作，因此，即使受邀医务人员有过失，也不能由本人承担责任，而要由邀请医疗机构承担责任。这就是替代责任。

替代责任的基础，一般情形是行为人的行为是责任人履行职责行为的组成部分。在医疗机构邀请本单位以外的医务人员对患者进行诊疗的情形，即外单位的医务人员受邀为邀请医疗机构接诊的患者进行诊疗。中国的医疗活动是以医疗机构为基础的，而非具体医务人员进行医疗活动，因而外单位的医务人员受邀为邀请医疗机构提供诊疗行为，就是受邀医疗机构的行为的组成部分。这符合替代责任的要求。

在邀请医疗机构为受邀医务人员的过失承担了赔偿责任之后，邀请医疗机构是否对有过失的受邀医务人员享有追偿权，《解释》没有规定。按

---

① ［日］川井健：《共同不法行为的成立范围的限定——全部连带与部分连带》，载《现代不法行为研究》，日本评论社1978年版，第228页。

② 《美国侵权法重述（第三次）·责任分担编》第11条："当依据适用的法律，某人对受害人的不可分损害承担单独责任时，该受害人仅可以获得该负单独责任者在该受害人应得赔偿额中的比较责任份额。"

③ 该司法解释的条文是："两个以上的污染者分别实施污染行为造成同一损害，部分污染者的污染行为足以造成全部损害，部分污染者的污染行为只造成部分损害，被侵权人根据侵权责任法第十一条规定请求足以造成全部损害的污染者与其他污染者就共同造成的损害部分承担连带责任，并对全部损害承担责任的，人民法院应予支持。"对于这一司法解释的分析，请参见杨立新：《环境侵权司法解释对分别侵权行为规则的创造性发挥》，载《法律适用》2015年第10期。

照替代责任的一般规则，邀请医疗机构是有追偿权的，其要件就是受邀医务人员在执行受邀诊疗行为中有过失。只要受邀医务人员有过失，邀请医疗机构就可以向其追偿。

3. 在医疗产品损害责任中的不真正连带责任

如前所述，医疗产品损害责任就是在医疗领域中发生的产品责任，应当适用产品责任规则。对此，《解释》第 21 条作出了明确规定。

因医疗产品的缺陷或者输入不合格血液受到损害，患者请求医疗机构，缺陷医疗产品的生产者、销售者或者血液提供机构承担赔偿责任的，应予支持。受害患者究竟起诉医疗机构，缺陷医疗产品的生产者、销售者或者血液提供机构中的哪一个作为被告，是原告的权利，原告有权选择，因此条文中用了“或者”这一概念。

受害患者起诉医疗机构作为被告，并且医疗机构承担了赔偿责任（即不真正连带责任的中间责任）后，有权向缺陷医疗产品的生产者、销售者或者血液提供机构进行追偿（即承担不真正连带责任的最终责任）。对此，不论是对受害患者的选择，还是医疗机构承担了中间责任后对最终责任人即缺陷医疗产品的生产者、销售者或者血液提供机构提出追偿请求的，人民法院都应予支持。

如果在医疗产品损害责任中，对于受害患者受到的损害是因医疗机构的过错使医疗产品存在缺陷或者血液不合格，而受害患者主张损害赔偿责任的被告是医疗产品的生产者、销售者或者血液提供机构承担赔偿责任的，在其承担了赔偿责任之后，有权向有过错的医疗机构提出追偿请求权。对于这样的医疗产品损害责任，受害患者一方提出主张生产者、销售者或者血液提供机构承担责任的，人民法院应予支持，因为还有追偿权的保障。

4. 医疗产品损害责任中的共同侵权责任

《解释》第 22 条规定的是缺陷产品生产者、销售者与医疗机构承担连带责任的规则，其中第 1 款规定的是医疗机构与缺陷医疗产品生产者、销售者承担连带责任的条件，第 2 款是承担连带责任之后的追偿权，第 3 款是不合格血液提供者与有过失的医疗机构共同承担连带责任的规则。

之所以认定有过失的医疗机构与缺陷医疗产品的生产者、销售者承担连带责任，是因为他们之间的行为构成客观的共同侵权行为。原本的医疗产品损害责任是无过错责任，责任形态是不真正连带责任，如果医疗机构在使用缺陷医疗产品于患者并造成损害时，自己没有过失，即使受害患者请求医疗机构承担了赔偿责任，医疗机构也能够通过向缺陷产品的生产者、销售者进行追偿，转嫁责任。但是，如果医疗机构在对患者使用缺陷医疗产品时有过失，则三者之间的关系就发生了变化，由竞合侵权行为转化为共同侵权行为，由不真正连带责任转化为连带责任。因此，《解释》第 22 条第 1 款规定："缺陷医疗产品与医疗机构的过错诊疗行为共同造成患者同一损害，患者请求医疗机构与医疗产品的生产者或者销售者承担连带责任的，应予支持。"既然医疗机构与医疗产品的生产者、销售者之间的关系已经转化为共同侵权行为，那么，患者请求医疗机构与医疗产品的生产者或者销售者承担连带责任就是完全正当的，人民法院当然应予支持。

医疗机构或者医疗产品的生产者、销售者承担的既然是连带责任，那么，在各方之间就存在责任份额的问题。按照连带责任的规则，如果连带责任人承担的责任份额超出了自己应当承担的份额，他就对没有承担或者没有足额承担责任份额的连带责任人享有追偿权，可以进行追偿，通过追偿权的行使实现最终责任的分担。所以，该条第 2 款规定："医疗机构或者医疗产品的生产者、销售者承担赔偿责任后，向其他责任主体追偿的，应当根据诊疗行为与缺陷医疗产品造成患者损害的原因力大小确定相应的数额。"不论是医疗机构承担了中间责任，还是医疗产品的生产者、销售者承担了中间责任，对于超过自己应当承担的责任份额的部分，都有权向他方追偿。

至于责任份额的确定，则应当根据诊疗行为与缺陷医疗产品造成患者损害的原因力大小，确定应当承担的相应的数额。这样的规则完全符合《侵权责任法》第 13 条和第 14 条的规定，也符合《民法总则》第 178 条关于连带责任的规定。

输入不合格血液与医疗机构的过错诊疗行为共同造成患者同一损害的，也构成共同侵权行为，也应当承担连带责任。因此，规定要“参照适用前两款规定”确定承担连带责任。

五、医疗损害责任纠纷案件的损害赔偿责任确定

（一）缺陷医疗产品的生产者、销售者的惩罚性赔偿责任

对于产品责任，《侵权责任法》第 47 条规定了恶意生产、销售产品致人人身严重损害的惩罚性赔偿责任。顺理成章，医疗产品也是产品，当恶意生产者、销售者明治医疗产品存在缺陷仍然生产、销售，造成他人死亡或者健康严重损害的，当然也应当适用该条规定的惩罚性赔偿责任。故《解释》第 23 条规定：“医疗产品的生产者、销售者明知医疗产品存在缺陷仍然生产、销售，造成患者死亡或者健康严重损害，被侵权人请求生产者、销售者赔偿损失及二倍以下惩罚性赔偿的，人民法院应予支持。”

《侵权责任法》第 47 条规定惩罚性赔偿责任时，没有规定惩罚性赔偿的计算方法，2013 年在修订《消费者权益保护法》时，在该法第 55 条第 2 款规定了恶意产品侵权的惩罚性赔偿的方法，即在赔偿了实际损失之后，再赔偿实际损失的二倍以下作为惩罚性赔偿。本条司法解释规定的惩罚性赔偿计算方法，就是依照《消费者权益保护法》第 55 条第 2 款的规定确定的。

掌握惩罚性赔偿的计算方法，要注意以下问题：第一，惩罚性赔偿适用的条件是明知医疗产品有缺陷仍然生产、销售，且造成了受害患者死亡或者健康严重损害。第二，惩罚性赔偿的承担是在承担了实际损失的赔偿之后，即实际损失赔偿和惩罚性赔偿并行。第三，惩罚性赔偿的数额是在实际损失的二倍以下，可以是二倍，也可以是不足二倍，由法官斟酌具体案情确定具体赔偿数额。第四，上述实际损失是否包括精神损害赔偿，按照以往的经验是包括的，其依据是《消费者权益保护法》第 55 条第 2 款的规定。

（二）案件涉及不同地区的残疾赔偿金、死亡赔偿金的计算方法

在一个侵权责任纠纷案件中，应当承担责任的当事人不在本地，而是在外地，且不同地区的赔偿标准是不同的，究竟应当怎样确定，是司法实践中的一个需要解决的问题。在医疗损害责任纠纷案件中也同样存在这样的问题。例如，被侵权人即受害患者同时起诉两个以上医疗机构承担赔偿责任，人民法院经审理，受诉法院所在地的医疗机构依法不承担赔偿责任，而是由其他医疗机构承担赔偿责任的，如果其他医疗机构所在地的残疾赔偿金、死亡赔偿金的计算标准不同，就会发生这个问题。

确定的原则是，残疾赔偿金、死亡赔偿金的计算，按下列情形分别处理：一是一个医疗机构承担责任的，按照该医疗机构所在地的赔偿标准执行；二是两个以上医疗机构均承担责任的，可以按照其中赔偿标准较高的医疗机构所在地标准执行。

有人对这两个规则提出异议，认为这里没有考虑受害患者住所地的标准，是值得斟酌的。例如，北京的患者在山西受到伤害住进山西和北京的医疗机构治疗，审理确定北京的医疗机构无责，山西的医疗机构应当承担责任，那么，适用山西的赔偿标准确定赔偿金，患者得到的就是较低的赔偿金。同样，即使两个医疗机构应当承担责任，按照就高不就低的规则而采用较高的医疗机构的地区标准确定赔偿金，也不如受害患者住所地的赔偿标准高的，因而完全依照受诉法院的标准对保护患者的合法权益不利。对此，考虑根据受害患者的住所地较高的赔偿标准计算残疾赔偿金、死亡赔偿金是有道理的。当出现这样的情形时，法官可以考虑这种计算方法确定残疾赔偿金和死亡赔偿金。

（三）死者近亲属等请求赔偿适用《解释》及对医疗产品概念的界定

《解释》第 25 条第 1 款是对在医疗损害责任中适用《侵权责任法》第 18 条规定的解释，即“患者死亡后，其近亲属请求医疗损害赔偿的，适用本解释；支付患者医疗费、丧葬费等合理费用的人请求赔偿该费用的，适用本解释。”在医疗损害责任纠纷案件中，对于《侵权责任法》第 18 条第 1、2 款关于被侵权人死亡的，其近亲属有权请求侵权人承担侵权责任以及

支付被侵权人医疗费、丧葬费等合理费用的人有权请求被侵权人赔偿费用的规定，应当予以适用。在医疗损害责任纠纷案件中，应当依照这一规定，确定死者近亲属和支付患者医疗费、丧葬费的人，享有侵权损害赔偿请求权，有权请求侵权人承担赔偿责任。受害死亡的患者的近亲属，其侵权损害赔偿请求权来自于其近亲属死亡，造成了财产利益和精神痛苦的损害，产生侵权损害赔偿请求权。支付被侵权人医疗费、丧葬费等合理费用的人，因此受有财产利益损失的，是基于被侵权的患者的死亡自己支出了财产而产生损害赔偿请求权。本条司法解释第 1 款就是在医疗损害责任纠纷案件中具体适用《侵权责任法》第 18 条规定的具体解释，并没有其他超出该条规定的内容。

本条司法解释的第 2 款是对医疗产品概念的解释。《侵权责任法》第 59 条只规定了药品、消毒药剂和医疗器械，没有使用医疗产品的概念。在理论上，就把这里规定的药品、消毒药剂和医疗器械称之为医疗产品。在以往的司法解释中，没有使用过医疗产品的概念，而《解释》多次使用医疗产品的概念。为了《解释》使用的医疗产品的概念与《侵权责任法》第 59 条规定的药品、消毒药剂和医疗器械概念建立起一致性联系，因此作出解释："本解释所称的'医疗产品'包括药品、消毒药剂、医疗器械等。"应当注意的是，《侵权责任法》第 59 条只规定了药品、消毒药剂和医疗器械，没有包括"等"字。本条第 2 款增加了一个"等"字，包含的内容，一是还可能包含其他医疗产品，二是包含准医疗产品，即血液。

六、《解释》的溯及力

《解释》的第 26 条是对其适用效力的规定。第一，最高人民法院以前发布的司法解释与本解释不一致的，以本解释为准。在以往的司法实践中，最高人民法院曾经作出过较多的有关医疗损害责任的司法解释，尽管在《侵权责任法》施行之后并没有多少，但是之前还是有很多解释的。因此，《解释》规定是具有最高效力的"新法"，以前的司法解释凡是与本解释规定不一致的，一律以本解释规定为准。

第二，关于《解释》的溯及力问题，也是适用效力问题。第26条第2款规定，在审判实践中，适用《解释》的溯及力规则：一是，在本解释施行后尚未终审的案件，适用本解释。只要已经受理，在2017年12月14日之前没有终审终结的医疗损害责任纠纷案件，《解释》就具有溯及力，应当援引《解释》的规定作出终审判决。二是，在本解释施行前已经终审，当事人申请再审或者按照审判监督程序决定再审的案件，不适用本解释。因为案件已经终审结束，案件的判决已经发生了法律效力，就应当维护终审判决的严肃性。因此，医疗损害责任纠纷案件即使在终审结束之后又提起了再审程序，并且在再审判决中决定改判，也不能依照《解释》的规定进行改判，仍然应当依照《解释》之前的有关规定适用法律。

第二编　医疗损害责任纠纷司法解释条文释义

第一条　【本解释的适用范围】患者以在诊疗活动中受到人身或者财产损害为由请求医疗机构，医疗产品的生产者、销售者或者血液提供机构承担侵权责任的案件，适用本解释。

患者以在美容医疗机构或者开设医疗美容科室的医疗机构实施的医疗美容活动中受到人身或者财产损害为由提起的侵权纠纷案件，适用本解释。

当事人提起的医疗服务合同纠纷案件，不适用本解释。

【条文释义】

本条是对适用本解释的医疗损害责任纠纷案件范围的规定。

一、《侵权责任法》第七章规定的医疗损害责任纠纷案件

本解释第 1 条第 1 款规定的医疗损害责任纠纷案件，与《侵权责任法》第七章规定的医疗损害责任的范围一致，即法律明文规定的医疗损害责任纠纷案件。具体包括四种医疗损害责任，即医疗伦理损害责任、医疗技术损害责任、医疗产品损害责任和医疗管理损害责任。四种医疗损害责任的具体内容是：

医疗伦理损害责任，其规定在《侵权责任法》第 55 条和第 62 条，是指医疗机构和医务人员违背医疗良知和医疗伦理的要求，违背医疗机构和医务人员的告知或者保密义务，具有医疗伦理过失，造成患者人身损害或

其他合法权益的损害，应当承担损害赔偿责任。医疗伦理损害责任的法律特征是：第一，构成医疗伦理损害责任以具有医疗过失为前提。如果医疗机构和医务人员没有过失，就不构成这种医疗损害责任。第二，医疗伦理损害责任的过失是医疗伦理过失。医疗伦理过失与医疗技术过失不同，不是违反当时的医疗水平所确定的高度注意义务，而是违反医疗良知和医疗伦理，违反告知义务、保密义务等伦理性义务的疏忽或者懈怠。第三，医疗伦理过失的认定方式是过错推定，医疗伦理过失与医疗技术过失的认定方式不同，不是采取证明的方式，而是采取推定的方式。只要受害患者一方已经证明了医疗违法行为、损害事实以及因果关系的要件之后，就可以直接推定医疗机构和医务人员具有医疗伦理过失。第四，构成医疗伦理损害责任不仅包括患者的人身损害，而且包括其他民事权益损害，并且更主要的是其他民事权益损害，例如对知情权、自我决定权、隐私权等的损害，是医疗伦理损害责任的损害事实常态。

医疗技术损害责任，其规定在《侵权责任法》第 57 条和第 58 条，是指医疗机构和医务人员在医疗活动中，违反医疗技术的高度注意义务，具有违背当时的医疗水平的技术过失，造成患者人身损害的医疗损害责任。这种医疗损害责任的构成必须具备医疗技术过失的要件，即违背当时医疗水平的疏忽和懈怠，造成患者人身损害，因而应当承担侵权责任。医疗技术损害责任的法律特征是：第一，构成医疗技术损害责任以具有医疗过失为前提。如果医疗机构和医务人员认为自己不存在医疗过失，就不构成医疗技术损害责任。第二，医疗技术损害责任的过失是医疗技术过失。医疗技术损害责任中的过失，以当时的医疗水平确定的医疗机构和医务人员所应当承担的高度注意义务为标准，是违反医学科学上或者技术上应尽的高度注意义务的疏忽或者懈怠，与医疗伦理过失不同。第三，医疗技术过失的认定方式主要是原告证明。受害患者一方不仅要证明医疗违法行为、损害事实以及因果关系要件的成立，还必须证明医疗机构和医务人员具有医疗技术过失。只有在法定情况下，才可以推定医疗机构及医务人员具有医疗技术过失。第四，医疗技术损害责任的损害事实只包括人身损害事实。

在医疗技术损害责任构成中，损害事实只包括受害患者的人身损害事实，不包括其他民事权益的损害。

医疗产品损害责任，其规定在《侵权责任法》第 59 条，是指医疗机构在医疗过程中使用有缺陷的药品、消毒药剂、医疗器械以及血液等医疗产品，因此造成患者人身伤害，医疗机构或者医疗产品生产者、销售者应当承担的医疗损害赔偿责任。医疗产品损害责任既是医疗损害责任，也是产品责任，是兼有两种性质的侵权行为类型，是医疗损害责任的一个基本类型。医疗产品损害责任具有产品责任性质，应当适用无过错责任原则，以更好地保护患者的合法权益。在医疗产品损害责任纠纷中，受害患者作为医疗合同关系的当事人，其固有利益受到侵害，既构成加害给付责任，同时也构成产品责任，因而医疗损害责任具有医疗损害责任和产品责任的双重性质。

医疗管理损害责任，是指医疗机构和医务人员违背医政管理规范和医政管理职责的要求，具有医疗管理过失，造成患者人身损害、财产损害，应当承担侵权损害赔偿的医疗损害责任。医疗管理损害责任的特点：一是以具有过错为前提，二是医疗管理损害责任的过错是医疗管理过失，三是医疗管理过失的认定方式是原告证明，四是医疗管理损害责任的主要损害事实是人格、身份和财产损害。

本解释的第 1 条第 1 款在有关责任主体的规定中，分为两个层次：前一个层次是“医疗机构”，后一个层次是“医疗产品的生产者、销售者或者血液提供机构”。在以医疗机构作为单一责任人的医疗损害责任纠纷案件中，包括医疗伦理损害责任、医疗技术损害责任和医疗管理损害责任的纠纷案件。在以医疗产品的生产者、销售者或者血液提供机构作为责任人的医疗损害责任中，是医疗产品损害责任纠纷案件，在其责任人中也包含医疗机构。

二、在美容医疗机构和医疗机构的医疗美容科室受到损害的纠纷案件

对于在医疗美容实施过程中发生的损害责任，是否适用《侵权责任法》第七章医疗损害责任的规定，存在争论。主要争论的不是在医疗机构

的医疗美容科室发生的人身损害纠纷，而是就美容发生的损害赔偿纠纷，包括在医疗美容机构以及一般的美容机构，是否适用医疗损害责任的规定。医疗美容损害责任纠纷案件发生在两种场合，一是专门的医疗美容机构，二是在医疗机构开设的医疗美容科室。不论在上述哪种场合，凡是发生医疗美容损害责任纠纷的，其前提都是通过医疗手段进行美容。医疗美容机构是须经医疗行政主管部门批准的，否则不能进行医疗美容。因此，医疗机构开设的医疗美容科室就是医疗机构的分支机构；而医疗美容机构则是经过批准的准医疗机构。在上述医疗美容活动中发生的医疗美容损害赔偿责任纠纷案件，当然是医疗损害责任纠纷案件，应当适用《侵权责任法》第五章关于医疗损害责任的规定。①

最高院研究室相关负责人提到，"审判实践中，因为美容问题引发的纠纷如何适用法律，尤其是对此类纠纷是否属于医疗损害责任纠纷的范畴争议较大。明确医疗美容损害责任纠纷的法律适用规则，对于规范医疗美容行业健康有序发展、维护广大人民群众的健康利益具有重要意义。"② 因此，参考《医疗机构管理条例实施细则》第 88 条③、《医疗美容服务管理办法》第 2 条④的规定，《解释》将医疗美容明确为属于"诊疗活动"的

---

① 事实上，虽然从《医疗机构管理条例实施细则》第 88 条对"诊疗活动"的定义中难以解释出包含医疗美容服务，且医疗美容服务并非社会所必需，医疗美容服务的接受者并不患有"疾病"，亦很难与"诊疗活动"联系在一起。但在司法实践中，医疗美容损害赔偿纠纷是按原先的"医疗事故"损害赔偿纠纷来处理的。参见赵西巨：《医疗美容服务与医疗损害责任》，载《清华法学》2013 年第 2 期。

② 参见罗书臻：《为构建和谐医患关系推进健康中国建设提供司法保障——最高人民法院研究室负责人就〈最高人民法院关于审理医疗损害责任纠纷案件适用法律若干问题的解释〉答记者问》，载《人民法院报》2017 年 12 月 14 日第 03 版。

③ 《医疗机构管理条例实施细则》第 88 条第 2 款规定"诊疗活动：是指通过各种检查，使用药物、器械及手术等方法，对疾病作出判断和消除疾病、缓解病情、减轻痛苦、改善功能、延长生命、帮助患者恢复健康的活动。"第 3 款规定："医疗美容：是指使用药物以及手术、物理和其他损伤性或者侵入性手段进行的美容。"

④ 《医疗美容服务管理办法》第 2 条规定："本办法所称医疗美容，是指运用手术、药物、医疗器械以及其他具有创伤性或者侵入性的医学技术方法对人的容貌和人体各部位形态进行的修复与再塑。本办法所称美容医疗机构，是指以开展医疗美容诊疗业务为主的医疗机构。本办法所称主诊医师是指具备本办法第十一条规定条件，负责实施医疗美容项目的执业医师。医疗美容科为一级诊疗科目，美容外科、美容牙科、美容皮肤科和美容中医科为二级诊疗科目。医疗美容项目由卫生部委托中华医学会制定并发布。"

范围，并规定因医疗美容行为引发的纠纷应属于医疗损害责任的范围，应当适用医疗损害责任的规定。

此外，应注意的是，在没有医疗机构资质的一般的美容机构进行美容而发生的损害责任纠纷案件，不属于在医疗活动中发生的纠纷，不适用《侵权责任法》关于医疗损害责任的规定，因而不属于本解释的适用范围。本条司法解释第 2 款通过正面规定适用本解释的范围，从而将一般美容机构进行美容造成损害排除在了《侵权责任法》关于医疗损害责任规定的适用范围之外，一般美容机构造成的损害应当适用《侵权责任法》第 6 条第 1 款规定的过错责任的一般规定以确定侵权责任。

三、医疗服务合同纠纷案件不适用本解释

在民事诉讼中，医疗损害责任纠纷案件和医疗服务合同纠纷案件是两种不同类型的民事纠纷案件。医疗损害责任纠纷案件是侵权责任纠纷案件，适用《侵权责任法》，而医疗服务合同纠纷案件是合同纠纷案件，应当适用《合同法》。尽管医疗损害责任纠纷案件是发生在医疗服务合同领域中的案件，但是由于医疗机构及其医务人员在医疗服务合同的履行中造成患者损害，损害的是患者的固有利益，构成侵权责任和违约责任的竞合。《合同法》第 122 条规定："因当事人一方的违约行为，侵害对方人身、财产权益的，受损害方有权选择依照本法要求其承担违约责任或者依照其他法律要求其承担侵权责任。"原本患者可以选择请求医疗机构承担违约责任或者侵权责任，但由于《侵权责任法》出台后，已经将这种民事责任明确规定为侵权责任，因而医疗损害责任是法定的侵权责任类型，一般都依照《侵权责任法》提起诉讼。

值得注意的是，《民法总则》第 188 条改变了《民法通则》的做法，将诉讼时效统一进行规定，即"向人民法院请求保护民事权利的诉讼时效期间为三年。法律另有规定的，照其规定。"① 由此可知，无论是违约责任

① 《民法通则》在第 135 条将一般诉讼时效规定为 2 年，第 136 条将"身体受到伤害要求赔偿"等特殊诉讼时效规定为 1 年。

抑或侵权责任，除非法律另有规定，其诉讼时效都为 3 年，当事人选择依据医疗服务合同要求承担违约责任解决患者固有利益的损害赔偿已经没有优势。[①] 而如果仅仅对于医疗服务合同约定的价款、履行方式存在争议，抑或在医疗服务合同的履行过程中发生的一方违约的情形但没有造成患者的固有利益损害，便不是医疗损害责任纠纷案件，而是单纯的医疗服务合同纠纷，故不在本解释的适用范围之内。

第二条 【多个医疗机构就诊造成损害案件的被告、第三人】 患者因同一伤病在多个医疗机构接受诊疗受到损害，起诉部分或者全部就诊的医疗机构的，应予受理。

患者起诉部分就诊的医疗机构后，当事人依法申请追加其他就诊的医疗机构为共同被告或者第三人的，应予准许。必要时，人民法院可以依法追加相关当事人参加诉讼。

【条文释义】

本条规定了患者因在多个医疗机构受到损害而提起诉讼时，法院对诉讼当事人的处理。

---

① 通常认为，《民法通则》与《民法总则》之间的关系是民事基本法之间的关系，而不是基本法与特别法之间的关系，故《民法通则》中的总则性规定已全部被《民法总则》所取代。《民法通则》中的分则性规定与《民法总则》相抵触者，应适用《民法总则》的规定。参见李宇：《〈民法总则〉与其他民事法的适用关系》，载《法学》2017 年第 10 期。此外，从目的解释角度而言，通则的短期诉讼时效也不宜继续沿用，如石佳友教授认为，即使将《民法通则》与《民法总则》的关系比照特别法和普通法的关系进行理解，从文义解释上可以得出《民法通则》里关于人身伤害适用一年的短期诉讼时效的规定就应继续适用。但关于人身伤害的诉讼时效规定有其特定的历史局限性，其不符合当代诉讼时效的立法精神与实践要求，因此不应将这种规定延续或保留。参见阙梓冰：《而今迈步从头越：〈民法总则〉的成功、争鸣与完善》，载王利明主编：《判解研究》2017 年第 1 辑，人民法院出版社 2017 年版，第 38 页。北京高院民一庭关于《民法总则》施行后适用诉讼时效制度的参考意见亦肯认了这种观点，即"《民法总则》关于诉讼时效的规定应视为全面取代了《民法通则》的相应规定，《民法通则》第一百三十六条规定的一年短期诉讼时效属于诉讼时效一章下的一个条款，对此《民法总则》在诉讼时效一章中并未予以规定，可以认为《民法总则》取消了一年短期诉讼时效期间。因此，在《民法总则》施行后不再适用《民法通则》第一百三十六条规定的一年诉讼时效期间。"https：//weibo. com/1906970793/FBpjhBZF2?type = comment#_ rnd1514256689132，最后访问日期：2017 年 12 月 27 日。

一、患者受到损害的界定

医疗损害责任构成中的“患者受到损害”要件，是医疗机构及其医务人员在诊疗活动中，造成患者的人身损害事实和财产损害事实以及精神损害事实。有学者认为损害事实还应包括患者近亲属的财产的损害，[①] 但此种情况应只有在受害患者死亡的情形下才存在。

医疗损害责任的患者受到损害的要件是由权利被侵害和利益受损失这两个要素构成的。患者的权利侵害和利益损失结合在一起，构成医疗损害责任的损害事实要件。这一客观要件的存在，是医疗损害责任法律关系赖以产生的根据。医疗损害责任只有在违法诊疗行为侵害了权利并且造成相应利益损害的条件下才能发生，如果仅有违法诊疗行为而无权利侵害和利益损失的损害事实，不发生医疗损害责任。

首先，患者权利应受到侵害，具体表现为患者在人格权、身份权和财产权受到侵害的客观事实。医疗损害责任侵害的人格权，主要是生命权、健康权、身体权、自我决定权、隐私权、知情权等；侵害的身份权主要是亲权；侵害的财产权主要是所有权。这些权利受到侵害，就使患者的人格权、身份权和所有权造成不完整的后果。

有的学者主张患者损害不包括财产损失，仅限于生命权、身体权和健康权的损害，如果医疗机构及其医务人员借诊疗活动之机侵害了患者的财产权益，不属于医疗损害责任，例如通过过度检查以牟取非法利益；[②] 有的主张应当包括财产损失，[③] 医疗损害既包括财产损害，也包括精神损害。[④] 笔者认为，在医疗损害责任中，所有权并不是所有的医疗损害责任的侵害客体，但在少数医疗损害责任中，例如过度检查的损害责任，则为医疗损害行为的客体。

---

① 张新宝：《侵权责任法》，中国人民大学出版社 2010 年版，第 233 页。
② 程啸：《侵权责任法》，法律出版社 2011 年版，第 437 页。
③ 蒋柏生：《医疗事故法律责任研究》，南京大学出版社 2005 年版，第 109 页。
④ 周友军：《侵权法学》，中国人民大学出版社 2011 年版，第 255 页。

其次，患者的利益应受到损失。医疗损害责任的患者受损害的利益损失，包括人格利益、身份利益和财产利益。人格利益损失主要表现如下：一是生命利益、健康利益、身体利益的损失，造成患者的死亡、残疾、其他损伤，以及非法接触患者身体等。身体权是维护身体组成部分完整性的权利，包括实质的完整性和形式的完整性。医务人员或者与医务人员有关的人员未经患者同意，非法接触患者身体，构成对身体权的侵害。二是亲权利益的损失，亲权是未成年子女与其父母之间的身份权，医疗机构由于疏忽将产妇所生的孩子抱错，就使婴儿与其父母脱离了亲权照护，亲权利益受到损失。三是财产利益受到损失。财产利益损失包括两个方面：一是人格利益损害、亲权利益损害所导致的财产利益的损失，例如医药费的损失、护理费的损失，以及寻亲所支出费用的损失等；二是侵害财产权造成的患者财产利益的减少，例如不必要检查或过度医疗造成患者的财产利益减少。

医疗损害责任构成的“患者受损害”要件是否包含精神损害，多数学者持肯定态度。例如有学者认为，在医疗损害中，人身伤害还包括了精神损害，即因医疗机构的过错导致人身伤害之后，相应地产生精神痛苦、肉体痛苦等。同时，在侵害患者隐私权的情况下，主要产生精神损害的后果。[①] 对于被侵权人的重大精神损害或者因侵权人的故意、严重疏忽所引起的精神损害，应当列入损害后果，并给予民法上的救济。[②] 这些意见都是正确的。

确定患者的精神损害，首先，医疗损害责任构成的患者受损害要件中包含的精神损害，包括两个方面：一是侵害物质型人格权造成的精神痛苦的精神损害，二是侵害隐私权等精神型人格权造成的精神利益的损害。其次，依照《侵权责任法》第 22 条规定要求，造成的精神损害应当达到严重的程度，或者医务人员具有故意或者重大过失。

---

① 王利明：《侵权责任法研究》（下册），中国人民大学出版社 2011 年版，第 388 页。

② 张新宝：《侵权责任法》，中国人民大学出版社 2010 年版，第 233 页。

二、患者受损害的类型

患者受损害包括三种类型：一是患者的人身损害事实，二是患者的精神损害事实，三是患者的财产损害事实。

（一）患者的人身损害事实

患者的人身损害事实，医疗损害行为侵害的是患者生命权、健康权和身体权，造成了物质型人格利益的损害和财产利益的损害。

患者的人身损害首先表现为患者的身体、健康损伤和生命的丧失。当违法诊疗行为作用于受害患者的物质型人格权时，受害患者所享有的作为物质型人格权客体的人身利益受到损害，造成伤害或死亡。人身利益是人之所以为人的物质条件，维持生命，维护人体组织完整和人体器官正常机能，是享有民事权利、承担民事义务的物质基础。这种利益的损害破坏了人体组织和器官的完整性及正常机能，甚至造成生命的丧失，因而在外在形态上是有形的。

患者的人身损害其次表现为患者为医治伤害、丧葬死者所支出的费用，这种财产上的损失也表现为有形损害。此外，人体伤害、死亡还可能造成其他财产上的损失，如伤残误工的工资损失、护理伤残的误工损失、丧失劳动能力或死亡所造成其扶养人的扶养费损失等，这些损害也是有形损害。

（二）患者的精神损害事实

违法诊疗行为侵害了患者的精神型人格权、身份权以及物质型人格权，都可能造成患者的精神损害。

违法诊疗行为侵害患者精神型人格权所造成的人格利益损害，是精神损害。精神性人格权的客体均为无形的人格利益，在客观上没有实在的外在表象。例如，隐私权的客体是与公共利益、群体利益无关的私人信息、私人活动和私人空间。医疗违法行为侵害这些精神型人格权，造成无形的人格利益损害，其损害的形态就是精神利益损害。

医疗损害违法行为侵害患者身份权，造成身份利益的损害，是侵害身份权所造成的损害事实。违法诊疗行为侵害了新生儿和其父母的亲权关系，侵害了亲权，造成了身份利益的损害和受害人的精神痛苦。

违法诊疗行为侵害物质型人格权造成受害患者的精神痛苦，也属于精神损害事实。

患者的精神利益损害表现为三种形态：一是财产利益的损失，包括人格权本身包含的财产利益的损失和为恢复受到侵害的人格而支出的必要费用；二是人格的精神利益遭受的损失，即隐私被泄露、自由被限制等；三是受害人的精神创伤和精神痛苦。

（三）患者的财产损害事实

违法诊疗行为侵害所有权的基本表现形式，是不必要检查或者过度医疗等造成的患者的财产损失。医疗机构及其医务人员恶意进行不必要检查或者过度医疗，造成患者支出了不必要的费用，侵害的就是患者的所有权，使其现有的财产利益减少。

违法诊疗行为侵害患者的人格权、身份权，造成了财产利益的损失，不属于严格的财产损害事实，而属于侵害人格权、身份权造成的财产利益损害后果，计算方法并不相同。

三、医疗损害责任纠纷案件的当事人

在医疗损害责任纠纷案件的当事人中，原告是受害患者；被告通常是医疗机构。尽管医疗损害责任的实际加害人多是医务人员，由于医疗损害责任是用人单位责任的特殊表现形式，因而在通常情况下，医疗机构是被告，不包括医务人员。

“患者起诉部分就诊的医疗机构后，当事人依法申请追加其他就诊的医疗机构为共同被告或者第三人的，应予准许。必要时，人民法院可以依法追加相关当事人参加诉讼。”

如果患者因同一伤病先后就诊于两个以上的医疗机构，并遭受了损害，符合多数人侵权行为的构造。所谓多数人侵权行为的概念应当包括的要素是：第一，行为人的数量为多人，即为两个人以上；第二，造成的损害后果为一个，因此是一个侵权行为，而不是数个损害后果以及数个侵权行为；第三，数人侵权行为包含共同侵权行为、分别侵权行为以及竞合侵权行为等；第四，数人侵权行为的责任多数是由数人分担，也存在不分担责任者。只要符合上述基本特征，就是数人侵权行为。

基于此，本解释第 2 条规定“患者因同一伤病在多个医疗机构接受诊疗受到损害，起诉部分或者全部就诊的医疗机构的，应予受理”，这一规定契合《侵权责任法》规定的多数人侵权的规则和《民法总则》第 178 条的规定，至于患者究竟起诉部分或者全部就诊过的医疗机构，患者具有选择权。

在患者起诉部分就诊的医疗机构后，根据《民事诉讼法》第 52 条规定：“当事人一方或者双方为二人以上，其诉讼标的是共同的，或者诉讼标的是同一种类、人民法院认为可以合并审理并经当事人同意的，为共同诉讼。”《最高人民法院关于适用〈中华人民共和国民事诉讼法〉的解释》第 73 条规定：“必须共同进行诉讼的当事人没有参加诉讼的，人民法院应当依照民事诉讼法第一百三十二条的规定，通知其参加；当事人也可以向人民法院申请追加。人民法院对当事人提出的申请，应当进行审查，申请理由不成立的，裁定驳回；申请理由成立的，书面通知被追加的当事人参加诉讼。”如果当事人依法申请追加其他就诊的医疗机构作为共同被告或者第三人，符合《民事诉讼法》及相关司法解释规定的，人民法院应当同意当事人提出的追加申请。例如被诉的医疗机构认为责任人另有他人而申请追加当事人时，便属于此种情形。此外，《民事诉讼法》第 132 条规定：“必须共同进行诉讼的当事人没有参加诉讼的，人民法院应当通知其参加诉讼。”如果人民法院认为有必要追加相关当事人的，即使当事人不申请追加，也可以自己依照职权追加相关当事人参加诉讼。

第三条　【医疗产品责任的被告、第三人】患者因缺陷医疗产品受到损害，起诉部分或者全部医疗产品的生产者、销售者和医疗机构的，应予受理。

患者仅起诉医疗产品的生产者、销售者、医疗机构中部分主体，当事人依法申请追加其他主体为共同被告或者第三人的，应予准许。必要时，人民法院可以依法追加相关当事人参加诉讼。

患者因输入不合格的血液受到损害提起侵权诉讼的，参照适用前两款规定。

【条文释义】

本条规定是医疗产品损害责任案件中被告的确定，第1款和第2款规定了因缺陷医疗产品致害的法律适用，第3款规定了患者因输入不合格的血液致害的司法适用。

一、缺陷医疗产品的概念界定

（一）医疗产品的概念内涵

根据《侵权责任法》和本条的规定，患者起诉生产者、销售者及医疗机构承担责任，需因缺陷医疗产品致害。《侵权责任法》第59条规定医疗产品包括药品、消毒药剂、医疗器械和不合格的血液，故本部分首先界定药品、消毒药剂、医疗器械等医疗产品的概念内涵。[①]

按照《产品质量法》第2条第2款对产品的界定，产品须具备两个条件：一是非自然性，即要经过加工、处理等环节；二是流通性，即经过加工制造后的产出品必须进入流通领域。药品、消毒药剂、医疗器械完全属于传统产品责任法的规范范畴，是典型的医疗产品责任类型。

所谓药品，是指用于预防、治疗、诊断人的疾病，有目的地调节人的生理机能并规定有适应症或者功能主治、用法和用量的物质，包括中药材、中药饮片、中成药、化学原料药及其制剂、抗生素、生化药品、放射

① 由于血液是否属于产品存在较大争议，笔者在本部分先不进行介绍，具体内容将在后文详述。

性药品、血清、疫苗、血液制品和诊断药品等。[①] 由于药品直接作用于人体，具有固有的风险，因此我国法律对药品的研发、生产、流通等各个环节均进行严格监管，只有完成这些法定程序投放市场流通的药品，才属于医疗产品。如某新药仍处于临床试验阶段，造成损害的，并不适用《侵权责任法》第59条的规定。

消毒药剂，是指医疗机构中用于进行杀灭存在于空气、器械等的病原微生物消毒，使其达到无菌化要求的制剂，如巴氏消毒液、酒精、氧化剂等。[②] 消毒药剂可为医疗活动创造一个无菌、安全的环境，防止交叉感染，提高疗效。消毒药剂的质量，在外科手术及治疗中尤为重要，直接影响到伤口的愈合，甚至可能引发严重的并发症。

医疗器械，是指直接或者间接用于人体的仪器、设备、器具、体外诊断试剂及校准物、材料以及其他类似或者相关的物品，包括所需要的计算机软件。医疗器械的效用主要通过物理等方式获得，不是通过药理学、免疫学或者代谢的方式获得，或者虽然有这些方式参与但是只起到辅助作用。[③] 例如医用缝合针、一次性针管、手术刀、止血钳、植入式心脏起搏器、眼科理疗仪、牙探针等。[④] 需要注意的是，并非医疗活动中所用的物品均为《侵权责任法》第59条所称的“医疗器械”，例如临床上使用的眼科用护眼罩、卫生袋、药品恒温冷藏柜等，[⑤] 都不属于《侵权责任法》第59条规定的“医疗器械”，而是一般产品。

（二）医疗产品“缺陷”的认定

依照《侵权责任法》第59条和本解释第3条的规定，生产者及医疗机构承担责任，须以医疗产品存在缺陷为其前提。对于“缺陷”的认定，

① 参见《药品管理法》第100条的规定。需要注意的是，该法将血液制品视为药品的一种，笔者同意该观点，虽血液制品原材料特殊，但经加工成为血液制品后完全符合药品的概念，当然，其也符合产品的一般范畴。

② 刘鑫、张宝珠、陈特主编：《侵权责任法“医疗损害责任”条文深度解读与案例剖析》，人民军医出版社2010年版，第128页。

③ 参见2017年5月4日修订的《医疗器械监督管理条例》第76条的规定。

④ 参见2017年8月31日修订的《医疗器械分类目录》。

⑤ 刘鑫、王岳、李大平：《医事法学》，中国人民大学出版社2009年版，第274页。

应当适用《产品质量法》第46条规定的一般标准，即“本法所称缺陷，是指产品存在危及人身、他人财产安全的不合理的危险；产品有保障人体健康和人身、财产安全的国家标准、行业标准，是指不符合该标准。”医疗产品的缺陷主要包括四种：一是设计缺陷，指医疗产品设计时在产品结构、配方等方面存在不合理的危险；二是制造缺陷，是指医疗产品在制造过程中，因原材料、配件、工艺程序等存在错误，导致产生不合理的危险；三是警示说明缺陷，是指具有合理危险的医疗产品投入流通后，未对其危险性进行充分警示和说明；四是跟踪观察缺陷，指医疗产品投入医疗过程时，虽现有科学技术尚不能完全发现该缺陷，但生产者及销售者亦未进行跟踪观察以及时发现危险，或者发现危险未及时采取措施的。

就医疗器械及消毒药剂的缺陷，根据上述标准进行认定并无困难。但由于药品作用机理的复杂性，现有的技术对许多药物机理并没完全认知，因此，对药品的缺陷判断标准需要特殊考虑。[①] 在一般情况下，药品缺陷的主要认定依据为药品质量标准，即为保证药品质量而对各种检查项目、指标、限度、范围等所做的规定。药品质量标准是药品的纯度、成分含量、组分、生物有效性、疗效、毒副作用、热原度、无菌度、物理化学性质以及杂质的综合表现。药品质量的法定标准主要为国家药典。药品生产一律以药典为准，未收入药典的药品以行业标准为准，未收入行业标准的以地方标准为准。需要指出的是，不符合上述标准的，当然认定存在药品缺陷；但符合上述标准的也不能直接认定为无缺陷。如曾被视为清火良药、临床使用多年的龙胆泻肝丸，完全是按照《中国药典》规定生产的，但因含有马兜铃酸造成患者肾功能衰竭，同样存在缺陷。这种情况下，需要根据危害与收益比例、消费者期待、医学发展水平等具体情况综合进行判断。[②]

---

① 宋跃晋：《药品缺陷的法律分析》，载《河北法学》2010年第11期。

② 有学者提出对处方药与非处方药予以区分，处方药缺陷判断标准为以医师的预期为基础，兼进行药品成本效益分析；而非处方药判别标准则采消费者期待标准。另外对药品设计缺陷、制造缺陷、说明缺陷及观察缺陷设定了不同的判断方法，可资参考。参见宋跃晋：《药品缺陷的法律分析》，载《河北法学》2010年第11期。

另外，根据《药品管理法》第 48 条规定，药品所含成份与国家药品标准规定的成份不符的，以及以非药品冒充药品或者以他种药品冒充此种药品的，为假药。认定为假药的，当然推定该药品存在缺陷。

二、医疗产品损害责任纠纷案件的责任主体

医疗产品损害责任既是医疗损害责任，也是产品责任，是兼有两种性质的侵权行为类型，是医疗损害责任中的一个基本类型。根据《侵权责任法》第 59 条和本解释第 3 条，医疗产品责任的责任主体包括：医疗产品的生产者或者血液的提供机构、医疗产品的销售者和医疗机构。

《侵权责任法》第 59 条虽然也规定了医疗产品损害责任的责任主体，但其中并未规定医疗产品的“销售者”的责任，本条解释在《侵权责任法》的基础上增加了销售者作为责任主体，这是一大进步。在解释论上，即使《侵权责任法》第 59 条没有规定销售者的责任，也并不意味着销售者可以此对抗受害患者的赔偿请求及医疗机构的追偿权。因为《侵权责任法》第 59 条规定的是特殊的产品责任，其与《侵权责任法》关于产品责任的规定，属于特别法与一般法的关系，受害患者可以依据《侵权责任法》关于产品责任的规定要求医疗产品的销售者承担责任。①

医疗产品损害责任的责任形态是不真正连带责任。受害患者可以依据主张权利的便利及自己意愿，选择起诉部分或者全部医疗产品的生产者、销售者和医疗机构，任何责任主体不得以自己无过错而推诿。就医疗产品缺陷所造成的损害，无过错的一方在承担了赔偿责任后，可以向最终责任者进行追偿。这在客观上，要求医疗机构承担了生产者赔偿不能的风险，以保证受害患者的妥善救济。医疗产品损害责任纠纷案件与普通的产品责任纠纷案件的不同之处，就在于医疗机构作为不真正连带责任的责任人之一，与医疗产品生产者、销售者或者血液提供机构共同参加了不真正连带责任法律关系。当加害人为多数时，可能形成按份责任、连带责任及不真

---

① 参见王利明：《侵权责任法研究》（下册），中国人民大学出版社 2011 年版，第 412 页。

正连带责任等。对于药品、医疗器械及消毒药剂缺陷造成损害的，作为这些医疗产品的生产者，依法承担产品责任是没有争议的。由于这些医疗产品通常都由医疗机构使用或患者从医疗机构购买，因此患者可以向生产者请求赔偿，也可以向医疗机构请求赔偿，医疗机构赔偿后，有权向负有责任的生产者追偿。医疗机构与医疗产品生产者承担的是不真正连带责任，①这实际上是将医疗机构作为销售者来对待的。

但实践中，通常以起诉其中一个当事人为被告承担责任为常态，如果患者仅起诉医疗产品的生产者、销售者以及医疗机构中的部分主体为被告，也符合《侵权责任法》第 43 条的规定，如果诉讼中医疗产品的生产者、销售者以及医疗机构认为自身没有过错不应当承担责任的，或者诉讼中患者认为还有其他主体需要共同承担责任的或者与案件有利害关系的，可以依法申请人民法院追加其他主体为共同被告或者第三人的，根据本解释第 3 条第 2 款的要求，人民法院应予准许此种申请。同时，如果确有必要，人民法院还可以依照职权，依法追加相关当事人参加诉讼。

三、患者因输入血液受损的法律适用

（一）血液是否属于产品

血液是流动于包括人在内的动物心血管系统中的一种红色液体，在心脏的推动下沿全身血管系统循环流动，运输物质、维持内环境相对恒定，保护机体及参与神经体液调节。缺乏血液供应的组织器官，其代谢与功能将严重紊乱，甚至组织坏死；人体大量失血或血液循环严重障碍，将危及生命。②正因为血液有如此重要的作用，因此才在诊疗活动中具有救死扶伤的重要意义，医疗机构必须采集血浆、储存血浆，用于抢救和治疗危重病人。

血液是否为产品在学界存在争议。有观点认为，血液是产品，血站是产品的生产者，医院是产品的销售者，理由是血液在使用之前经过加工和

---

① 此处主要指药品、医疗器械、消毒药剂缺陷所造成的损害。关于血液不合格造成的损害，上文已有论述，此处不再赘述。

② 陈志武：《医疗损害责任深度释解与实务指南》，法律出版社 2010 年版，第 235 页。

制作过程，血站按照一定的价格将血液交付医院，是一个等价交换的行为，且《药品管理法》规定血液制品属于药品。① 也有观点认为，血液不应当属于产品的范畴，因为对血液的加工、制作并不是为了销售，亦非营利，不符合产品责任法规定的产品属性，因此不是产品。②

争论血液是否为产品的实质，是为了确定输血造成的损害是否适用无过错责任原则。在美国，原本认为血液不属于产品，并将其排除在产品之外，因而不适用产品责任规则，也就不适用无过错责任原则。但是，在1992年“昆塔娜诉血液服务机构”一案中，科罗拉多州最高法院采用的理论为，如果整个血库行业是有疏忽的，那么遵守国家注意标准的血液中心可能被判处负有责任，它剥夺了血液采集者依照国家标准的权利，实质上将血液纳入了产品责任法的产品范畴。1996年“斯尼德诉美国血库协会”一案中，新泽西州最高法院判定，医院遵守普遍注意标准并不能免责，也就是要对血液承担产品责任，从而间接承认了血液的产品性质。加拿大将血液及血液成分规定在食品和药品法案目录D类的生物制药中，也就是把它们引入产品责任法的产品中。③ 这些经验特别值得重视。人体组成部分与人体分离之后，就成为特殊的物，④ 且血液的所有权属于血液提供机构，将其出卖于医院，医院又将其出卖给患者，具有产品的特征，应当视为“准产品”；况且《侵权责任法》已经将不合格血液与缺陷医疗产品的责任规定在一起，一并适用产品责任规则，再去争论血液是否为产品其实已经没有特别的意义。因此，血液不合格致人损害的责任在性质上仍然属于产品责任。⑤

笔者认为，血液并不是产品，但是《侵权责任法》第59条将血液造成损害与医疗产品造成损害列在同一条文之中，因此可以将血液认定为是“准

① 王岳、邓虹：《外国医事法研究》，法律出版社2011年版，第154页。

② 梁慧星：《消费者发及其完善》，载《工商行政管理》2000年第21期；马军：《医疗侵权案件认定与处理实务》，中国检察出版社2006年版，第256～257页。

③ 王岳、邓虹：《外国医事法研究》，法律出版社2011年版，第155～156页。

④ 参见杨立新主编：《民法物格制度研究》，法律出版社2008年版，第79页以下。

⑤ 王利明：《侵权责任法研究》，中国人民大学出版社2011年版，第413页。

产品”，即准用产品责任规定的非产品，不合格的血液就是“准缺陷产品”。因此，应当参照适用本条司法解释的前两款规定，对不合格血液的提供者参照缺陷产品的生产者、销售者的规定，列为当事人或者追加为当事人。

（二）何为“不合格”的血液

根据《侵权责任法》和本解释的规定，因输血造成损害，只有血液“不合格”时，血液提供者与医疗机构才承担责任。《侵权责任法》在规定第一类药品等典型的医疗产品责任时，使用了与第五章“产品责任”中同样的表述——“缺陷”，而在界定血液致人损害的要件时使用了“不合格”这一表述方式，值得深思。考虑到血液的特殊性及其检验技术的局限性，若血液存在瑕疵即认定为“不合格”，则显然对血液提供者及医疗机构不公平。此处的“不合格”，实际上是指血液提供者及医疗机构对血液的瑕疵存在过错，也就是说，此处的“合格”名为指示血液，实则应根据血液提供者及医疗机构的行为进行判断。

首先，在表述上，《侵权责任法》和本解释对血液采取了“不合格”的表述而未采取“缺陷”的表述，可见血液与医疗产品二者并非相同。这是因为“不合格”和“缺陷”事实上并非同一概念，其外延存在区别。不合格的血液必然是有缺陷的血液，然而有缺陷的血液则并非一定是不合格的血液。其次，血液质量的判断与一般产品缺陷的判断存在本质区别。血液质量的判断极大地依赖于检测技术的发展程度，不同的检验设备对于同样浓度的化学物质，检测为阳性的最低指标也不相同。供血者处于病毒感染的“窗口期”时，限于目前医学检测水平根本无法发现该血液的缺陷。最后，在实践中，只要血站及其医疗机构严格遵守《血站质量管理规范》《血站实验室质量规范》《临床输血技术规范》等要求，尽到其采集、加工、分装、储存、运输、检验等注意义务，即使未检测出血液成分中存在的有害成分，仍然视为“合格”的血液。①

① 刘鑫、张宝珠、陈特主编：《侵权责任法“医疗损害责任”条文深度解读与案例剖析》，人民军医出版社2010年版，第130页。

（三）血液致害责任的承担

《侵权责任法》第 59 条和本解释第 3 条第 3 款规定的血液致害责任形态，实际上是不真正连带责任规则，其责任人为血液提供机构和医疗机构，不论医疗机构是否有过错，都要与血液提供机构作为中间责任人，对患者的损害承担赔偿责任。如果医疗机构确实无责任，则有权向负有责任的血液提供机构进行追偿，让负有责任的血液提供机构承担最终责任。具体规则依照前文所述的医疗产品损害责任的责任分担规则进行。

此外，需要注意的是，《医疗事故处理条例》第 33 条规定，无过错输血感染造成不良后果的，不属于医疗事故，医疗机构不承担侵权责任。在实务操作上，通常由血液提供机构自己承担责任。如果输血造成患者损害，医疗机构有过错的，才由医疗机构承担责任。《侵权责任法》第 59 条改变由血液提供机构为责任人的做法，将输血致害责任规定为无过错责任原则，不论输血感染或者造成其他损害，医疗机构都将成为输血致害责任的责任人。这样的规定，是为了使患者的赔偿请求权能够得到更好的保障。因为患者输血造成损害后，患者很难掌握血液提供机构的资讯，难以主张权利；血液提供机构自身财产有限，也难以承担更大的赔偿责任；输血感染等损害后果严重，所需费用巨大。将医疗机构和血液提供机构都作为责任主体，承担无过错责任，就能够保障患者赔偿权利的实现。

在较长时间里，在输血感染等损害的赔偿责任纠纷中，较多主张无过错输血的补充责任的观点。例如，原告系下岗职工，1991 年 7 月因输卵管妊娠在被告某医院住院治疗，输血 800 毫升。术后第 8 天，因肠粘连、梗阻做了肠剥离手术，又输血 600 毫升。出院 1 个月后感到身体不适，经检查，转氨酶高出正常值 6 至 7 倍，又在被告处住院，诊断为乙型肝炎，此后 10 年身体一直不好，至 2000 年 8 月方确诊为慢性丙型肝炎，为被告输血所致。原告起诉要求被告赔偿其损失。医学会组织专家组进行医疗事故鉴定，认定为原告患丙肝是输血所致，但本事件不属于医疗事故，依据是《医疗事故处理条例》第 33 条，医院没有过错，不承担侵权责任。正是为了对抗这种行政法规规定的不公平性，学者和法官主张无过错输血应当适用公平分担损失的规则，适用《民法通则》第132条规定，医院应当承担适当的赔偿责任。

这种做法对受害患者的损失弥补起到了一定的作用，但是并不完善，患者遭受的无端损害并不能得到全部赔偿。《侵权责任法》规定输血致害责任适用无过错责任原则之后，已经解决了这个问题，所谓的无过错输血的补偿责任也就成为了历史，不再发挥作用。无论血液提供机构和医疗机构是否有过错，都应当按照《侵权责任法》第16条和第17条规定，对受害患者承担赔偿责任。

第四条　【一般医疗损害责任案件的举证责任分配】患者依据侵权责任法第五十四条规定主张医疗机构承担赔偿责任的，应当提交到该医疗机构就诊、受到损害的证据。

患者无法提交医疗机构及其医务人员有过错、诊疗行为与损害之间具有因果关系的证据，依法提出医疗损害鉴定申请的，人民法院应予准许。

医疗机构主张不承担责任的，应当就侵权责任法第六十条第一款规定情形等抗辩事由承担举证证明责任。

【条文释义】

本条规定了医疗损害责任纠纷中的举证责任分配问题。举证证明责任问题是每个医疗损害责任纠纷必然要遇到的问题，也是医疗损害责任纠纷案件中较受关注的问题。明确举证责任分配规则，也是确定鉴定申请程序及后续责任承担规则的基础。

一、本解释规定举证责任分配规则的重要意义

2002年施行的《最高人民法院关于民事诉讼证据的若干规定》关于

医疗损害责任纠纷中因果关系和过错要件适用举证责任倒置的做法，虽然缓和了患者举证责任，也在一定时期内起到其应有作用，但在执行过程中也出现了一些其他后果，事实上不利于从根本上维护患者看病就医权利。

在医疗损害责任纠纷案件中，由于医疗机构和患者掌握医疗资讯严重不对称，因此在举证责任分配上具有特殊性，具体表现在：第一，《侵权责任法》第54条明确规定医疗损害责任适用过错责任原则，但是患者确实存在证明的困难；第二，《侵权责任法（草案）》曾经规定了医疗损害责任的因果关系推定规则，即第二次审议稿的第59条规定："患者的损害可能是由医务人员的诊疗行为造成的，除医务人员提供相反证据外，推定该诊疗行为与患者损害之间存在因果关系。"① 这一规则规定的就是举证责任缓和，是完全正确的规定。但是由于第二次审议稿在全国人大常委会审议中，一些常委提出批评意见，因此将该条文删除。正因为如此，本解释对于医疗损害责任纠纷案件的举证责任如何进行分配，根据实际情况作了明确的规定。

具体而言，本解释第4条的规定，可谓既遵循了《侵权责任法》第54条确立的医疗损害责任的过错责任原则，又避免了因举证证明责任分配不当而导致双方实体权利义务显著失衡而激化医患矛盾，充分考虑到患者存在医学专业性不足、信息不对称等客观情况，对患者进行了适当的举证责任缓和。这一规定属于在医疗损害责任纠纷案件审理过程中的法律适用规则，并不涉及立案受理问题。医疗损害责任纠纷案件立案仍应按照立案登记制的要求，依法做到有案必立、有诉必理。②

二、本条规定的患者负有的举证责任

对于医疗损害责任纠纷案件的举证责任分配，本解释第4条第1款规

---

① 王胜明主编：《中华人民共和国侵权责任法释义》，法律出版社2013年版，第534页。

② 参见罗书臻：《为构建和谐医患关系推进健康中国建设提供司法保障——最高人民法院研究室负责人就〈最高人民法院关于审理医疗损害责任纠纷案件适用法律若干问题的解释〉答记者问》，载《人民法院报》2017年12月14日第03版。

定："患者依据侵权责任法第五十四条规定主张医疗机构承担赔偿责任的，应当提交到该医疗机构就诊、受到损害的证据。"其确认患者负有证明"到该医疗机构就诊"和"受到损害"的初举证责任。

具体而言，医疗损害责任的构成要件包括四项，第一是需要医疗机构的诊疗活动，第二是患者受到了损害，第三是医疗机构的诊疗活动与患者受到损害之间存在因果关系，第四是医疗机构及其医务人员在诊疗活动中存在过失。根据民事诉讼"谁主张谁举证"的一般原理，在一般的侵权责任纠纷案件中，上述四个侵权责任的构成要件都应由原告举证，当事人对自己提出的主张，有责任提供证据，如果原告未尽到举证责任，则需要承担败诉风险。[①] 但由于医疗机构的过失和因果关系要件难以证明，故本司法解释第 4 条第 1 款明确规定，原告只就到该医疗机构就诊和受到损害两个要件承担举证责任，对于因果关系和过失的要件，并没有要求原告须承担举证责任。因此，受害患者作为原告，在诉讼中，须提供到该医疗机构就诊和受到损害两个要件的证据；如果不能举证或者举证不足，应当承担败诉的后果。

三、医疗过失和因果要件的举证责任

本解释第 4 条第 2 款规定："患者无法提交医疗机构及其医务人员有过错、诊疗行为与损害之间具有因果关系的证据，依法提出医疗损害鉴定申请的，人民法院应予准许。"该款规定了医疗机构的诊疗活动与患者受到损害之间存在因果关系及医疗机构及其医务人员在诊疗活动中存在过失的举证责任的缓和，患者申请医疗损害鉴定的，人民法院应予准许。

在司法实践中，我国现行的医疗损害责任鉴定制度备受争议。按照《医疗事故处理条例》规定的医学会进行的医疗事故责任鉴定，具有浓厚的官方色彩，其所作出的鉴定结论是在医学会的主导下进行的，并不是在

① 关于民事诉讼举证责任的性质，学界存在多种学说，其中风险负担说较为契合举证责任的本质。关于这方面的经典论述，可参见汤维建：《论民事举证责任的法律性质》，载《法学研究》1992 年第 3 期。

法庭上对法官作出，不具有司法的严肃性，并且被群众斥之为“老子鉴定儿子”“医医相护”，缺少公信力。而司法鉴定机构作出的医疗过错责任鉴定，医疗机构和医务人员都不相信，因为作鉴定的人是法医。在立法过程中，各方都呼吁立法机关在《侵权责任法》中规定基本的医疗损害责任鉴定制度，但都被以“实体法不规定程序法的内容”为理由而予以拒绝。由于没有对医疗损害责任鉴定作出任何规定，因此就留下了医疗损害责任鉴定制度这个空白。《侵权责任法》生效之后，究竟是医学会进行鉴定，还是司法鉴定机构进行鉴定，或者另行设立新的鉴定制度，不得而知。

如前所述，目前的医疗事故责任鉴定与医疗过错责任鉴定都存在较大的缺陷，不是合理的医疗损害责任鉴定制度。医疗损害责任鉴定的性质应当是司法鉴定，具体组织责任鉴定的不应是医学研究机构，而应是法院和法官。对此，最高人民法院、司法部、卫生部应当制定科学的、符合司法规律的医疗损害责任鉴定制度。对医疗损害责任医学司法鉴定结论，应当像对待其他司法鉴定一样，法官有权组织并进行司法审查，有权决定是不是进行重新鉴定，有权决定对鉴定结论是否采信，并且鉴定专家有义务出庭接受当事人的质询。如果有充分的根据，法官有权依据调查的事实或者根据更有权威的鉴定结论而否定先前的鉴定结论。只有这样，才能保证医疗损害责任认定的准确性和合法性，才能充分保护患者的合法权益不受侵害。①

最高人民法院意识到上述问题，在本解释中对其做出了回应。首先，本解释第 4 条和第 7 条原则上规定患者申请医疗损害鉴定的人民法院应予准许，同时在第 8 条到第 15 条详细规定了实践中鉴定人的资质要求不规范以及当事人是选择鉴定机构还是鉴定专家等问题、实践中鉴定材料提交混乱影响鉴定程序正常开展的问题、实践中鉴定人资质不符合要求、鉴定期限过长、鉴定意见书写不规范，甚至有的鉴定意见无法作为案件证据使用的问题、医疗损害责任纠纷案件中普遍存在原发疾病、个人体质及诊疗过错等共同作用导致损害发生的多因一果问题以及鉴定意见的质证问题等

① 参见杨立新：《中国医疗损害责任制度改革》，载《法学研究》2009 第 4 期。

内容，其对于促进鉴定程序的规范化、科学化，提高鉴定意见的公信力具有重要意义。[①]

因此，对于医疗机构的过失和过失与损害之间的因果关系要件，不强制原告承担举证责任。如果患者无法提交医疗机构及其医务人员有过错、诊疗行为与损害之间具有因果关系的证据，受害患者作为原告也不必然承担败诉的后果，而是可以依法提出医疗损害的鉴定申请，通过医疗损害责任鉴定，确定医疗机构一方是否存在过失，是否具有因果关系。这样的规定，虽然没有明确对医疗损害责任的过失要件和因果关系要件的举证责任倒置或者举证责任缓和，但是这样的规定基本符合举证责任缓和的要求，弥补了《侵权责任法》在医疗损害责任的因果关系要件规定中的不足，能够保护好受害患者的实体权利和诉讼权利。

所谓举证责任缓和，是指原告应当首先证明被证明对象的可能性，然后实行举证责任转换，由被告举证证明否认原告提出的证明对象的可能性；能够否认原告证明的可能性的，被告胜诉；不能否认原告证明的可能性的，原告的可能性证明得到确认，原告胜诉。[②] 本解释第 4 条第 2 款虽然没有明确规定这些规则，而只是确定原告依法提出医疗损害鉴定申请的人民法院应予准许，即通过医疗损害责任鉴定，确定医疗机构的过失和因果关系的要件，但这样的规则基本上体现了举证责任缓和的要求，能够较好地保护受害患者的权益。

四、医疗机构的免责事由

本解释第 4 条第 3 款规定“医疗机构主张不承担责任的，应当就侵权责任法第六十条第一款规定情形等抗辩事由承担举证证明责任。”此规则不言自明，因为抗辩事由本身就是由被告一方负有的举证责任。《侵权责

---

① 参见罗书臻：《为构建和谐医患关系推进健康中国建设提供司法保障——最高人民法院研究室负责人就〈最高人民法院关于审理医疗损害责任纠纷案件适用法律若干问题的解释〉答记者问》，载《人民法院报》2017 年 12 月 14 日第 03 版。

② 参见杨立新：《民法思维与司法对策》（下卷），北京大学出版社 2017 年版，第 1991、2019 页。

任法》第 60 条第 1 款规定的免责事由包括三项，一是患者或者其近亲属不配合医疗机构进行符合诊疗规范的诊疗，二是医务人员在抢救生命垂危的患者等紧急情况下已经尽到合理诊疗义务，三是限于当时的医疗水平难以诊疗，下文将进行详述。

第一，患者或者其近亲属不配合医疗机构进行符合诊疗规范的诊疗。在诊疗护理过程中，医护人员对患者进行诊疗护理，必须得到患者及其家属的配合，否则会出现不利于治疗的后果。如果由于患者及其家属的原因而延误治疗，造成患者的人身损害后果，说明受害患者一方在主观上有过错。按照过错责任原则，如果损害后果完全是由于患者及其家属延误治疗造成的，就证明对损害的发生，医疗机构没有过错，应免除医疗机构的赔偿责任。如果患者及其家属不配合治疗是构成医疗损害后果的原因之一，医护人员也有医疗过失，构成与有过失，应当依据《侵权责任法》第 26 条关于过失相抵规则的规定，减轻医疗机构的赔偿责任。

第二，医务人员在抢救生命垂危的患者等紧急情况下已经尽到合理诊疗义务。在抢救危急患者等紧急情况下，例如患者生命垂危必须采取紧急医学措施，都有可能造成不良后果。在这种情况下，由于紧急抢救措施是在危急情况下采取的，为了挽救患者生命，对紧急措施可能出现的不良后果不再考虑，两项衡量，抢救生命是第一位的，只要医务人员已经尽到合理注意义务的，即使造成不良后果，对患者的身体有一定的损害，也不认为构成医疗损害责任，因此，医疗机构不承担赔偿责任。

第三，限于当时的医疗水平难以诊疗的。在人类发展过程中，人类对于自己的认识是不断发展的，直至今天也不能全部认识自己。因此，医疗技术和医学水平总是有局限性的。正因如此，限于当时的医疗水平难以诊疗的病症，医务人员无法治愈是正常的。《侵权责任法》一方面将当时的医疗水平作为确定医疗技术过失的标准，另一方面将限于当时的医疗水平难以诊疗作为免责事由，在这个问题的两端作出了合理的规定。对此，应当注意条文使用的“当时的医疗水平”，与第 57 条规定的内容完全一致，适用时一定要与当时的医学科学水平相区别，不能采用当时的医学科学水平，也不能采用当时的医学科学技术的水平作为标准。在当时的医疗水平条件下，医疗机构对所发生的不良医疗后果无法预料，或者已经预料到了但没有办法避免，因此而造成的不良后果，不构成医疗技术损害责任，医疗机构不承担赔偿责任。

此外，对于本款规定的“等”字应当怎样理解，应当包括其他的抗辩事由，例如因不可抗力或者因意外造成的损害后果等。

所谓不可抗力造成不良后果，是《医疗事故处理条例》规定的免责事由，《侵权责任法》对此没有规定。《侵权责任法》第29条规定的不可抗力是普遍适用的免责事由，具有普遍适用的效力。只要法律没有不得适用的明文规定，就是可以适用的。在医疗损害责任中，尽管在规定医疗损害责任的免责事由中没有规定不可抗力，但也没有明确规定禁止适用不可抗力规则。因此，在医疗损害责任中，如果由于不可抗力造成不良后果，应当依据《侵权责任法》第29条规定免除责任或者减轻责任。例如，医务人员在手术过程中发生地震，造成患者死亡或者不良后果，可以免除责任。确定适用不可抗力免责或者减轻责任的规则，应当是医疗机构在正常的医疗活动中造成患者的损害，其直接原因是不可抗力，不是医疗过失所致，因而应当免责。如果不可抗力与医疗过失作为造成损害的共同原因的，则应当根据过错程度和原因力的分析，确定医疗机构减轻责任。

至于医疗意外，《侵权责任法》虽然没有规定医疗意外是免责事由，但既然构成医疗意外，就能够证明医疗机构没有过失。既然没有医疗过失，医疗机构就不承担侵权责任。因此即使没有明文规定医疗意外为免责事由，但由于医疗损害责任实行过错责任原则，医疗意外没有过失，当然也就没有责任。医疗意外是指医务人员无法预料的原因造成的，或者根据实际情况无法避免的医疗损害后果。通常在医疗活动中，由于患者病情异常或者患者体质特殊而发生医疗意外。医疗意外有两个主要特征：一是医务人员或医疗机构对损害结果的发生没有医疗过失，通常是由于病情特殊或者病员体质特殊引起的。二是损害后果的发生属于医疗机构或医务人员难以防范的。具备这两个特征造成的医疗损害后果，构成医疗意外。

总而言之，如果被告主张上述免责事由，则应当提供证据证明，不能证明或者证明不足的，则不能免除其侵权责任。

第五条　【医疗伦理损害责任的举证责任分配】患者依据侵权责任法第五十五条规定主张医疗机构承担赔偿责任的，应当按照前条第一款规定提交证据。

实施手术、特殊检查、特殊治疗的，医疗机构应当承担说明义务并取得患者或者患者近亲属书面同意，但属于侵权责任法第五十六条规定情形的除外。医疗机构提交患者或者患者近亲属书面同意证据的，人民法院可以认定医疗机构尽到说明义务，但患者有相反证据足以反驳的除外。

【条文释义】

本条是对医疗机构违反告知义务的医疗伦理损害责任的举证责任分配规定。

一、医疗机构履行告知义务的重要意义

《侵权责任法》第55条规定的是违反告知义务的损害责任，其是医疗伦理损害责任的基本类型，所谓医疗伦理损害责任，是指医疗机构及医务人员从事各种医疗行为时，未对患者充分告知或者说明其病情，未对患者提供及时有用的医疗建议，未保守与病情有关的各种秘密，或未取得患者同意即采取某种医疗措施或停止继续治疗等，而违反医疗职业良知或职业伦理的过失行为，医疗机构所应当承担的侵权赔偿责任。医疗伦理损害责任的核心是具有医疗伦理过失。[①] 该条规定具有重要意义，其是国家立法

---

① 陈忠五：《法国法上医疗过错的举证责任》，载朱柏松等：《医疗过失举证责任之比较》，台北元照出版公司2008年版，第139～144页。

与世界卫生立法模式协调，亦是保护患者人权、促进医患关系和谐的体现。[①] 违反资讯告知和违反知情同意的医疗伦理损害责任的基础，是医疗机构和医务人员负有的告知义务，确定过失的基准都是医疗机构和医务人员违反其告知义务，医疗机构的告知义务是法定的合同义务，体现了法定性和意定性的交融。换言之，医疗机构的告知义务既是合同义务，也是法定义务。

医疗机构告知义务的来源，是患者享有的知情权和自我决定权。在医疗领域，创设告知义务是因为具有侵袭性的医疗行为必须获得正当性基础，而患者的知情权和自我决定权就是阻却侵袭性医疗行为违法性的法定事由。医疗机构告知义务的范围主要是对患者作出的具有决定性影响的信息。概括而言，医疗机构告知义务是医务人员在一般诊疗活动中应当向患者说明病情和医疗措施，在需要实施手术、特殊检查、特殊治疗的情形下，医务人员应当及时向患者说明病情、医疗措施、医疗风险、替代医疗方案等情况，并取得其书面同意。不宜向患者说明的，医务人员应当向患者的近亲属说明，并取得其书面同意。

二、医疗机构告知义务的内容

医疗机构告知义务的范围主要是对患者做出决定具有决定性影响的信息。具体包括以下几项。

第一，医疗机构的医疗水平、设备技术状况等。根据《医疗机构管理条例实施细则》第 3 条，医疗机构的类别：（1）综合医院、中医医院、中西医结合医院、民族医医院、专科医院、康复医院；（2）妇幼保健院、妇幼保健计划生育服务中心；（3）社区卫生服务中心、社区卫生服务站；（4）中心卫生院、乡（镇）卫生院、街道卫生院；（5）疗养院；（6）综合门诊部、专科门诊部、中医门诊部、中西医结合门诊部、民族医门诊部；（7）诊所、中医诊所、民族医诊所、卫生所、医务室、卫生保健所、

① 参见李杰：《患者知情同意制度的再解释——论〈侵权责任法〉第 55 条》，载《法学杂志》2017 年第 8 期。

卫生站；(8) 村卫生室（所）；(9) 急救中心、急救站；(10) 临床检验中心；(11) 专科疾病防治院、专科疾病防治所、专科疾病防治站；(12) 护理院、护理站；(13) 医学检验实验室、病理诊断中心、医学影像诊断中心、血液透析中心、安宁疗护中心；(14) 其他诊疗机构。不同的医疗机构能够满足不同的需要，但显而易见，其具体的医疗水平亦各有不同。因此，医疗机构有必要将其医院等级、医院类别、现有硬件设备、医务人员的构成及专业水平、治疗经验、主治医师（药师）的健康状态等。比如，外科医生自身有诸如药物成瘾一类的疾病的情况，就必须提前告知患者。①

第二，患者的病情以及医疗机构的检查、诊断方案。中医通常通过“望、闻、问、切”的传统方法来问诊，从而对患者的病情做出初步的判断，进而针对患者的个体情况提供一种或几种的医疗方案。而西医通常在问诊之后，借助一定的医疗仪器或试剂对患者进行检查，比如检查炎症就需要抽血化验白细胞的数量，依据这些检查的结果，西医师会给出相应的医疗方案。但二者都会涉及患者的隐私（尤其是身体、健康隐私）和知情决定利益。比如说，特殊治疗、特殊检查。《医疗机构管理条例实施细则》第 88 条规定，特殊检查、特殊治疗是指具有下列情形之一的诊断、治疗活动：有一定危险性，可能产生不良后果的检查和治疗；由于患者体质特殊或者病情危笃，可能对患者产生不良后果和危险的检查和治疗；临床试验性检查和治疗；收费可能对患者造成较大经济负担的检查和治疗。② 此外，还包括医疗标准；官方确定的危险；物质性的标准，包括知道和应当知道的风险；物质性的主/客观测试；非物质性的条件；揭示一般条件；物质材料的危险；如果接受治疗后愈后如何；实验和内科或外科医生的成

---

① Dobbs DB, The Law of Torts. St. Paul, West Group, 2000. pp. 52 – 54, p. 657, pp. 658 – 663. 转引自高也陶等：《中美医疗纠纷法律法规及专业规范比较研究》，南京大学出版社 2003 年版，第 270 页。

② 关于天价医疗费的系列报道，http：//news. qq. com/zt/2005/yyfsj/，最后访问日期：2017 年 12 月 28 日。

功几率；医生的财务利益和奖励；[①] 不同医疗方案（放射疗法、化学疗法、物理疗法）、不同医疗方法（中医、西医、民族医）之间在疗效、风险、副作用、并发症、合并症等方面的差别；医疗机构选择的医疗方案的成功率；是否会产生变性、截肢、绝育、母婴只能保全其一等不可逆结果；治疗后的必要措施以及是否需要复检等。

第三，转医或转诊的告知义务。转医或转诊义务是指医生对本领域之外的患者或者超出本人治疗能力的患者进行安全、快速转运到有条件加以治疗的医院的义务。一般来讲，转医的告知义务主要发生于以下几种情形：(1) 患者的疾病属于医生专门领域之外；(2) 医生对患者的诊疗能力不充分或不具备时；(3) 对患者存在更适当的诊疗方法且该方法用于患者比不转移发生非常明显的改善效果。[②] 当然，医疗机构还必须告知患者转医治疗的可能性。比如说，患者病情极其严重不适合长途转医或者地理位置非常偏僻等情况。

我国现有法规规章也有关于转诊义务的规定。我国《医疗机构管理条例》第 31 条规定："医疗机构对危重病人应当立即抢救，对限于设备或者技术条件不能诊治的病人，应当及时转诊。"《医院工作制度》也规定："凡决定转诊、转科或转院的病员，经治医师必须书写较为详细的转诊、转科或转院记录，主治医师审查签字。转院记录最后由科主任审查签字。"尽管如此，虽然我国的非营利性公立医疗机构也居于主导地位，但是其中某些医疗机构仍然会考虑到本院的经营效益问题，违背诚实信用原则，不履行转诊告知义务。而不履行告知义务的结果往往是延误了患者医治疾病的契机，从而产生加速患者死亡等后果，侵害了患者得到适当治疗后追求生活方式以及生活质量、适当治疗机会、以及期待得到符合医疗水准治疗

---

① Dobbs DB, The Law of Torts. St. Paul, West Group, 2000. pp. 52 – 54, p. 657, pp. 658 – 663. 转引自高也陶等：《中美医疗纠纷法律法规及专业规范比较研究》，南京大学出版社 2003 年版，第 270 页。

② 参见松山恒昭：《转医义务（2）》，根本久编：《裁判实务大系 17：医疗过误法》，第 227 ~ 228 页。转引自载梁慧星主编：《民商法论丛》第 9 卷，法律出版社 1998 年版，第 734 页。

的期待利益。[①] 在我国的审判实践中也存在未尽转诊说明义务而承担损害赔偿的案例。[②]

当然，并不是在一切情况下医疗机构都需要履行告知义务。有学者已经对此类情况进行了总结，其认为不需要加以说明的情况有：（1）依据法律给予医生强制治疗的权限；（2）危险性极其轻微，并且发生的可能性几乎没有；（3）患者非常清楚自己的症状；（4）患者自愿放弃接受医生的说明；[③]（5）由于事态紧急无法取得患者的承诺；（6）如果加以说明可能给患者招致不良影响。[④] 我们认为，上述总结的最后一种情形是需要进一步检讨的。我们国家的法规当中也有保护性治疗的规定。保护性医疗制度的实质是要注意该对病人说什么，不该对病人说什么，也就是并不是什么都对病人如实告知。[⑤] 这样做的后果就是，有些患者至死也不知道自己究竟是得了什么病死的。虽然说实践中发生过有的患者知道了自己的病情（比如癌症）之后，其身体健康状况急转直下的案例，但是如果彻底贯彻保护性治疗的规定，那么患者的知情权、其他治疗方法的选择权、充分享受剩余生活质量[⑥]等权利都会受到侵害。所以说，当患者得了绝症的时候，医疗机构有必要在适当的时候以适当的方式告知患者。只有这样，才能够体现对人的尊严与自由的彻底尊重。

---

① 参见夏芸：《不作为型医疗过误的期待权侵害理论》，载梁慧星主编：《民商法论丛》第 32 卷，法律出版社 2005 年版，第 207～208 页。

② 参见杨太兰主编：《医疗纠纷判例点评》，人民法院出版社 2003 年版，第 31 页。

③ 到目前为止，关于放弃知悉权的规定仅见于《荷兰民法典》第 7：449 条："倘若病人明示不愿接受信息，则就不应当提供信息，除非不提供信息对病人或其他人的不利后果超过了病人放弃信息的利益。"［德］冯·巴尔：《欧洲比较侵权行为法》下卷，焦美华译，张新宝校，法律出版社 2001 年版，第 389 页。

④ 参见段匡等：《医生的告知义务和患者的承诺》，载梁慧星主编：《民商法论丛》第 12 卷，法律出版社 1999 年版，第 162 页。

⑤ 高也陶等：《中美医疗纠纷法律法规及专业规范比较研究》，南京大学出版社 2003 年版，第 270 页。

⑥ 比如说，香港艺人梅艳芳在得知自己得了癌症之后，选择在离开人世之前举办一次盛大的个人演唱会。NBA 篮球明星麦克尔·约翰逊在得知自己感染艾滋病病毒之后选择退役、之后又选择复出。类似的事例不胜枚举。

三、告知义务的判断标准

是否尽到告知义务的标准通常有合理医师说、合理患者说、具体患者说、折衷说。所谓合理医师说，是指一般医师负有说明的义务。所谓合理患者说是指在医疗过程中，凡是一般患者所重视的医疗资料，医师都有说明义务。所谓具体患者说是指医师应否负具体说明义务，应就个别患者决定，凡依患者的年龄、人格、信念、心身状态，可确知某种医疗资料与患者的利益相结合，而为患者所重视的医疗资料，而医生有预见可能的时候，医师对该资料即有说明的义务。折衷说是指医疗资料不仅为一般患者所重视，即具体患者也同样重视，且为医师所能预见时，医师就有说明义务，是合理患者说和具体患者说的折衷。①

笔者认为，判断医疗机构是否尽到告知义务的标准分为如下两个层次：第一，当患者没有提出医疗期待时，医疗机构应该履行当前专科医院医疗水平告知义务。医疗机构应该首先向患者说明当前临床医疗实践中有效性和安全性②都得到认可的治疗方案。同时，医疗机构应该告知患者自己医院的类别（专科医院/综合医院）、所准备采用的医疗方案和实施能力以及是否达到当前专科医院的一般医疗水平等。第二，当患者提出其他医疗期待时，医疗机构应该履行其有效性和安全性尚处于被验证的医疗方案的告知义务。结合医院所处的环境等因素，某些医院还应该履行国际上有效性和安全性得到认可或正在被验证的疗法的告知义务。

四、违反告知义务的损害责任及举证责任分配

《侵权责任法》第55条第2款规定违反告知义务造成患者损害的，就构成违反告知义务的医疗伦理损害责任。其中对于损害的界定，应当包括造成患者人身实质性损害和造成患者精神性权利即自我决定权的损害。对

① 参见黄丁全：《医事法》，中国政法大学出版社2003年版，第248页。

② 有关医疗水准的讨论，参见［日］新美育文：《医师的过失》，夏芸译，载张新宝主编：《侵权法评论》第2辑，人民法院出版社2003年版，第164～174页。

于前者，应当适用《侵权责任法》第16条确定赔偿责任；对于后者，应当适用第22条确定赔偿责任。

对于医疗伦理损害责任的举证责任，本解释第5条第1款规定，“患者依据侵权责任法第五十五条规定主张医疗机构承担赔偿责任的，应当按照前条第一款规定提交证据。”即患者依据《侵权责任法》第55条起诉的，应当提交到该医疗机构就诊、受到损害的初步证据，这意味着诊疗行为和损害的要件的举证责任应由患者承担。

本解释第5条第2款规定的是特殊病情特别告知第二种情形，即特殊病情特别告知：实施手术、特殊检查、特殊治疗的，医疗机构应当及时向患者说明医疗风险、替代医疗方案等情况，并且取得其书面同意，其内涵包括以下三个方面：首先，医疗机构应当根据《侵权责任法》第55条承担一般说明义务，说明义务的内容是医疗风险和替代医疗方案等情况。其次，医务人员需要实施手术、特殊检查、特殊治疗的，除非属于《侵权责任法》第56条规定的情形，否则一律应当取得患者或者患者近亲属的书面同意。如果存在因抢救生命垂危的患者等紧急情况，不能取得患者或者其近亲属同意，可以不履行上述告知义务，而经医疗机构负责人或者授权的负责人批准的即可。最后，医疗机构提交患者或者患者近亲属书面同意证据的，人民法院可以认定医疗机构尽到说明义务，但患者有相反证据足以反驳的除外。所谓书面同意证据，主要是指由患者或者患者近亲属签字的医疗风险告知书等，在医疗风险告知书等文书的下方，应当有患者或者患者近亲属同意的签名。如果医疗机构提供了患者或者患者近亲属的书面同意证据，就完成了举证责任，就能够证明医疗机构保障了患者以及患者近亲属的知情同意权；不过，即使在这种情形，如果患者有相反证据，例如患者能够证明医疗机构出具的患者或者患者近亲属书面同意的证据系伪造等，足以反驳医疗机构出具的书面同意证据的，则认定医疗机构没有尽到告知义务，医疗机构仍应承担侵权责任。

第六条　【对病历资料的解释及提交义务】侵权责任法第

五十八条规定的病历资料包括医疗机构保管的门诊病历、住院志、体温单、医嘱单、检验报告、医学影像检查资料、特殊检查（治疗）同意书、手术同意书、手术及麻醉记录、病理资料、护理记录、医疗费用、出院记录以及国务院卫生行政主管部门规定的其他病历资料。

患者依法向人民法院申请医疗机构提交由其保管的与纠纷有关的病历资料等，医疗机构未在人民法院指定期限内提交的，人民法院可以依照侵权责任法第五十八条第二项规定推定医疗机构有过错，但是因不可抗力等客观原因无法提交的除外。

【条文释义】

本条是对《侵权责任法》第58条规定推定医疗机构有过错事由的解释。

一、《侵权责任法》第58条的规定是过错责任的例外

《侵权责任法》第58条规定的是在医疗技术损害责任中推定医疗机构有过错的事由，共有三项：一是违反法律、行政法规、规章以及其他有关诊疗规范的规定，二是隐匿或者拒绝提供与纠纷有关的病历资料，三是伪造、篡改或者销毁病历资料。有观点认为《侵权责任法》第58条规定的是过错推定的归责原则，[①] 这其实是一种误解，因为该条规定的是推定医疗技术过错的法定事由，在医疗技术损害责任中，凡是符合《侵权责任法》第58条规定的三种事由的，就直接推定为医疗机构及医务人员有医疗技术过错，而不是这一类侵权案件都适用过错推定原则。例如《侵权责任法》第81条规定动物园的动物造成他人损害的，动物园应当承担侵权责任，这意味着这一类动物损害责任类型都适用过错推定原则，这和《侵

① 参见谭恩惠、白丽云：《论侵权责任法对调整医患关系的价值》，载《法学杂志》2011年第2期。

权责任法》第 58 条的规定是完全不一样的问题。

笔者认为，将《侵权责任法》第 58 条规定称作“法定过错推定标准”[①] 是有道理的，但是仍然不如称之为过错推定的法定事由更为准确。不过，法定过错推定标准和过错推定法定事由尽管表述不同，但基本意思是完全一致的，这两种理解与将之理解为过错推定的归责原则则大相径庭，二者显然不是一个概念。正如立法者所称：“医疗损害责任一般适用过错责任归责原则。只有在本条规定的特殊情况下，即医务人员有违规治疗行为或者隐匿、拒绝提供与纠纷有关的病历资料，伪造、篡改或者销毁病历资料的，才推定医疗机构有过错。”[②]

因此，医疗技术损害责任纠纷案件仍然应当适用过错责任原则确定侵权责任，即确定医疗机构承担侵权赔偿责任，应当具备违法诊疗行为、患者损害、因果关系和医疗技术过错四个要件，在证明责任上，依照《侵权责任法》第 58 条规定，在具备这些法定情形时，法官可以直接推定医疗机构及医务人员有过错，并且不可以由医疗机构一方举证推翻这个推定。这样的规则能够制裁意图逃避责任的有过错的医务人员或者医疗机构的违法行为，对医务人员和医疗机构起到阻吓、警诫的一般预防作用。

二、对推定医疗机构有过错事由的解释

本条司法解释着重厘清“病历资料”的概念和明确《侵权责任法》第 58 条规定的推定医疗机构有过错的第二种和第三种事由的司法适用。病历资料应当怎样解释，即对于病历资料应该理解为是指主观的病历资料还是客观的病历资料存在争论；对于提供病历资料的不作为即隐匿或拒绝提供和违法的积极作为即伪造、篡改或者销毁病历资料如何适用，亦存在困难。本司法解释针对上述两个问题做出了回应。

本解释第 6 条规定：“侵权责任法第五十八条规定的病历资料包括医

---

① 张新宝：《侵权责任法》，中国人民大学出版社 2010 年版，第 236 页。
② 王胜明主编：《中华人民共和国侵权责任法释义》，法律出版社 2010 年版，第 290 页。

疗机构保管的门诊病历、住院志、体温单、医嘱单、检验报告、医学影像检查资料、特殊检查（治疗）同意书、手术同意书、手术及麻醉记录、病理资料、护理记录、医疗费用、出院记录以及国务院卫生行政主管部门规定的其他病历资料。”这里解释的病历资料，既包括客观的病历资料，也包括主观的病历资料。在司法实践中，凡是列入本条的病历资料，都是《侵权责任法》第58条第2项规定的病历资料；除此之外，国务院卫生行政主管部门规定的其他病历资料，也包括在其中。此外，凡是对上述病历资料，医疗机构采取消极的不提供行为，或者是违法的积极作为行为，隐匿或者拒绝提供，伪造、篡改或者销毁的，都应当推定医疗机构有过失。

在司法实践中，对于谁享有病历资料的所有权存在争论，有观点认为病历资料的所有权为医院，也有观点认为患者享有病历资料的所有权。事实上，这种争论并无意义。病历资料作为一种物，属于动产，当然谁占有谁就享有所有权，医疗机构占有病历资料，自然为病历资料的所有权人。而从《侵权责任法》的角度研究病历资料，是因为其为书证，且又是由医疗机构保管的，那么患者对于自己的病历资料就享有查阅、复制等必要的权利，这是《侵权责任法》第61条第2款规定的患者的法定权利。本条第2款规定：“患者依法向人民法院申请医疗机构提交由其保管的与纠纷有关的病历资料等，医疗机构未在人民法院指定期限内提交的，人民法院可以依照侵权责任法第五十八条第二项规定推定医疗机构有过错，但是因不可抗力等客观原因无法提交的除外。”这一规定意味着，患者向法院申请医疗机构提交病历资料，是行使其法定权利。在人民法院指定期限后，医疗机构应当在指定期限内提交；如果医疗机构未在法院指定期限内提交，就视为拒绝提交病历资料，则推定医疗机构有过错，如果医疗机构能够证明自己具有不可抗力等客观原因的，则不作出这样的过错推定，而仍然采用前述的鉴定方法确定医疗机构是否有过错。

三、违反病历资料管理职责致害责任

《侵权责任法》第61条规定：“医疗机构及其医务人员应当按照规定

填写并妥善保管住院志、医嘱单、检验报告、手术及麻醉记录、病理资料、护理记录、医疗费用等病历资料。患者要求查阅、复制前款规定的病历资料的，医疗机构应当提供。”这是对医疗机构妥善保管和提供查询病历资料义务的规定，这意味着《侵权责任法》直接规定医疗机构及医务人员对病历资料负有依规填写、妥善保管和提供查询的义务，并且规定这一义务属于强制性义务，医务人员和医疗机构不得违反。

病历是医疗诉讼中的关键证据，如因受到妨碍而无法使用将导致医患双方诉讼武器不平等，也会严重影响案件事实的查明。[①] 然而在医疗诉讼司法实践中，由于患者的病历资料在医疗机构保管，有些医务人员甚至医疗机构将病历资料当成自己的私有财产，随意处置，拒绝提供，甚至进行隐匿、伪造、篡改、销毁等，这是严重的违法行为。本条司法解释即是针对医疗机构及医务人员对病历资料的不负责任的疏忽以及对此采取的恶意行为而做出的。

在司法实践中适用这一规定，最重要的是确定违反该义务的后果。医疗机构及医务人员违反对病历资料的填写、保管义务，法律规定有两种后果：第一，《侵权责任法》第 58 条在推定医疗过错的规定中明确“隐匿或者拒绝提供与纠纷有关的病历资料”和“伪造、篡改或者销毁病历资料”的行为可以直接推定医疗技术过错，其基础在于该条规定的医疗机构及其医务人员对病历资料负有的义务，这种推定过错就是违反该义务的法律后果。如果上述行为不构成医疗技术损害责任，则可以构成医疗管理损害责任。第二，填写不当、保管不善、不允许患者查询复制病历资料等行为，不属于推定过错的事由，但侵害了患者的知情权，同样构成侵权责任，应当适用《侵权责任法》第 54 条规定确定侵权责任。例如，某医院不慎将多次来该院就诊的患者的病历资料丢失，恰巧该患者办理因病退休手续需要拿该院保管的病历到有关鉴定中心做病退鉴定，但病历丢失使得相关鉴定无法顺利进行。该患者认为由于医院将自己的病历丢失，导致自己不能

① 参见周成泓：《违反病历记载或保存义务的证明妨碍》，载《法律适用》2014 年第 1 期。

如期正式退休，在工资差额、医保个人账户、医药费等报销上损失很大，遂起诉要求医院赔偿损失，法院支持了其诉讼请求。[①] 因此，医疗机构在履行对患者病历资料的保管义务中未尽管理职责，造成病历资料丢失，具有重大过失，构成医疗管理损害责任，也应当对患者的损失予以赔偿。

第七条　【医疗产品损害责任的举证责任分配】 患者依据侵权责任法第五十九条规定请求赔偿的，应当提交使用医疗产品或者输入血液、受到损害的证据。

患者无法提交使用医疗产品或者输入血液与损害之间具有因果关系的证据，依法申请鉴定的，人民法院应予准许。

医疗机构，医疗产品的生产者、销售者或者血液提供机构主张不承担责任的，应当对医疗产品不存在缺陷或者血液合格等抗辩事由承担举证证明责任。

【条文释义】

本条规定了医疗产品损害责任案件的举证责任分配规则。

一、医疗产品损害责任的构成要件

《侵权责任法》第59条规定了医疗产品损害责任，该责任属于医疗损害责任也属于产品责任。产品责任适用无过错责任原则，因此医疗产品损害责任的构成也应当具备产品侵权责任的构成要件要求，即须具备以下要件：

第一，医疗产品须为有缺陷产品。构成医疗产品损害责任的首要条件，是医疗产品具有缺陷，关于“缺陷”的内涵与外延，笔者在本司法解

① 参见刘鑫等：《侵权责任法医疗损害责任条文深度解读与案例剖析》，人民军医出版社2010年版，第167页。

释第3条的释义部分已有详述，本处不再展开。

第二，须有患者人身损害事实。构成医疗产品损害责任，必须具备患者的人身损害事实，这是发生损害赔偿请求权的事实依据。具体而言，是指医疗产品作用于患者时，由于医疗产品存在缺陷，而造成了患者的人身损害。这种人身损害的特点是，有些损害后果在受害当时即可发现，有的则要在受害之后很长时间才能出现后果，特别是医疗器械造成的损害，通常都是经过一段时间才发生。医疗产品损害责任中的人身损害事实，包括致人死亡和致人伤残。在造成人身损害的同时，通常还伴随精神痛苦的损害，因此医疗产品损害责任的人身损害事实要件中也包括精神损害。

第三，须有因果关系。医疗产品损害责任中的因果关系，是指医疗产品的缺陷与受害人的损害事实之间存在的引起与被引起的关系，即医疗产品缺陷是原因，损害事实是结果。医疗产品损害责任中的因果关系要件，通常而言应由受害人证明，证明的内容是，损害是由于使用或消费有缺陷的医疗产品所致。所谓使用，是对可以多次利用的医疗产品的利用；而消费，是对只能一次性利用的医疗产品的利用。受害人在证明损害要件时，首先要证明缺陷医疗产品曾经被使用或消费，其次要证明使用或消费该有缺陷的医疗产品是损害发生的原因。例如，在身体内植入的钢板断裂造成损害，因果关系明显，患者通过简单的检查程序得到相应检查报告后即可证明。但对于高科技医疗产品致害原因不易证明者，可以适用举证责任缓和规则，在受害患者证明达到表见证据规则要求时，认定受害人已经完成了举证，对于使用医疗产品或者输入血液与损害之间具有因果关系的证据，可以依法申请鉴定的，通过鉴定意见加以证明。

第四，医疗机构和销售者应当具有过失。按照《产品质量法》第41条关于“因产品存在缺陷造成人身、缺陷产品以外的其他财产（以下简称他人财产）损害的，生产者应当承担赔偿责任”的规定，以及第42条关于“由于销售者的过错使产品存在缺陷，造成人身、他人财产损害的，销售者应当承担赔偿责任。销售者不能指明缺陷产品的生产者也不能指明缺陷产品的供货者的，销售者应当承担赔偿责任”的规定，产品责任中的生产者承担责任，无须过失的存在，而销售者承担责任有两种形式：其一是有明确的生产者和供货者的，构成侵权须具备过失要件；其二是销售者不能指明缺陷产品的生产者也不能指明缺陷产品的供货者的，即使没有过失，销售者应当承担赔偿责任。按照这样的规则，在医疗产品损害责任中，如果受害患者一方追究医疗机构以及医疗产品销售者的侵权责任的，必须证明医疗机构或者销售者具有过失的要件，没有过失，就没有责任；如果医疗机构或者销售者不能指明缺陷医疗产品的生产者也不能指明缺陷产品的供货者的，受害患者一方请求赔偿，无须证明其有过失，医疗机构或者销售者也应当承担赔偿责任。

二、医疗产品损害责任纠纷案件的证据规则

《侵权责任法》第 59 条规定的医疗产品损害责任，是无过错责任，在其责任构成中无须具备过错要件，这完全是产品责任规则在医疗领域中的适用。本司法解释第 7 条规定的是医疗产品损害责任纠纷案件的证据规则，主要包括以下三项内容：

第一，患者依据《侵权责任法》第 59 条规定请求相应赔偿的，应当完成的举证责任包括：一是应当提交医疗机构在医疗活动中使用了医疗产品或者输入了血液的证据，对此，司法解释省略了医疗机构“在医疗活动中”的条件，这一点必须强调，因为如果不是医疗机构在医疗活动中使用医疗产品或者输入血液，就不存在医疗产品损害责任的问题，而是一般的产品责任。二是应当提交其受到损害的证据，患者受到的损害应当是人身损害。患者主张医疗产品损害责任，对上述两个要件负有举证责任，不能举证或者举证不足，要承担败诉的后果。

第二，对于医疗机构在医疗活动中使用医疗产品或者为患者输入血液与患者受到人身损害之间具有因果关系的要件。如果患者能够提供证据证明，当然更好，但是该举证责任并不是强制的责任，患者无法举证亦不会直接导致承担败诉的后果，因为在很多情况下，患者对此无法举证。因而司法解释规定，患者无法提交使用医疗产品或者输入血液与损害之间具有

因果关系的证据，依法申请鉴定的，人民法院应予准许。这个规定意味着，在医疗产品损害责任纠纷案件中，因果关系的举证责任并非必须由患者承担，患者不能证明因果关系要件，也并不就面临着败诉后果，可以向法院申请因果关系的鉴定。对于患者提出的医疗产品损害责任因果关系鉴定的申请，法院必须准许，不得拒绝，因为法院如果拒绝患者提出的医疗产品损害责任因果关系要件的鉴定，将无法认定医疗机构是否应承担侵权责任。

第三，确认医疗产品损害责任除了上述三个要件以外，最重要的要件是缺陷。在输血造成患者损害的则是血液不合格，因而血液不合格在输血感染的准医疗产品损害责任中，相当于缺陷的地位。有关医疗产品责任缺陷的认定，在本解释第 3 条的释义部分已经进行了详细的阐述，此处不再展开。在上述三个要件具备的情况下，医疗机构，医疗产品的生产者、销售者或者血液提供机构主张不承担责任抗辩的，其承担的举证责任的证明对象是须对医疗产品不存在缺陷或者血液属于合格。这一举证责任规则，是司法解释对产品责任的缺陷要件究竟由谁承担举证责任这一问题上，第一次作出的明确规定。

在此之前，有关医疗产品责任缺陷的规定中，《侵权责任法》第 41 条和第 42 条以及《产品质量法》都作了相关阐述，但都没有规定缺陷要件应由哪一方当事人承担举证责任，先前的司法解释也没有对此作出过明确规定。本解释第 7 条第 3 款明确规定，医疗机构以及医疗产品的生产者、销售者或者血液提供机构，如果主张自己不承担责任，就应当对医疗产品不存在缺陷或者血液合格的抗辩事由负担举证证明责任。这样，就把产品责任的缺陷要件的证明责任，分配给了产品生产者、销售者以及医疗机构和血液提供机构。这样的规定，不仅对于医疗产品损害责任的举证责任分配具有重要意义，而且对于《侵权责任法》第五章规定的产品责任的举证责任分配也具有重要意义。当然，这一款规定中也有一个“等”字，这里包括的也是意外或者不可抗力等情形，如果能够证明成立，当然也应当作为免责事由，这一点在关于本解释第 4 条的释义中已经进行了详细叙述，这里不再赘述。

此外，《侵权责任法》第59条对于血液损害责任，实际上采取了过错责任原则的立场，但从举证难易及方便受害人救济的角度，是否“合格”的举证责任，应当由血液提供者及医疗机构承担。立法机关人员在相关解释中也指出，当务之急，并非是输血感染责任谁承担的问题，而是应当尽快设立输血责任保险或者建立输血赔偿基金，由全社会分担输血损害的风险。这才是解决这一问题的最有效方法。[①] 在目前医学技术上无法完全避免漏检的情况下，强行要求对血液的无瑕疵负担保责任，很可能使血液提供机构提高价格以转嫁风险，从而损害更多患者的利益。

三、本条文的深度解读

（一）医疗过失实行完全推定的缺陷

在理论界，关于如何证明医疗过失存在较大的分歧。有观点认为医疗过失应实行过错责任原则，由受害患者一方承担举证责任，[②] 亦有观点认为应由医疗机构承担举证责任，实行完全的医疗过失推定。[③] 相应的，在过去较长的司法实践之中，法院通常采用过错责任原则医疗过失的认定，即受害患者一方要实现赔偿权利，就必须自己举证证明医疗机构的医疗行为具有过错。其中重要的证据来源便是医疗事故鉴定报告，以此来确认医疗机构的过错，如果受害人不能取得医疗事故的鉴定意见，通常就无法获得赔偿，这种做法不利于患者权利的保护。多年实践后，最高人民法院也意识到此种缺陷，认为采用普通的过错责任原则认定医疗损害责任会使众多的受害患者受到损害却无法得到赔偿，对受害人极为不利。故在2002年发布的《最高人民法院关于民事诉讼证据的若干规定》中，对医疗过失

① 参见王胜明主编：《〈中华人民共和国侵权责任法〉条文理解与立法背景》，人民法院出版社2010年版，第232页。

② 参见刘宇：《医学独特性与医疗侵权行为归责原则之讨论》，载《中华医院管理杂志》2008年第24卷第10期。

③ 宋晓婷：《医疗过失行为论》，载《法律与医学杂志》2001年第8卷第4期。

的证明实行过错推定原则，实行举证责任倒置。[①] 即对医疗过失实行完全推定，受害患者一方只需举出证据证明损害的存在和医疗行为具有违法性，至于损害和医疗行为的因果关系和医疗机构的过错都采取推定的方法。医疗机构认为自己的医疗行为没有过错的，需要提供自己的行为不具有过错的证据加以举证证明。

上述司法解释中规定医疗过失和因果关系的完全推定规则，使得医疗机构在诉讼地位上陷入严重不利的局面，医疗机构和医务人员为了自保，不得不采用一切能够采取的医疗措施，以保存医疗诉讼证据，同时对于具有风险的医疗行为采取回避态度，从而基本上形成了防御性医疗的局面。因此，实行此种诉讼规则的后果，反而损害了作为全体患者的人民群众的利益。

（二）医疗损害责任未规定举证责任缓和规则的缺陷

在医疗损害领域存在一种特殊的情形，即受害患者与医疗机构之间在医疗资讯的掌握上存在严重的不对称现象，医疗资讯几乎全部掌握在医疗机构一方，而受害患者处于极为弱势的地位。对此，各国在处理医疗损害责任的规则中，在坚持过错责任原则的基础上，或者实行表面证据规则，[②] 或者实行过错大致推定规则（如日本），或者实行事实本身证明规则，[③] 对受害患者实行举证责任缓和。例如，在受害患者一方无法提供充分的证据证明医疗机构过失，或者在法律规定的特定情形，原告证明达到表见证据规则所要求的标准，或者证明了医疗机构存在法律规定可以推定医疗过失的情形的时候，可以转由医疗机构一方承担举证责任，实行有条件的医疗过失推定。同样，在因果关系的证明上，也对受害患者一方实行举证责任

---

① 参见《最高人民法院关于民事诉讼证据的若干规定》第4条第8项规定："下列侵权诉讼，按照以下规定承担举证责任：……（八）因医疗行为引起的侵权诉讼，由医疗机构就医疗行为与损害结果之间不存在因果关系及不存在医疗过错承担举证责任。"

② 詹森林：《德国医疗过失举证责任之研究》，载《医疗过失举证责任之比较》，台北元照出版公司2008年版，第56页。

③ 陈聪富：《美国医疗过失举证责任之研究》，载《医疗过失举证责任之比较》，台北元照出版公司2008年版，第162页。

缓和。[①] 可以确定的是，各国在处理医疗损害责任的举证责任问题上，都是在坚持过错责任原则的基础上，实行举证责任缓和，以应对医疗资讯严重不对称造成的对受害患者保护不利的情形，实行诉讼武器平等。[②]

但是，在我国《侵权责任法》规定的医疗损害责任中，完全没有规定举证责任缓和规则，也就是说，现在规定的医疗损害责任，是将违法行为、损害事实、因果关系和过错四个要件的举证责任都交给了受害患者一方，而仅仅在《侵权责任法》第 58 条之中规定了三种法定的过错推定的情形，这对受害患者一方是不公平的。如前所述，在《侵权责任法》草案中曾经规定了因果关系的举证责任缓和的规则，但是该法律条文在全国人大常委会审议时被删除，而形成了因果关系的举证责任完全归于受害患者一方的局面。《侵权责任法》没有规定过错要件和因果关系要件的举证责任缓和规则，完全实行受害患者负担举证责任，一旦受害患者因医疗资讯的缺失而无法完全证明过错要件或因果关系要件，就不能得到损害赔偿救济，必然会造成受害患者一方的损害，其后果是十分清楚的。

综上所述，对医疗过失一律实行举证责任倒置，推定医疗机构存在过错，是不科学也不正确的做法，由此出现防御性医疗行为亦将严重损害全体人民的利益。因此，本解释第 4 条和第 7 条对此作出了必要的检讨也进行了改革，其在严格遵循《侵权责任法》第 54 条和第 59 条的立法本意前提下，以构建和维护和谐医患关系为出发点，在大量实证调研和借鉴域外经验做法基础上，进一步明确了司法适用规则。在患者依据《侵权责任法》第 54 条和第 59 条的规定主张医疗机构承担赔偿责任的，应当提交到该医疗机构就诊、受到损害的证据；患者无法提交医疗机构及其医务人员有过错、诊疗活动与损害之间具有因果关系的证据，依法提出医疗损害鉴定申请的，人民法院应予准许。如果医疗机构主张不承担责任的，则应当就《侵权责任法》第 60 条第 1 款规定的情形承担举证证明责任。其既没

① 杨立新：《医疗损害责任研究》，法律出版社 2009 年版，第 110 页。
② 沈冠伶：《民事诉讼证据法与武器平等原则》，元照出版公司 2007 年版，第 92 页。

有颠覆《侵权责任法》的规定而明确规定举证责任缓和规则，又避免了因举证证明责任分配不当而导致双方实体权利义务显著失衡而激化医患矛盾，可谓为一大进步。

第八条 【医疗损害责任鉴定的申请与决定】 当事人依法申请对医疗损害责任纠纷中的专门性问题进行鉴定的，人民法院应予准许。

当事人未申请鉴定，人民法院对前款规定的专门性问题认为需要鉴定的，应当依职权委托鉴定。

【条文释义】

本条是关于鉴定启动权的规定。

一、当事人享有医疗损害责任纠纷的鉴定启动权

医疗损害责任纠纷是公认难以审理的案件类型之一，其“难”主要体现在责任构成要件的认定困难上，因此，在医疗损害责任纠纷案件中，除罕见的非常简单的案件外，绝大多数案件都需要借助于专家鉴定意见进行审理。

我国民事诉讼鉴定制度可以追溯到 1982 年《民事诉讼法（试行）》，以后经过历次修订，有关鉴定的条款有一些变化。2017 年《民事诉讼法》第 76 条至第 79 条规定的是民事诉讼的鉴定制度，基本内容是：第一，当事人可以就查明事实的专门性问题向人民法院申请鉴定。当事人申请鉴定的，由双方当事人协商确定具备资格的鉴定人；协商不成的，由人民法院指定。当事人未申请鉴定，人民法院对专门性问题认为需要鉴定的，应当委托具备资格的鉴定人进行鉴定。第二，鉴定人有权了解进行鉴定所需要的案件材料，必要时可以询问当事人、证人。鉴定人应当提出书面鉴定意见，在鉴定书上签名或者盖章。第三，当事人对鉴定意见有异议或者人民

法院认为鉴定人有必要出庭的，鉴定人应当出庭作证。经人民法院通知，鉴定人拒不出庭作证的，鉴定意见不得作为认定事实的根据，支付鉴定费用的当事人可以要求返还鉴定费用。第四，当事人可以申请人民法院通知有专门知识的人出庭，就鉴定人作出的鉴定意见或者专业问题提出意见。这些规定是医疗损害司法解释有关医疗损害责任鉴定的法律依据。鉴定程序的启动、鉴定人的权利、鉴定人结论的形式要求以及鉴定结论的法庭调查等，上述制度深受苏联鉴定制度的影响，贯彻了职权主义的鉴定启动原则。

在医疗损害责任诉讼案件中，以 1987 年《医疗事故处理办法》为标志，我国确立医疗事故鉴定制度，由医学专家对医疗过错和因果关系之有无、大小进行判断，并出具医疗事故专家鉴定结论，2002 年《医疗事故处理条例》进一步规范了医疗事故鉴定程序，但鉴定人、鉴定程序等主要内容并未有明显变化。自 2001 年《最高人民法院关于民事诉讼证据的若干规定》始，司法鉴定成为判断医疗过失、医疗行为与损害之间因果关系等专门性问题的主要制度，因该规定相对完善和先进，多数法官倾向于优先选择司法鉴定。尽管《最高人民法院关于民事诉讼证据的若干规定》明确规定了鉴定期限、鉴定机构和鉴定人的选任、重新鉴定的情形、鉴定书的具体内容、鉴定意见的质证、鉴定意见的证明力等。但实证研究表明，该规定效力位阶较低及制度过于超前，导致上述制度缺乏可行性，从而落入了纸上谈兵的窘境。[①]

根据职权主义鉴定启动程序，尽管法律规定鉴定人处于中立地位，但是法官垄断了鉴定程序的启动和鉴定人选任权，导致法官对鉴定人的影响很大。一方面，法官独揽鉴定启动权，使得法官与鉴定人之间可能产生长期的合作关系，法官的态度影响最终的鉴定意见，鉴定人也可以通过种种手段影响法官，并影响最终的判决结果。另一方面，职权主义违反了民法的意思自治原则，当事人丧失了参与程序性交涉的机会，对鉴定意见的信任度很低，重复鉴定问题经常出现。[②]

---

① 周一颜：《关于福建法院民事诉讼鉴定司法实务的调研报告》，载《东南司法评论》2015 年辑刊。
② 周一颜：《关于福建法院民事诉讼鉴定司法实务的调研报告》，载《东南司法评论》2015 年辑刊。

因当事人不信任鉴定意见，或者久鉴不决，引发了一些备受社会关注的患者伤医事件，典型如同仁医院徐文被伤事件。[①] 为了解决法官垄断鉴定启动权、鉴定意见公信力较低的问题，2012 年民事诉讼法及其司法解释明确规定，当事人在举证期限届满前，有权向人民法院申请启动鉴定程序，自此，我国民事纠纷的当事人，获得了鉴定程序的启动权。实际上，在本司法解释出台前，一些省市的法院系统，已尝试赋予当事人医疗损害责任纠纷鉴定的启动权。与一般案件法官可能会拒绝鉴定申请不同，在医疗损害案件中，法官通常会要求当事人提出申请，甚至在当事人拒绝申请鉴定时，以事实无法查明、未完成举证责任等理由作出裁决。

以 2012 年《民事诉讼法》的修改为标志，我国的鉴定启动程序进一步完善，从过去的职权主义模式修改为当事人主义为主、职权主义为辅的模式，此次医疗损害责任纠纷司法解释再次重申了这一规则，对于保护当事人的合法权益具有重要的进步意义。

二、当事人鉴定启动的申请受法官监督

当事人就医疗损害责任纠纷的专门性问题申请鉴定，原则上法院应当准许。但是，当事人的申请鉴定的事项是否属于专门性事项的范畴？是否是能够鉴定的事项？是否是为了非法目的申请鉴定？对此，法院必须加以审查，以提高裁判效率，并防止当事人恶意利用鉴定程序。对于不属于专门性事项、无需鉴定的鉴定申请，法院不应准许。我们认为，下列事项的鉴定申请不应准许：第一，不属于事实问题的事项，如对法律的不同解释；第二，鉴定机构不具备鉴定能力的事项，比如当事人声称剧痛，要求鉴定加以确认；第三，不具备鉴定条件的事项，如当事人拒绝提供必要的鉴定材料、鉴定材料已灭失；第四，当事人无故申请重新鉴定；第五，已经查明的事项，如现有证明能够证明当事人已经履行了告知义务，另一方拒不承认申请对此进行鉴定的。

---

① 中国医院协会：关于北京同仁医院徐文医生被砍伤事件的声明，http：//www.cha.org.cn/plus/view.php？aid＝7089，最后访问日期：2017 年 12 月 25 日。

三、鉴定事项的范围

《全国人民代表大会常务委员会关于司法鉴定管理问题的决定》第 1 条规定："司法鉴定是指在诉讼活动中鉴定人运用科学技术或者专门知识对诉讼涉及的专门性问题进行鉴别和判断并提供鉴定意见的活动"。医疗损害赔偿鉴定中有哪些专门性问题呢？除本解释第 11 条第 2 款规定的事项外，适用鉴定程序的其他专门性问题应具备以下特征：第一，鉴定的对象必须是事实问题，而不能是法律问题；第二，鉴定的对象必须是专门性问题，而一般性的问题，可以通过举证责任的相关制度，通过法庭调查加以认定；第三，该专门性问题必须通过鉴定才能查清，其他方式不能解决。

四、法院依职权启动鉴定程序的条件

就本解释第 11 条第 2 款列举的鉴定事项来看，范围广泛，从过错和因果关系的有无、大小，到损害后果的评估，这些事项都是查清事实、确定责任必不可少的环节，除非事实本身非常清楚、构成自认或者依据举证责任规则直接作出判决，否则均需启动鉴定程序。根据"谁主张、谁举证"的原则，目前的鉴定启动权在当事人手中，当负有举证责任的当事人拒绝申请鉴定，法院完全可以根据举证责任规则作出裁决。其实，在法院主导鉴定启动的时期，负有举证责任的当事人，拒绝缴纳费用或者不配合鉴定活动导致鉴定不能完成时，法院就已经按照举证责任规则作出判决。因此，我们认为，除非极特殊情况，法院不会主动启动鉴定程序。那么如何理解本条第 2 款呢？我们认为：第一，在当事人不申请鉴定、法院认为有必要的情况下，法院享有鉴定启动权；第二，当事人拒不申请鉴定，原则上应按照举证责任规则直接作出裁决，但法院不宜直接裁决的，可依职权启动鉴定程序；第三，法院依职权启动鉴定程序之前，应向当事人充分释明；第四，法院依职权启动鉴定程序，鉴定费用仍应由负有举证责任的当事人承担。

总之，对于"确有必要"由法院启动鉴定程序的情形，也要严格按照法院依职权调查取证的范围，综合考虑案件处理的法律效果和社会效果来确定，不可率性启动鉴定程序，给当事人造成不必要的负担。①

第九条　【医疗损害责任鉴定人的确定】当事人申请医疗损害鉴定的，由双方当事人协商确定鉴定人。

当事人就鉴定人无法达成一致意见，人民法院提出确定鉴定人的方法，当事人同意的，按照该方法确定；当事人不同意的，由人民法院指定。

鉴定人应当从具备相应鉴定能力、符合鉴定要求的专家中确定。

【条文释义】

本条是关于鉴定人产生方法的规定。

一、当事人协商确定鉴定人

鉴定人的产生问题是长期困扰司法实践的难题之一。第一，鉴定人能否根据当事人的协商而产生，第二，当事人选择鉴定机构还是鉴定专家，第三，选择完毕之后，当事人能否变更自己的选择。

本解释部分解决了上述问题。因本解释明确规定当事人具有选择鉴定人的权利，原则上，当事人可以协商一致自行确定鉴定人。这一规则，在医疗损害司法鉴定程序中，是可以实施的，但如果当事人决定采用医疗事故鉴定程序，则该选择权受到更多限制。根据《医疗事故技术鉴定暂行办法》第9条规定："双方当事人协商解决医疗事故争议，需进行医疗事故技术鉴定的，应共同书面委托医疗机构所在地负责首次医疗事故技术鉴定工作的医学会进行医疗事故技术鉴定"。第11条规定："协商解决医疗事故争议涉及多个医

---

① 陈龙业、宋韦韦：《民事诉讼鉴定程序启动若干问题的理解与适用》，载《人民司法》2015年第15期。

疗机构的，应当由涉及的所有医疗机构与患者共同委托其中任何一所医疗机构所在地负责组织首次医疗事故技术鉴定工作的医学会进行医疗事故技术鉴定”。我们认为，本条所说的当事人协商产生鉴定人，是专指司法鉴定而言。

本解释所说的鉴定人是指鉴定机构还是鉴定专家，抑或二者兼顾呢？我们认为，越过鉴定机构直接选择鉴定人，实践中比较少见，多数情况下，当事人选择的是鉴定机构，再由鉴定机构指派鉴定专家承担鉴定任务。因此，我们认为，当事人协商选择鉴定人，首先是指当事人有权协商产生鉴定机构，在选定鉴定机构之后，如果当事人一方提出要求，可以再进一步协商产生鉴定专家，如当事人无明确要求，鉴定专家由鉴定机构依照法院的要求指定。

二、协商确定司法鉴定机构的具体办法

依照当事人的处分权原则，在具有相应资格的司法鉴定机构范围之内，当事人有权协商确定司法鉴定机构。关于协商确定的方式，原则上应尽量尊重和维护当事人的真实意思表示。为防止一方当事人与极少数法官“勾兑”，利用对方信息不对称使协商无法达成协议，再由法官指定某些特定鉴定机构的情形出现，司法实践中的以下做法可资借鉴：一是双方当事人协商确定适格的鉴定机构，此为最符合当事人意思自治的鉴定人产生方式之一，但双方当事人互相不信任，费时费力而难以达成一致意见，比较常见的做法是当事人各自选择几家鉴定机构，由双方共同选中的鉴定机构承担鉴定任务；二是申请一方提出几家适格的鉴定机构，供另一方当事人选择，此种方式的实施需要当事人之间具有基本的信任程度，否则也无法达成一致意见；三是由法官选定几个鉴定机构供双方当事人选择，该方式效率较高，但存在干涉当事人处分权的嫌疑；四是随机抽取鉴定机构，这是目前当事人普遍接受的鉴定机构的选择方法。最后，如果双方当事人不同意采用上述任何一种方法，或者同意采用的方法未能选定鉴定机构，法院有权指定鉴定机构。[①]

---

① 陈龙业、宋韦韦：《民事诉讼鉴定程序启动若干问题的理解与适用》，载《人民司法》2015 年第 15 期。

三、司法鉴定专家的产生

本解释明确了当事人具有选择司法鉴定人的权利，即当事人能否进一步选择司法鉴定专家呢？我们通常所说的鉴定人专指鉴定专家，按照文意解释的规则，当事人可以选择司法鉴定专家。另外，根据意思自治原则，在法无禁止的情况下，当事人应有权通过协商决定鉴定专家的人选。但是，当事人选择鉴定专家存在几个难以克服的障碍。第一，当事人，特别是患者一方，难以了解鉴定专家，无法作出理性的选择；第二，为了避免鉴定结论对己方不利，一方建议的鉴定专家，对方往往都会拒绝，双方难以达成一致意见；第三，鉴定专家人数较鉴定机构数量多出数倍，较鉴定机构，鉴定专家的选择程序也会复杂得多；第四，鉴定专家擅长鉴定的领域不同，相比当事人，鉴定机构更加了解哪位专家适合承担特定的鉴定任务，因而由鉴定机构决定承担鉴定任务的专家更可能得出科学的结论；第五，司法实践中，当事人很少拥有选择鉴定专家的权利，只能依法申请某些鉴定专家回避；第六，即便赋予当事人鉴定专家的选择权，由于当事人利益的冲突，也难以达成一致意见，多数情况会通过“抽签”的方式随机产生鉴定专家，这会导致鉴定专家的专业能力与鉴定要求不匹配的问题。综上，我们的意见是，当事人已经拥有了选择鉴定机构的权利，鉴定机构对鉴定意见承担法律责任，至于鉴定机构指定何人承担鉴定任务，则应尊重鉴定机构的管理制度及工作惯例，不必再增加鉴定专家的选择环节，除非当事人明确要求自行选择鉴定专家。在当事人明确要求选择鉴定专家时，可以参照鉴定机构选任的种种办法来确定。

四、鉴定专家的基本要求

有人统计过某省司法鉴定的投诉情况，医疗损害司法鉴定投诉量排名第一，是被投诉最多的鉴定类别，其中，司法鉴定人的资质和专业背景被投诉的数量最多。[①] 过去，由于《司法鉴定程序通则》仅对参与鉴定的鉴

---

① 王伟国、李雅杰、霍家润：《医疗损害司法鉴定常见投诉问题及对策》，载《中国司法鉴定》2015 年第 5 期。

定专家人数、回避事项作了规定，并未对鉴定专家的学科、专业背景作出明确要求，鉴定机构往往不太重视鉴定专家的专业背景，以至于经常有当事人质疑鉴定意见，以鉴定专家无相应专业知识和临床经验为由拒绝认可鉴定意见。本解释从抽象层面，对鉴定专家的鉴定能力提出了相应要求，对于确立鉴定意见的权威性具有进步意义。本解释明确规定应由具有“相应鉴定能力、符合鉴定要求”的专家承担鉴定任务，此款是对鉴定专家的抽象要求，负有专家选择义务的主要是鉴定机构，其次是法院，只有鉴定机构选择合适的鉴定专家、法院对鉴定专家提出的要求明确、适当，才能使最终的鉴定意见获得当事人认可，提高鉴定意见的公信力。

我们认为，鉴定机构选择的鉴定专家应符合以下要求：具备鉴定事项所需的专业知识、经验，医疗损害司法鉴定，通常需要提供医疗行为是否存在过错、过错行为与损害之间是否存在因果关系、存在何种程度的因果关系的判断，要求鉴定专家具有鉴定领域扎实的医学功底和丰富的临床经验，随着医学临床分科越来越细，医生的专业知识、技能和经验通常集中于某一非常狭窄的范围之内，因此，鉴定专家首先应具备鉴定事项所要求的专业知识和技能；另外，鉴定专家应具有相应的责任心，认真负责，由于医疗损害责任鉴定的鉴定材料，如病历、处方、检验结果等都由医疗机构提供，患方往往认为存在篡改、不真实等问题，假定鉴定人未尽审查义务，采用了真实性存疑的鉴定材料，或者违法补充收集鉴定材料、遗漏重要鉴定材料等，会导致最终的鉴定意见无法成为裁判的依据；最后，鉴定程序要符合要求，从鉴定专家的专业能力、鉴定材料的收集、鉴定意见的出具，都要符合相关法律法规。

第十条　【鉴定材料的提交与质证】委托医疗损害鉴定的，当事人应当按照要求提交真实、完整、充分的鉴定材料。提交的鉴定材料不符合要求的，人民法院应当通知当事人更换或者补充相应材料。

在委托鉴定前，人民法院应当组织当事人对鉴定材料进行质证。

【条文释义】

本条是关于鉴定材料的提交、补充及质证的规定。

一、当事人有义务提交真实、完整、充分的鉴定材料

在司法实践中，针对鉴定材料的真实性、合法性的质疑非常常见。理论上，提交给鉴定人的鉴定材料已经经过了质证，其真实性、合法性理应不存疑问。但是，由于法官对病历书写、检验结论的作出等规定不了解，对于病历是否属于正常修改还是篡改，修改病历的行为应定性为病历完善还是违规添加无法作出判断，法院通常也会委托鉴定。如果鉴定意见是该修正、添加并不对会鉴定意见产生实质性影响，则这些被原告质疑的材料仍会作为鉴定材料使用，但当事人则会不认可鉴定意见。

我们认为，为了避免当事人对鉴定材料的真实性、合法性、完整性的质疑，需要作好以下几点：第一，在法庭质证阶段，作好质证工作，"对于病历书写中仅存在错别字或者笔误等形式性瑕疵的，不影响病历资料的真实性及对诊疗行为评价的，应向当事人作出解释和说明，争取其理解和支持"。[①] 如果病历资料瑕疵可能影响到病历的真实性，或经反复解释、说明当事人仍对鉴定材料不认可，则应尽快对瑕疵鉴定材料进行实质性判断，即通过咨询专家、听证、委托文件检验、病历评估或由鉴定专家作初步判断来认定瑕疵病历是否对鉴定有实质性影响。如果没有实质性影响，则仍可继续进行鉴定，但病历瑕疵部分不能作为鉴定依据，如果有实质性影响，造成鉴定无法客观进行的，则应终止鉴定，导致瑕疵的一方承担对

---

① 王伟国、李雅杰、霍家润：《医疗损害司法鉴定常见投诉问题及对策》，载《中国司法鉴定》2015 年第 5 期。

此不利的诉讼后果。[①] 第二，双方当事人具有提交鉴定材料的义务，通常来说，病历、检验报告及影像资料都由医方保管或者留存，医方有义务提供上述材料，但是，患方在某些情况下会保存特定的病历资料，如自行保管的门诊病历、影像资料，从医院借出的病理切片等，如若患方拒不提供，则应按照举证责任规则由妨碍证明的一方当事人承担败诉后果。第三，当事人有配合鉴定的义务，医疗损害鉴定意见通常依赖对病历资料的分析，但是，不排除特定情况下需对患者进行问诊或体格检查，特别是涉及致残或者遗留后遗症等损害后果时，体格检查比较常见，这时就需要患方的配合，司法实践中，确有患方拒不配合鉴定机构的，经法院反复释明仍拒绝配合者，法院应根据妨碍证明规则作出裁决。

二、鉴定材料的范围

鉴定材料以病历资料为主，但不限于此。根据《广东省高级人民法院关于人民法院委托医疗损害鉴定若干问题的意见（试行）》，鉴定材料的范围包括：(1) 医患双方有效证件，包括医疗机构执业许可证复印件，经治医生等相关人员资格证书、执业证书复印件和患者身份证明文件；(2) 患者的门诊病历原件及复印件，完整的住院病案原件（病历、病程记录、手术记录、特殊治疗告知书、谈话记录及各种检查、检验报告单、会诊讨论记录等客观性病历资料和主观性病历资料）及复印件，与疾病诊治相关的病案资料复印件、病理切片、影像资料等；(3) 医患双方书面陈述材料；(4) 重新鉴定的，需提交初次鉴定的医疗损害鉴定书原件或复印件。《浙江省医学会医疗损害鉴定办法（试行）》规定需提交的材料有：(1) 患者就诊期间的门（急）诊病历、住院病历原件；(2) 患者就诊期间的医学影像片；(3) 医患双方的陈述及答辩材料；(4) 医学会因鉴定需要认为需要提交的其他材料。

---

① 杨帆、王贵君：《医疗侵权案件地方指导文件鉴定规范研究》，载《证据科学》2015 年第 23 卷第 2 期。

我们认为，鉴定的目的是解决专门性的事实问题，只有法院无力审查的专门性问题，才应申请鉴定专家给出专家意见。由于鉴定围绕医疗过错、因果关系、损害后果展开，我们认为，鉴定资料限于病历、影像资料、其他证明侵权责任构成的事实证明材料、当事人陈述及答辩。另外，提交的鉴定材料，不宜统一要求提交原件，作为书证的鉴定材料，应优先提交复印件，以防影响患者后续治疗或者避免鉴定材料的遗失等问题，对于影像资料等不宜提交复印件或者复印件影响专家判断的，则应提交原件，但应尽量选择当事人当场提交、专家当场查看、当场退回当事人的方式。

三、鉴定材料的质证

在医疗损害技术鉴定中，就诊的病历资料作为最重要的鉴定材料，常常饱受争议。一方面，病历资料完全由当事人一方完成，且部分病历资料一直归于病历完成者一方保管，这极易导致另一方当事人对病历真伪的质疑；另一方面，病历资料对于鉴定的开展极为重要，病历资料是对争议医疗行为的开展、病情变化等情况最全面、客观的记录，在所争议医疗行为已不可再现的情况下，这些客观记录几乎是唯一的鉴定依据。质疑病历资料真实性一直是医疗侵权案件中长盛不衰的话题，因对病历资料真伪存疑导致无法开展鉴定、案件审理停滞的情况时有发生。[①] 我们认为，法院应充分重视提交鉴定前对鉴定材料的质证。质证应主要围绕鉴定材料的真实性进行，在当事人质疑病历资料的真实性、但无相应证据支持的情况下，法院应果断地作出不予采信的决定。

通过对鉴定材料的质证，真实性得以确认的鉴定材料，依法可以作为鉴定依据。对于存在瑕疵的鉴定材料如何处理，我们认同福建、广东等省市关于瑕疵病历的四种处置方式：（1）当事人以伪造、篡改、销毁或其他

① 杨帆、王贵君：《医疗侵权案件地方指导文件鉴定规范研究》，载《证据科学》2015 年第 23 卷第 2 期。

不当方式改变病历资料的内容，致使无法认定诊疗行为有无过错或与损害后果之间是否存在因果关系的，按《最高人民法院关于民事诉讼证据的若干规定》第2条、第75条的规定处理；（2）病历资料内容存在明显矛盾或错误，制作方不能作出合理解释，致使无法认定诊疗行为有无过错或与损害后果之间是否存在因果关系的，按《最高人民法院关于民事诉讼证据的若干规定》第2条、第75条的规定处理；（3）病历资料虽存在瑕疵，但不足以影响医疗损害鉴定的，可继续进行鉴定，但瑕疵部分不能作为鉴定依据；（4）病历书写仅存在错别字或未按病历规范格式书写等形式瑕疵的，不影响对病历资料真实性的认定。

第十一条　【委托鉴定书及鉴定事项和鉴定要求】委托鉴定书，应当有明确的鉴定事项和鉴定要求。鉴定人应当按照委托鉴定的事项和要求进行鉴定。

下列专门性问题可以作为申请医疗损害鉴定的事项：

（一）实施诊疗行为有无过错；

（二）诊疗行为与损害后果之间是否存在因果关系以及原因力大小；

（三）医疗机构是否尽到了说明义务、取得患者或者患者近亲属书面同意的义务；

（四）医疗产品是否有缺陷、该缺陷与损害后果之间是否存在因果关系以及原因力的大小；

（五）患者损伤残疾程度；

（六）患者的护理期、休息期、营养期；

（七）其他专门性问题。

鉴定要求包括鉴定人的资质、鉴定人的组成、鉴定程序、鉴定意见、鉴定期限等。

【条文释义】

本条是对委托鉴定书的形式要求，是委托鉴定的规范化非常重要的一个环节。

一、委托鉴定的通常事项

1. 医疗行为是否有过错。医疗行为是否有过失是委托鉴定的最常见的事项。对任何一个特定案件中医疗行为的分析，离不开对相关医学技术的分析和判断，也离不开对医疗知识的理解和掌握，自应申请专家进行专业判断。

当医方存在明确的违反法律、法规、规章及诊疗规范的行为，是否无需鉴定呢？如未取得医疗机构职业许可证提供诊疗活动，即非法行医，不具备相应诊疗科目开展诊疗活动，违反手术禁忌擅自实施手术治疗。对此，各方观点也不统一。一种观点认为，医疗行为违反法律、法规、诊疗规范，法院可以依法直接认定诊疗行为存在过失。另外一种观点认为，法律、法规高度抽象，难以用来直接判断诊疗行为是否存在过失，诊疗规范的性质也并不一致，某些诊疗规范必须遵守，如手术适应症、禁忌症，某些诊疗规范则是倡导性的，而非强制性，如中华医学会发布的某些疾病诊疗指南，诊疗规范之间还可能存在矛盾，对诊疗规范的理解也会存在争议。因此，医疗机构的违规行为与诊疗过错不能等同，存在违规行为的，也需鉴定专家进一步分析该违规行为是否构成医疗过错。我们赞成第二种观点，即存在违规行为时也应委托鉴定，除了已阐述过的理由外，还有以下理由：尊重司法实践者的工作惯例，既然法院通常委托鉴定此类问题，在无充分理由的情况下就不应该给予否定评价；即便依法推定医疗行为存在过错，因果关系问题也无法解决，仍然需要鉴定，将过错、因果关系一并委托鉴定比较合理。

2. 医疗过失行为与医疗损害之间是否具有因果关系。医疗损害不同于一般的人身损害。医疗损害通常是发生在患者存在自身疾病的前提下。在医疗行为介入之前，自身疾病可能或者往往已经对患者的身体造成了程度不等的损害或潜在损害，而且，由于疾病本身的发生发展规律，有时会对人身起着不可估量的威胁作用，有些情形甚至是实质性地影响着患者的预期寿命或生命安全。一个医疗损害结果的出现，常常是医疗行为的介入、基础疾病的影响以及其他相关因素相互作用共同形成的结果。因此，对医疗过失行为与医疗损害结果之间进行因果关系的分析也离不开鉴定人的鉴定。

3. 医疗过失行为在医疗损害中发挥的原因力，即医疗过失行为对医疗损害结果的出现到底有多大的影响和作用。原因力是在明确了因果关系的基础上进行的，如果没有因果关系，就不存在原因力的问题；如果有因果关系，则涉及医疗过失行为的作用力大小的具体量化性的判断。要回答这个问题，必须了解疾病本身的发展规律，而这恰恰又是一个医学的专门性问题。[①]

二、有争议的委托鉴定事项

1. 医方是否履行了取得患者有效同意的说明义务的鉴定问题。本解释规定，“医疗机构是否尽到了说明义务、取得患者或者患者近亲属书面同意的义务”可作为鉴定事项，即患方是否享有了知情同意权、医方是否履行了告知并取得患方书面同意的义务，也可作为鉴定事项委托专家鉴定。有回顾性研究表明，约10%的委托鉴定是请求鉴定专家回答是否侵犯了患者知情同意权，常见的争议围绕扩大手术范围、术中更改手术方式、手术方式的选择及并发症的告知，包括未告知和告知不全或不够详细。[②] 这说明，在完全未告知的情况下，如拔牙前未告知、术前未签署知情同意书，法院可以直接认定医方侵犯了患者知情同意权，进而直接判决其承担责

① 肖柳珍：《医疗损害鉴定研究：江苏模式与北京模式比较》，载《证据科学》2011年第19卷第3期。

② 彭加茂、金跃明、李守斌等：《侵犯患者知情同意权与损害结果之间因果关系的界定》，载《南京医学大学学报（社会科学版）》2014年第2期。

任，无需鉴定。在医方已经履行了告知义务，但是告知义务之履行是否达到了法定标准的情况下，法院难以作出判断，从而需要医学专家作出专业判断。那么，医生履行告知义务应达到何种标准呢？既然本解释将是否履行说明义务的问题定性为专家鉴定事项，而专家擅长的领域在于了解医生们应该如何行为，因此，我们认为，告知义务的标准应该是合理的医生标准。当然，我们认可合理的医生标准，也并不排斥合理的患者，甚至具体的患者标准。因为，专家的鉴定意见，只是证据材料，未来还会经由法庭质证程序才能作为定案依据，在法庭质证时，法院可根据合理的患者、具体的患者标准，决定是否采信鉴定意见、在多大程度上采信。因此，我们认为，鉴定专家应根据合理的医生标准来判断医方是否履行了告知义务，而法官再综合考虑患者对信息的需求情况，作出是否履行了告知义务的最终裁决。

2. 医疗产品缺陷的鉴定问题。药品、消毒药剂、医疗器械存在缺陷，是医疗产品生产者承担最终责任的必要条件。但缺陷的鉴定问题，一直困扰着实务界。缺陷的判断标准是什么？缺陷是否能通过鉴定加以判断？哪些产品的缺陷是通过鉴定进行判断的？

《产品质量法》将缺陷定义为“产品存在危及人身、他人财产安全的不合理危险；产品有保障人体健康和人身安全、财产安全的国家标准、行业标准的，是指不符合该标准”。由于《产品质量法》采用了“不合理危险”和“不合格”两个缺陷标准，如何理解二者之间的关系就是不得不讨论的一个问题。按照法学界比较通行的观点，“不合格”意味着缺陷，合格产品存在“不合理危险”时，仍被界定为缺陷。[①]《侵权责任法》出台后，学界延续了这种思路，普遍认为医疗产品缺陷以不合理危险标准为基本标准，以强制性标准为辅助标准，违反任何一项标准均属于缺陷产品。[②]

有关产品缺陷的认定标准，法学界通说是一般人的合理期待标准。

---

① 张新宝：《侵权责任法原理》，中国人民大学出版社 2005 年版，第 396 页。

② 最高人民法院侵权责任法研究小组编著：《〈中华人民共和国侵权责任法〉条文理解与适用》，人民法院出版社 2010 年版，第 416 页。

《美国侵权法重述》（第2版）将产品缺陷定义为产品具有不合理的危险，不合理的危险是被销售的产品的危险程度超出了购买该产品的普通消费者的合理期待，即一般人合理期待标准。一般人合理期待标准可追溯到合同法中的默示担保，基于普通消费者根据自己常识对产品特性、用途等所应有的一般性期待进行缺陷判断。[①] 在这一原则指导下，缺陷的有无陷入循环论证的窘境。在具体案例中，经常出现这样的情况，假定产品不应该存在危险，如果产品造成了危害事故，则造成危害事故的危险不符合一般人的合理期待，则该产品存在缺陷，总之，产品造成了危害事故，通过危害事故存在的事实，反推产品具有缺陷，因此，普通产品的缺陷问题，是无需通过鉴定加以判断的，而是通过事实自证规则，直接认定缺陷之有无。

作为天生不安全的特殊产品，药品、消毒药剂和医疗器械，直接适用一般人合理期待标准是不合适的。早有研究者指出，一般人合理期待标准主观性过强，其适用的领域限于一般人基于自身知识能够判断的缺陷产品的范围内，当产品具有明显的危险，或者一般人无法了解产品安全标准或潜在风险，适应该规则无异于结果责任。[②] 我们认为，因医疗产品具有明显的风险，且其安全标准和潜在风险超出了一般人的认知能力，不适合采用一般人合理期待标准。如果再考虑到鉴定人的鉴定能力，缺陷标准只能是不合格标准。

如果采一般人合理期待标准，缺陷的有无就是主观认识问题。即便我们将主观认识问题转化为客观的鉴定，受制于鉴定条件、技术等原因，鉴定也只能回答合格与否，而且还必须满足必要的鉴定条件，至于是否存在不合理风险，完全超出了鉴定能力。

在最常引发纠纷的内固定钢板、钢钉断裂案中，鉴定也不过是检验送检材料的密度、硬度等物理指标，至于是否存在不合理的风险，鉴定仍然无法回答。甚至，更多情形下，鉴定的启动条件都难以满足。《医疗事故

---

① 董红磊、陈玉忠、吕宁：《国内外产品缺陷认定标准综述》，载《标准科学》2016年第7期。

② 董红磊、陈玉忠、吕宁：《国内外产品缺陷认定标准综述》，载《标准科学》2016年第7期。

处理条例》第 17 条规定，“疑似输液、输血、注射、药物等引起不良后果的，医患双方应当共同对现场实物进行封存和启封，封存的现场实物由医疗机构保管；需要检验的，应当由双方共同指定的、依法具有检验资格的检验机构进行检验”，但在司法实践中，血液通常由血站检验，并不存在社会中立的第三方检验机构，因此，求检无门。至于药品，检验机构并不接受封存的药品，理由是开封的药品已与外界接触，其理化性质发生改变，不具备基本的检验条件。有被告曾提议用同批次的未开封药品进行检验，但这样的提议通常又会遭到患者的强烈反对，“同批次的没问题不能代表我用的也没问题”。至此，疑因输血、输液、注射、药物等引发的纠纷不少，医疗机构按照规定封存的也很多，但真正能够启动检验鉴定程序的凤毛麟角。

另外，由于药品和医疗器械是消耗品，患者使用后才会出现损害，当出现损害时，药品已经消耗掉，医疗器械有时也已成为人体的一部分，因此无法提供鉴定材料。药品还可采用同批次的进行替代，植入体内且无法取出的医疗器械则连替代品都难以找到。在（2007）西民初字第 4501 号民事判决中，无奈的法官直接跳过缺陷有无的审查，根据举证责任规则直接判决医疗器械公司承担责任。

曾有患者于治疗后发生损害，认为药品混入杂质，存在缺陷，并同意用同批次的药品进行检验。但是，检验机构仍拒绝受理，理由是，检验只能针对已标明物质的理化属性，回答送检药品应该具有成分是否存在、含量是否符合标准，至于是否存在未标明的其他物质，因其他物质范围无限，要想发现如大海捞针，在没有特定怀疑物质的情况下，无法检验。事实上，临床上经常出现药源性反应，绝大部分药源性反应是由杂质引发的，但除了极特殊情况外，是否存在杂质、存在何种杂质都是无法用科学手段证明的，目前得以证明的案例，基本都是损害后果严重、影响人数较多、社会影响巨大、卫生行政部门直接介入调查的。例如，2007 年国家药品不良反应监测中心通报的甲氨蝶呤事件中，检验机构发现该批次药物中混入了长春新碱，[①] 但检验机构之所以能够发现，也是因为该生产线上一批生产的药物是长春新碱，长春新碱是最可能出现在该批药物中的异物，因此才能有针对性的验证，并最终证实了人们的推测。

因此，就目前的科学技术水平，药品和消毒药剂及部分医疗器械，鉴定人具有检测、判断其质量是否合格的能力，对于少数没有制定标准的医疗器械，鉴定人甚至无法得出产品是否合格的鉴定意见。我们主张，在医疗产品有标准的情况下，缺陷的鉴定围绕医疗产品是否合格展开，在没有合格标准时，法院可以不再委托鉴定，而是根据一般人合理期待标准直接裁决。

3. 诊疗行为是否超出了必要限度的鉴定问题。曾有地方高院将“医疗机构是否违反诊疗规范实施不必要的检查”，即过度医疗规定为可鉴定事项，本次司法解释并未列举过度医疗。过度医疗是否应属于可鉴定的“专门性”问题呢？

诊疗行为是否超出了必要限度，检查是否是非必要的，毫无疑问是医学的专门性问题，需要专家根据医学知识和经验得出结论，自然属于可以鉴定的事项。但是，《侵权责任法》将过度医疗责任限制在非常狭小的范围，“违反诊疗规范实施不必要的检查”，则使得该条款几乎失去了意义。首先，何为不必要的检查？医学检查是根据患者的症状、体征，为了验证医生的判断或者寻找进一步检查的线索而采取的化验、影像等检查措施，而患者的一个症状或体征，可能由多种疾病引起，因此，少数情况下，检查结果验证了医生的判断，绝大多数情况下，检查只能排除一些合理怀疑。在患者眼中，那些其排除某种疾病的检查措施，无疑是不必要的，而在医生的观念中，排除某些疾病的检查措施就是必不可少的。因此，媒体曾广泛讨论过的“八毛门”“九旬老汉查梅毒”等过度医疗事件，最终都被证明没有过度，可见，几乎所有检查都是必要的。其次，违反诊疗规范的行为，本身具有违法性，是医疗过错的一种表现形式，当然可以委托鉴

---

① 吕诺：《卫生部、药监局公布调查情况：甲氨蝶呤和阿糖胞苷生产过程混入了硫酸长春新碱》，http：//news. sina. com. cn/c/2007 - 09 - 15/022212571945s. shtml，最后访问日期：2010 年 10 月 9 日。

定。最后，违反诊疗规范实施不必要的检查，如果造成了患者人身损害，属典型的医疗过失行为，只有违反诊疗规范实施不必要的检查，仅造成了患者财产损失时，法院才应援引过度医疗条款裁决，因而，过度医疗责任的鉴定只能围绕检查措施是否违反诊疗规范展开。

综上，我们认为，违反诊疗规范实施不必要的检查，属于“专门性”问题的范畴，不同于一般的医疗过失行为，应可单独委托鉴定。

三、鉴定要求的规范化

1. 鉴定人的资质。在司法实践中质疑鉴定意见的依据，通常是鉴定专家仅具备法医临床鉴定的资格、但没有相关领域专业知识和临床经验，进而质疑鉴定意见的科学性。为了避免这一问题，法院在委托鉴定时，可以根据争议案件所属领域，对鉴定专家的专业背景、工作经历提出相关要求，以确保鉴定意见尽可能客观、公正。那么，法院如何认定鉴定专家应具备何种专业技术能力呢？我们认为，医疗机构有关诊疗科目的划分，是比较好的参照。首先，根据争议事实所属领域，法院首先确定其是否属于某二级诊疗科目的范围，如果回答是肯定的，如呼吸内科、心脏内科、泌尿外科等，则应要求鉴定专家具备从事该二级诊疗科目内临床工作的工作经验；如果争议事实属一级诊疗科目的范围，则法院应要求鉴定人具有从事该一级诊疗科目工作的个人经历；第三，根据被告所处地域、资质等情况，特殊情况下可以要求鉴定专家具有特定地域、特定机构从事诊疗工作的工作经历。

2. 鉴定人的组成。《司法鉴定程序通则》仅对参与鉴定的鉴定人人数、回避事项做了规定，如司法鉴定机构对同一鉴定事项，应当指定或者选择二名司法鉴定人共同进行鉴定；对疑难、复杂或者特殊的鉴定事项，可以指定或者选择多名司法鉴定人进行鉴定，并未对鉴定人的学科、专业背景作出明确要求。[①] 医疗损害司法鉴定意见作出后，当事人经常质疑鉴

---

① 王伟国、李雅杰、霍家润：《医疗损害司法鉴定常见投诉问题及对策》，载《中国司法鉴定》2015 年第 5 期。

定专家的专业能力，当事人对鉴定专家能力的质疑是有一定道理的，在提鉴定要求时，法院应考虑到这个问题。法院可参照《医疗事故技术鉴定暂行办法》第17条的规定提出类似要求，“根据医疗事故争议所涉及的学科专业，确定专家鉴定组的构成和人数。专家鉴定组组成人数应为3人以上单数。医疗事故争议涉及多学科专业的，其中主要学科专业的专家不得少于专家鉴定组成员的二分之一”。当然，鉴于鉴定机构的鉴定专家数量有限，专业背景不一，法院所提要求不应过高。我们认为，普通案件，以要求2名以上鉴定专家、不少于半数的鉴定专家具有相关领域专业背景为宜，疑难、复杂案件，可要求鉴定专家不少于5人，过半数具有相关专业领域工作背景或工作经历。

3. 鉴定程序。《司法鉴定程序通则》规定了鉴定实施的要求，包括鉴定专家的选任、鉴定专家回避、鉴定材料保管、鉴定的依据、时限、鉴定人咨询专家的权利及其他权利义务等。法院可在此基础上，提出更加具体、细化的程序性要求。如为了确保鉴定意见的科学性，可以明确要求司法鉴定机构聘请权威专家协助鉴定，并可进一步对于专家人数、执业范围、执业机构级别、甚至所在地域提出明确的要求，再比如要求在鉴定时召开听证会，给当事人提供一个表明利益诉求、陈述己方观点、表达合理怀疑的平台。

4. 鉴定意见。鉴定意见书有统一的格式，由鉴定人签名、鉴定机构盖章。如果法院对于鉴定意见有特殊的要求，可在鉴定委托书上注明。在鉴定意见出具之后，针对特定事项，法院也可要求鉴定机构出具书面的解释或说明，司法鉴定机构及鉴定人无权拒绝。

5. 鉴定期限。司法鉴定原则上应在30日内完成，涉及复杂、疑难、特殊技术问题或者鉴定过程需要较长时间的，可以延长至60日，司法鉴定机构与委托人对鉴定时限另有约定的，从其约定。我们认为，法院可与鉴定机构协商缩短鉴定期限，如欲延长鉴定期限，则应征得当事人同意后，由法院与鉴定机构达成一致意见。

第十二条　【医疗损害责任的原因力鉴定】鉴定意见可以按照导致患者损害的全部原因、主要原因、同等原因、次要原因、轻微原因或者与患者损害无因果关系，表述诊疗行为或者医疗产品等造成患者损害的原因力大小。

【条文释义】

医疗损害责任纠纷案件中普遍存在原发疾病、个人体质及诊疗过错等共同作用导致损害发生的多因一果问题，实践中鉴定意见对于原因力的表述不一，因果关系参与度、寄与度、比例因果关系等等，影响了人民法院对鉴定意见的准确采信。针对这一问题，本解释根据侵权责任法的基本理论，从人民法院裁判案件的角度，对医疗损害责任中诊疗行为与患者自身疾病等其他造成患者损害的原因之间的原因力大小区分了六种情形予以规定，从而规范鉴定意见对原因力问题的写法，以便人民法院更准确的确定当事人之间的责任。①

一、原因力与因果关系要件的关系

原因力就是区分因果关系程度的一个概念。考察原因力，离不开因果关系的理论。早期主要的因果关系学说是条件说。条件说认为，凡是引起损害结果发生的条件，都是损害结果法律上的原因，一切条件都是平等的、等价的。该说偏重对事实因果关系的判断，认为原因与条件具有相同的原因力，更谈不上对事实原因和法律原因的区分。为了矫正条件说的弊端，原因说应运而生。原因说主张对原因和条件严加区分，仅承认原因与结果之间存在因果关系。此说提到了原因力的概念，并在原因力的探究上推进了一步，一是区分了损害发生的原因与条件，以寻求法律上真正引起

① 罗书臻：最高人民法院研究室负责人就《最高人民法院关于审理医疗损害责任纠纷案件适用法律若干问题的解释》答记者问，http：//www. court. gov. cn/zixun－xiangqing－73502. html，最后访问时间：2017 年 12 月 28 日。

损害发生并承担责任的原因，二是区分损害发生的各种原因的原因力，以确定损害赔偿的范围和分担责任。但原因说主要从事实上的因果关系考虑，并未将法律上的价值判断纳入视野。

其后，学界提出了相当因果关系说，即“无此行为，虽不必生此损害，有此行为，通常足生此种损害者，是为有因果关系。无此行为，必不生此种损害，有此行为，通常亦不生此种损害者，则无因果关系”。此说将因果关系分为条件关系和相当性两个层次，兼具技术性和法律的秉性，因此，原因力也不仅是一个纯技术性的客观概念，同时函括了价值评判和法官的主观评价，发展为一个具有事实性和法律性、主观性和客观性的二元统一概念。

二、原因力规则的内容

原因力规则主要体现在与有过失赔偿范围的确定、数个侵权行为人之间的责任分担中。因上述情形下，对损害结果产生作用的均为人的行为，所以学界关注原因力比较和过错比较的关系问题。关于原因力比较和过错比较的关系，主要有三种学说：原因力比较说、过错比较说和综合比较说。研究发现，越来越多的国家和地区采用综合比较说，如日本在进行过失相抵时，要求综合考虑受害人与加害人过失的大小、原因力的强弱等做出决定，瑞士、意大利、荷兰等国也采用类似立法例。以法国、俄罗斯、澳大利亚、加拿大等国支持过错比较说，根据当事人的过错程度决定责任的份额。以德国为代表的部分国家采用原因力比较说，虽然《德国民法典》未明确规定，但自 1910 年以来联邦法院多次在判决中明确表示，采用原因力比较的标准。1990 年以前，我国侵权法学界普遍认可过错比较的观点，坚持了个人不因自身体质特殊而承担责任的法律传统。1990 年，有学者开始研究原理力比较的问题，2001 年，《最高人民法院关于审理触电人身损害赔偿案件若干问题的解释》（已失效）首次引入原因力的概念及原因力比较规则。《最高人民法院关于审理人身损害赔偿案件适用法律若干问题的解释》规定了原因力对无意思联络的数人致害的责任承担的作用，自此，原因力规则逐步获得了各界的普遍认可。

医疗损害的原因复杂，既有复数加害人的情况，也有受害人自身的行为或者体质的因素，是适用原因力规则比较普遍的领域。我们认为原因力规则的包括下列内容：

1. 原因力范围。原因力包括人的行为，也涵盖非行为因素，如特异体质、疾病的严重程度等，总之，通过区分过错行为之间、过错行为和患者自身疾病之间发挥作用力的不同，分别承担相应的责任份额。

2. 原因力规则的适用范围。（1）共同侵权行为，包括医方和其他加害人共同实施的侵权行为；（2）无过错联系的共同加害行为，如 2 个以上医疗机构共同实施的加害行为；（3）与有过失及过失相抵，如受害人不配合符合诊疗规范的诊疗；（4）加害人和受害人以外的第三人行为造成损害结果；（5）行为与非人力原因结合造成损害结果，如行为与不可抗力、意外事件或者受害人体质特殊、疾病等结合造成损害结果的侵权行为等。

3. 原因力比较的具体方法。（1）过错、原因力综合比较法，即在共同侵权行为、与有过失等侵权行为中，进行过错比较和原因力比较，综合确定行为人应当承担的赔偿责任份额；（2）在过错程度相当而原因力不同的侵权案件中，以原因力比较调整行为人应当承担的赔偿责任份额；（3）在无过失责任原则情况下，完全以原因力比较的结果来确定行为人承担的赔偿责任份额；（4）第三人的行为具有原因力的，按照其原因力确定第三人应当承担的赔偿责任份额；（5）在行为与非人力原因结合造成损害结果的案件中，根据原因力比较确定行为人应当承担的赔偿责任份额。

三、原因力规则的适用结果

根据原因力比较的结果，确定行为人的行为在一个 100% 的赔偿责任中所占的百分比，并据此确定行为人承担与其原因力相适应的赔偿责任。在通常情况下，原因力大小是采用五分法或十等级法。五分法是全部原因、主要原因、同等原因、次要原因和无原因力，十等级法是从 0 到 100% 平均分配为 10 个等级。我们反对十等级法，十等级法在法医鉴定中经常出现，但是医疗损害因果关系的判断毕竟具有极高的主观性，人类的理性无力精确区分过失行为或缺陷产品发挥作用的百分比，如果承认人类理性的这一局限，在原因力判断的表述上就应当采用相对模糊的概念，而不能精确到百分之几或者几十。《医疗事故处理条例》采用的是五分法，在鉴定专家作出了初步判断后，由法院酌情确定具体的责任份额，实践证明，鉴定意见采用主要原因、次要原因等概念相对科学、合理。本司法解释首创了六分法，在五分法的基础上增加了一个“轻微原因”。我们认为这种变更是有进步意义的，考虑到在司法实践中，经常出现医方的过失行为对损害结果发挥了非常轻微的作用，比如仅仅是观察不够仔细、沟通不够充分等，判决医方承担次要责任有失公平，直接认定医方无责也不合适，司法鉴定及最终判决经常出现5%、10%、15%责任份额，因此，本次增加的轻微责任具有较大意义。我们认为，原因力等级对应的责任程度大约是：

全部原因＝100%；

主要原因＝75%左右；

同等原因＝50%；

次要原因＝30%左右；

轻微原因＝10%左右。

第十三条　【鉴定意见质证与鉴定人出庭义务】鉴定意见应当经当事人质证。

当事人申请鉴定人出庭作证，经人民法院审查同意，或者人民法院认为鉴定人有必要出庭的，应当通知鉴定人出庭作证。双方当事人同意鉴定人通过书面说明、视听传输技术或者视听资料等方式作证的，可以准许。

鉴定人因健康原因、自然灾害等不可抗力或者其他正当理由不能按期出庭的，可以延期开庭；经人民法院许可，也可以通过书面说明、视听传输技术或者视听资料等方式作证。

无前款规定理由，鉴定人拒绝出庭作证，当事人对鉴定意见又不认可的，对该鉴定意见不予采信。

【条文释义】

虽然鉴定意见是医疗损害责任纠纷不可或缺、最为客观、最具科学性的证据材料，但鉴定专家在各种主客观条件限制的情况下得出的结论，可能会因鉴定专家的业务水平、工作能力、主观态度、鉴定技术设备、条件、鉴定方法等的不同，而使鉴定意见与客观真实存在距离，甚至可能南辕北辙，质证是纠正鉴定偏差的重要程序，有助于确保鉴定意见客观、合法，而未经质证的鉴定意见不得作为定案依据。具体来说，对鉴定意见的审查可以从形式审查和实质审查两个方面进行，如鉴定程序是否合法、鉴定书是否符合规范，鉴定意见是否明确，鉴定意见是否符合规范等。①

一、鉴定意见的质证

鉴定专家提出的鉴定意见，须经质证之后，才能成为定案依据。但是，因鉴定事项的专业性，当事人难以对鉴定意见提出质疑、法官难以决定是否应予采信。鉴定意见质证难的主要原因及后果有：（1）双方当事人很难在质证程序发生前对鉴定过程与鉴定方法深入、有效地了解，在质证程序中很难对已经做出的鉴定意见提出有效的质疑；（2）法官难以通过法庭质证程序来形成对鉴定意见的内心确信并采信鉴定意见；（3）因当事人、法官缺乏解决讼中专门性问题的相关知识或专业的背景，导致对鉴定意见的质证多集中于结论部分，反映了质证的片面性；（4）鉴定机构的级

① 杨帆、王贵君：《医疗侵权案件地方指导文件鉴定规范研究》，载《证据科学》2015 年第 2 期。

别、鉴定人的个人权威、鉴定意见做出的顺序成为影响法官采信鉴定结论的主要依据。即出具鉴定意见的鉴定人是否具备某种资质（解决诉讼中专门性问题的知识或技能）、鉴定人的鉴定依据与方法是否科学等，而不是鉴定意见的鉴定方法或依据的科学性、法庭质证的结果。[①]

针对上述问题，我们认为可以从以下几个方面入手提高当事人质证、法官认证的能力：(1) 为了提高当事人对鉴定意见提出质疑的能力，使当事人参与到鉴定活动中，法院在委托鉴定时可要求鉴定人召开听证会、通知当事人参与某些重要的鉴定环节等；(2) 法官参与到鉴定活动中，在委托鉴定时，明确要求通知法官列席鉴定会；(3) 选择合适的人民陪审员，使具备相关知识的专业人员参与审判活动；(4) 积极利用专家辅助人制度。

鉴定意见属于"二次生成的专业意见"，质证围绕"案件情况——检材——专业意见"展开。当事人能够胜任"案件情况、检材"的质证任务，而"专业意见"的质证只能由专家辅助人、鉴定人实施。[②] 因此，我们认为，当事人及其代理人的质证，应围绕下列事项进行：鉴定机构、鉴定人有无法定资质；鉴定人应否回避；检材的来源、取得、保管、送检是否合法；检材是否充足可靠；鉴定委托程序是否符合法律规定；鉴定实施程序是否符合法律及相关专业的规范要求；鉴定意见书的形式要件是否完备；鉴定意见与案件待证事实有无关联；鉴定意见与其他证据是否矛盾等。专家的质证应回答下列问题；鉴定人是否具有相应的鉴定能力、鉴定材料是否充足、鉴定依据是否充分、鉴定结论是否科学。

二、鉴定人的出庭义务

鉴定专家作出鉴定意见后，如果有关当事人及其代理人、案件审理法官等对鉴定意见存疑，会向鉴定机构及其鉴定人进行咨询，以解答其阅

---

① 姜南：《关于完善鉴定意见法庭质证程序的若干思考》，载《净月学刊》2014 年第 3 期。

② 刘振红：《论鉴定意见质证的特殊性》，载《法学杂志》2015 年第 4 期。

读、审查和运用鉴定意见中产生的疑问。如果经过咨询仍不能使有关人员的疑问消除，甚至各方在对鉴定意见的含义理解以及证据适用上仍然有分歧，最终必然要启动鉴定人出庭质证程序。新修订的《民事诉讼法》强化了法庭对鉴定意见的审查和质证，以期通过强化庭审质证来解决诉讼各方对鉴定意见的争议。但实证研究表明，在司法实践中，这条规定执行的并不理想，法官、鉴定人出于种种考虑，甚至人为阻碍鉴定人出庭作证。法院方面消极执行鉴定人出庭制度的原因：其一，有的法官担心鉴定人出庭质证会拖延时间，降低诉讼效率，影响结案，因而不同意鉴定人出庭质证；其二，有的法官虽然同意鉴定人出庭质证，但是庭审质证过程形同虚设，限制当事人的提问和鉴定人的解释，使庭审质证不能发挥作用；其三，有的法官虽然庭审质证充分，甚至通过质证已经明辨是非，鉴定意见的问题已经暴露无遗，但法官没有排除原鉴定意见，仍然作为定案依据；其四，还有些法官在庭审质证中，陷入一些错误做法，使得庭审质证不能充分体现公平、公正的原则。除了法官外，鉴定人对出庭问题往往也态度消极，原因是：其一，有的鉴定人系从公安司法机关退休的，其过去拥有特殊身份和地位的特权思想没有完全消散，当接到出庭通知时，仍然摆架子，谈条件，不满足要求拒不出庭；其二，有的鉴定人因为业务不过关，鉴定涉及的知识掌握不牢，相关问题分析不透，害怕出庭，因而设置各种障碍，包括提出比较高的出庭费用、人身安全绝对保障等；其三，带无关人员出庭，不遵守庭审规则和要求，在庭审质证中不按照当事人及律师的提问进行质证等。司法鉴定人拒绝出庭的常见理由：一是出庭费用未达要求，有的鉴定人索要的出庭费甚至与鉴定费相当，有经济困难的当事人自然望而生畏，放弃出庭申请；二是法院不承诺人身安全的绝对保障，拒绝出庭；三是强调鉴定意见是根据临床专家提供咨询意见做出的，应由咨询人出庭作证。①

① 刘鑫、苑冲：《我国医疗损害鉴定人出庭质证问题研究》，载《南通大学学报（社会科学版）》2016 年第 1 期。

总之，在当事人对鉴定意见存在分歧或者法官认为有必要时，应通知鉴定人出庭作证。至于目前影响鉴定人出庭作证的几个原因，我们同意刘鑫教授的意见，认为应按照如下规则处理。

1. 出庭费用。首先，是否支付、支付是否到位，并不影响鉴定人出庭作证的义务，鉴定人无权以鉴定费用未支付或者费用较低为由拒绝出庭。其次，法律虽没有对鉴定人出庭费用进行规定，但是可以参照法律对证人出庭费用的标准，以出庭需要支出的交通、住宿、就餐等费用为限，至于鉴定人要求的更高金额的出庭费用，法庭不予准许。最后，鉴定人出庭的费用原则上由败诉方负担，但可由申请鉴定人出庭的一方当事人或者法院先行垫付。

2. 合理选择开庭时间。如拟传唤鉴定人出庭作证，应在确定开庭日期时与鉴定人提前沟通，尽量安排在当事人、鉴定人均方便的时间段开庭。

3. 其他理由。鉴定人不得以工作繁忙、人身安全得不到保证等理由拒绝出庭。

三、鉴定人作证的特殊方式

由于医疗损害技术鉴定属于司法鉴定的一种，因此，医疗损害技术鉴定意见做出后，如果有关当事人及其代理人申请，法庭认为有必要而通知鉴定人出庭，鉴定人没有正当理由的，必须出庭质证，接受诉讼各方以及案件审理者的询问，甚至还需要接受其他同行专家的询问、对质。原则上，鉴定人应亲自出庭接受质询，但由于某些鉴定专家是医院的专业技术骨干，业务繁忙，的确难以在开庭时出庭作证的，理论上可以在当事人均同意的前提下，通过“书面说明、视听传输技术或者视听资料”等形式作证。但我们认为，书面形式、视听资料等传统的观点表达形式，只是重申了鉴定人的观点，对于当事人或者法官对专门问题的询问，没有办法当场作出回应，交叉询问等质证程序无法进行，会降低质证的法律效果。目前，视频传输非常方便、快捷，微信、QQ 等即时语音聊天工具非常普遍。因此我们认为，在鉴定人无法出庭时，应尽量采用即时视频的方式进行质证。在没有办法采用即时视频的时候，才应准许采用书面或者视听资料等其他形式。

四、鉴定人不出庭的条件

1. 鉴定人不能按时出庭的，应延期开庭。本解释规定，鉴定人因“健康原因、自然灾害等不可抗力或者其他正当理由”不能按期出庭的，可以延期开庭，但没有直接规定有权拒绝出庭。因此，我们认为，本条应理解为，当适当延期开庭就能促使鉴定人出庭时，法院应首选延期开庭。

2. 不宜延期开庭的，可采用书面说明、视听传输技术或者视听资料等方式作证。本条规定与《民事诉讼法》《刑事诉讼法》有关证人不出庭作证的规定如出一辙。我国《民事诉讼法》第73条规定，经人民法院通知，证人应当出庭质证。有下列情形之一的，经人民法院许可，可以通过书面证言、视听传输技术或者视听资料等方式作证：（1）因健康原因不能出庭的；（2）因路途遥远，交通不便不能出庭的；（3）因自然灾害等不可抗力不能出庭的；（4）其他有正当理由不能出庭的。《最高人民法院关于适用〈中华人民共和国刑事诉讼法〉的解释》第206条规定，证人具有下列情形之一，无法出庭质证的，人民法院可以准许其不出庭：（1）在庭审期间身患严重疾病或者行动极为不便的；（2）居所远离开庭地点且交通极为不便的；（3）身处国外短期无法回国的；（4）有其他客观原因，确实无法出庭的。

我们认为，鉴定人有出庭接受质询的义务。如不能出庭接受质询，鉴定人应提供不能出庭作证的证据，如身患重病无法行动的诊断证明书，发生自然灾害的证明文件或者媒体报道等。经法庭审查情况属实，可以准许鉴定人不出庭作证。同时法院应指定鉴定人作证的方式，首选即时通讯，在无法采用即时通讯时才应准许以书面或者视听资料等形式作证。

五、鉴定人拒绝出庭的法律后果

本解释明确了鉴定人拒绝出庭接受质证时鉴定意见的证据效力。根据本条解释，当鉴定人拒绝出庭作证，而当事人对鉴定意见又不认可的，鉴定意见不能作为定案依据。那么，能否进一步追究鉴定人的法律责任呢？我们认为，为了防止鉴定人以非法定理由拒绝出庭作证，必须追究其相应的责任。因鉴定人根据委托协议接受委托，在委托鉴定申请书中，法院应明确要求鉴定人出庭作证，并约定非法定理由拒绝出庭的法律后果，如承担鉴定费用，甚至还可约定违约赔偿金等。如有此类约定，则鉴定人自然会积极履行出庭义务。

第十四条　【医疗损害责任的专家辅助证人】当事人申请通知一至二名具有医学专门知识的人出庭，对鉴定意见或者案件的其他专门性事实问题提出意见，人民法院准许的，应当通知具有医学专门知识的人出庭。

前款规定的具有医学专门知识的人提出的意见，视为当事人的陈述，经质证可以作为认定案件事实的根据。

【条文释义】

专家辅助人的引入就是为了强化质证。对于鉴定涉及的专门性问题，当事人无法提出专业的质证意见，而专家辅助人基于自身的专业优势，可以代表当事人完成这一任务。专家辅助人制度的增设有利于强化对鉴定意见的质证效果，将案件所涉及的专门性问题展示在法庭上，通过当事人的有效质证得以澄清。同时，专家辅助人有利于帮助审判人员对案件所涉及的专门性问题作出科学判断，摆脱对鉴定意见的过分依赖甚至轻信。另外，专家辅助人制度有利于在一定程度上减少重复鉴定的发生，避免使问题繁琐化、复杂化，提高审判的准确性。①

---

① 胡铭：《鉴定人出庭与专家辅助人角色定位之实证研究》，载《法学研究》2014 年第 4 期。

一、专家辅助人的基本条件

1. 专家辅助人的专业知识技能。因专家辅助人是受当事人委托、代表当事人提出专业意见的人，因此，专家辅助人必须是掌握专门知识和技能的人。那么，专家辅助人的专业知识掌握程度是否有所限制呢？即哪些专家辅助人是不应被法院准许出庭的呢？与鉴定人不同，当事人一方申请专家辅助人出庭质证，当事人自身应负有慎重选择专家辅助人的义务，对此法院不应过分干涉。但是，为了提高司法效率，避免不以查清案件事实为目的出庭申请，法院应对出庭专家质证能力进行初步的审查，我们认为，当事人应提交专家辅助人身份证明、专业知识和技能证明的初步证据，法院经形式审查未发现不宜出任专家辅助人的情形，则应予准许。

2. 专家辅助人的人数。本解释规定，专家辅助人一到两名，能否超出这个人数呢？我们认为，本解释将专家辅助人的意见定性为当事人陈述，既然是当事人陈述，多名当事人之间应首先达成一致意见，然后再向法庭陈述，因此，不能超出两名的数量限制。也因为专家辅助人的意见视为当事人陈述，每个当事人都有陈述权，也就都有申请专家辅助人帮助陈述专业意见的权利，因此，各方当事人均有权委托不多于两名的专家出庭质证。

二、专家辅助人出庭的程序

根据本解释，当事人提出专家辅助人出庭申请，法院经形式审查，认可专家具备一定的专业知识和技能，则应予准许，并通知其到庭作证。

因专家辅助人出庭的主要目的是弥补当事人难以对鉴定意见展开质疑的不足，在法庭质证过程中，专家辅助人的质证应围绕鉴定意见展开。一般来说，支持鉴定意见一方的专家辅助人，需提供鉴定意见应予采信的事实与理由，而质疑鉴定意见一方的专家辅助人，往往会与鉴定人的意见相左。为了更好地发挥质证的作用，查明案件事实，法官应给与专家辅助人与鉴定人更多的辩论机会，当然，也应允许鉴定人、当事人向专家辅助人发问，法官认为有必要的，也可以向专家辅助人就专门性问题发问。

三、专家辅助人意见的性质

对于专家辅助人的意见属性，争议大多集中在是否应给予其法定证据的地位。多数专家学者都认为，如果将专家辅助人的意见视为鉴定意见，则会导致存在多个鉴定意见的窘境，这不但无助于法官对鉴定意见的采信，还会增加采信的难度。事实证明，这一担心确有道理，在民事诉讼法规定了专家辅助人制度、但未明确专家辅助人意见的性质之前，对于当事人申请专家辅助人出庭的申请，法院倾向于消极对待，不予准许。本解释规定，专家辅助人意见视为当事人陈述，只是作为一种质证方式，其证明力明显低于鉴定意见，如此，法官无需过分担心专家辅助人与鉴定意见相矛盾时的证据采信问题，未来应有更多的专家辅助人得到出庭机会。

理论上，专家辅助人的意见不能因其受当事人聘请而有所偏颇，应该符合科学、客观的规律，基于事实而作出。实际上，专家辅助人不可能不受委托人意见的影响，我们认为，专家辅助人意见定性为当事人陈述是合理的。专家辅助人意见只是当事人陈述，相比鉴定意见，其证明力较低，但这并不妨碍专家辅助人意见对法官产生影响。如果专家辅助人的质疑理由充分，法官应酌情采信，必要时可以重新启动鉴定程序。[①]

第十五条　【鉴定意见的采信】当事人自行委托鉴定人作出的医疗损害鉴定意见，其他当事人认可的，可予采信。

当事人共同委托鉴定人作出的医疗损害鉴定意见，一方当事人不认可的，应当提出明确的异议内容和理由。经审查，有证据足以证明异议成立的，对鉴定意见不予采信；异议不成立的，应予采信。

---

① 潘广俊、陈喆、胡铭：《专家辅助人制度的现状、困境与改善建议》，载《证据科学》2014 年第 6 期。

【条文释义】

本条是对当事人自行委托鉴定意见法律效力的规定。

一、当事人有权自行委托鉴定

（一）意思自治原则

根据意思自治原则，任何一方当事人均有权自行委托鉴定。事实上，当事人自行委托鉴定普遍存在。自行委托鉴定有利于发挥当事人的积极性、主动性，有利于提高司法效率。但《民事诉讼法》与2015年2月施行的《最高人民法院关于适用〈中华人民共和国民事诉讼法〉的解释》仍未规定自行委托鉴定，《最高人民法院关于民事诉讼证据的若干规定》曾笼统地规定："一方当事人自行委托有关部门作出的鉴定结论，另一方当事人有证据足以反驳并申请重新鉴定的，人民法院应予准许"。本次司法解释，第一次明确规定，当事人具有自行委托鉴定的权利，这意味着鉴定人无权以一方当事人自行委托为由拒绝鉴定申请。

（二）自行委托鉴定意见的性质

实证研究表明，对于自行委托鉴定的鉴定意见，另一方当事人存在异议比率高达88.19%。[①] 这说明，自行委托鉴定的公信力非常低。对于自行委托鉴定意见的性质，有鉴定意见说、证人证言说、当事人陈述说、混合说等主张。本司法解释规定，自行委托的鉴定意见，其他当事人认可的，可予采信。也就是说，自行委托的鉴定意见，在其他当事人认可的前提下，其证明力相当于共同委托的鉴定意见。

我们认为，本条所说的法院可予"采信"，与将证据材料"采信"为证据不同，仅指其他当事人无异议的，可以作为证据材料，再经过质证程

---

① 卢刚：《民事诉讼自行委托鉴定制度反思与构建》，载《东北农业大学学报（社会科学版）》2017年第1期。

序，才能作为定案依据。换言之，一方当事人自行委托的鉴定意见，其他当事人认可的，视为当事人共同委托。

当事人拒绝承认自行委托的鉴定意见，是否需要提出理由？从本条第2款的规定看，共同委托得出的鉴定意见，当事人不认可的，需要说明理由，按照整体解释的方法，我们认为，对于自行委托的鉴定意见，其他当事人不认可的，仅明确表示不予认可即可，无需说明理由。

（三）自行委托鉴定费用的承担

当事人自行委托鉴定，鉴定费用通常由委托人缴纳，如果委托人胜诉，鉴定费用是否由败诉方承担呢？我们认为，在其他当事人无异议的前提下，自行委托鉴定视为共同委托。根据共同委托鉴定费用的承担规则，鉴定费用应由败诉方承担。如果其他当事人不认可自行委托的鉴定意见，该鉴定意见无法发挥证据材料的作用，则应由委托人自行承担鉴定费用。

二、鉴定意见的采信

1. 原则上鉴定结论应予采信。根据本解释，当事人已经比较充分地介入了鉴定程序，因而鉴定结论应受到尊重，原则上应予以采信。根据大陆法系的鉴定制度，鉴定人是法官的助手。鉴定人必须服从法庭规定的鉴定时限和鉴定任务的要求，法官对鉴定人实行监督。在民事诉讼中，当事人有充分的权利知悉鉴定人的任命、鉴定人使用的方法和鉴定过程。法官对鉴定人提出鉴定要求后，当事人可以要求听证，对分派的任务进行评论。为了程序公正的需要，大陆法系国家一般允许当事人和他们的律师要求鉴定人出庭作证，对鉴定结论进行解释。由于保障了当事人对鉴定人选任、鉴定事项等的异议权及对鉴定过程的监督权，鉴定中即使出现一些问题，也可及早解决。鉴定人完成鉴定后，须向法庭提供书面报告。鉴定人要在报告中回答法庭提出的所有问题，如果有些问题没有回答，必须提出所有未回答的理由。如果必要，鉴定人必须出庭，审判长可以依职权或根据当事人的要求，向鉴定人提出任何委托其进行的鉴定范围内的问题。[①] 上述种种制度安排，均有利于保障鉴定意见的客观性、公正性，原则上采信鉴定意见并无不妥。

2. 不予采信鉴定意见的条件。本解释并未规定何种情形下，鉴定意见不应被采信。但重新鉴定所规定的条件可以参照。《最高人民法院关于民事诉讼证据的若干规定》第27条规定："当事人对人民法院委托的鉴定部门作出的鉴定结论有异议申请重新鉴定，提出证据证明存在下列情形之一的，人民法院应予准许：（一）鉴定机构或者鉴定人员不具备相关的鉴定资格的；（二）鉴定程序严重违法的；（三）鉴定结论明显依据不足的；（四）经过质证不能作为证据使用的其他情形。"《司法鉴定程序通则》第31条规定："有下列情形之一的，司法鉴定机构可以接受办案机关委托进行重新鉴定：（一）原司法鉴定人不具有从事委托鉴定事项执业资格的；（二）原司法鉴定机构超出登记的业务范围组织鉴定的；（三）原司法鉴定人应当回避没有回避的；（四）办案机关认为需要重新鉴定的；（五）法律规定的其他情形。"综合上述规定，我们认为，存在下列情形，鉴定意见不应被采信：第一，鉴定机构及鉴定人员不具备相应的鉴定资格；第二，鉴定程序违反法律规定，如违反回避制度、鉴定人的人数违反法律规定等；第三，鉴定结论错误，包括检材、鉴定依据、鉴定方法等。

本解释规定，有证据"足以"证明异议成立的，鉴定意见不被采信。因此，当事人应提供鉴定结论不应被采信的证据，且该证据的证明力要达到"充分"的程度。

第十六条　【医疗技术损害责任的过失认定】 对医疗机构及其医务人员的过错，应当依据法律、行政法规、规章以及其他有关诊疗规范进行认定，可以综合考虑患者病情的紧急程度、患者个体差异、当地的医疗水平、医疗机构与医务人员资质等因素。

---

① 刘晓丹：《重新鉴定启动标准问题研究》，载《中国人民公安大学学报》2004年第1期。

【条文释义】

一、医疗过错的认定[①]

1. 判断医疗机构是否存在过错的客观标准是，医疗行为是否符合当时的医疗水平

《侵权责任法》明确了以“医疗水平”作为判断医疗过错的标准。在审判实践中，可以将医疗水平理解为：医务人员在开展诊疗活动中应具有符合其所处时代一般专业水准的医师所具有的注意程度、技能等，通俗地说，就是相同资历的医师在同样的情况下的做法，也即医疗常规。

2. 患者能够证明医疗机构的医疗行为违反法律、行政法规、规章以及其他有关诊疗规范的规定，应认定医疗机构有过错

《侵权责任法》第 58 条规定，患者有损害，因下列情形之一的，推定医疗机构有过错……从文字上看，本条使用了“推定”，似乎是关于过错推定的规定。但该条第 1 项列举的情形是：违反法律、行政法规、规章以及其他有关诊疗规范的规定。这种情形是医疗机构实施了违法行为，根据“违法即为有过错”的法律原理，可直接认定医疗机构有过错，而非推定有过错。但《侵权责任法》58 条所规定的三项情形的证明责任在患者。关于医疗方面的法律、法规、规章等有很多，按照其内容不同可分为管理性规定和操作性规定。管理性规定旨在管理和处罚违反规定的行为，但违反此类规定不会导致患者生命、健康受损；操作性规定目的在于确定医疗常规，规范医疗行为，违反此类规定可能会导致患者受损。在医疗损害赔偿案件中，违反了操作性规定可认定医疗机构存在医疗过错。举例而言，原卫生部《病历书写基本规范》第 9 条规定：病历书写一律使用阿拉伯数

---

① 江苏省高级人民法院民事审判第一庭侵权损害赔偿案件审理指南，于 2011 年发布的地方司法文件，http：//www.pkulaw.cn/fulltext_form.aspx？Db=lar&Gid=b9f41697a5f8703ff6896e034742b35abdfb&keyword=&EncodingName=&Search_Mode=&Search_IsTitle=0. 最后访问时间：2017 年 12 月 28 日。

字书写日期和时间，采用24小时制记录。如果医疗机构未按照这一要求书写病历，违反了部门规章，但不应被认定是医疗过错。卫生部《儿童房间隔缺损临床路径》规定患者的出院标准为：病人一般情况良好，体温正常，完成复查项目；引流管拔除，切口愈合无感染；没有需要住院处理的并发症。如果医疗机构在患者不符合上述标准的情况下要求患者出院，则可认定医疗机构有过错。

二、相关法律依据

（一）《侵权责任法》

第54条　患者在诊疗活动中受到损害，医疗机构及其医务人员有过错的，由医疗机构承担赔偿责任。

第57条　医务人员在诊疗活动中未尽到与当时的医疗水平相应的诊疗义务，造成患者损害的，医疗机构应当承担赔偿责任。

第58条　患者有损害，因下列情形之一的，推定医疗机构有过错：

（一）违反法律、行政法规、规章以及其他有关诊疗规范的规定；

（二）隐匿或者拒绝提供与纠纷有关的病历资料；

（三）伪造、篡改或者销毁病历资料。

（二）浙江省高级人民法院民事审判第一庭关于审理医疗纠纷案件若干问题的意见（试行）

第1条　医疗机构在诊疗活动中应尽到与当时的医疗技术水平相应的注意义务，未尽到该注意义务造成患者损害的，应认定医疗机构有过错。

认定医疗机构有无违反注意义务，应主要依据法律、法规、规章和诊疗操作规范所规定的义务，并适当考虑医疗机构的资质、医务人员的知识、技能等相应专业、资质及地区差异等因素。

第19条　患者一方请求医疗机构承担损害赔偿责任的，人民法院应根据医疗损害后果、医疗过失行为在医疗损害后果中的责任程度及医疗损害后果与患者原有疾病状况之间的关系，并结合医疗科学发展水平、医疗风险、医疗条件及患者个体差异等因素，确定医疗机构的损害赔偿责任。

三、医疗纠纷中的举证责任

（一）最高人民法院研究室负责人就《最高人民法院关于审理医疗损害责任纠纷案件适用法律若干问题的解释》答记者问①

2002 年施行的《最高人民法院关于民事诉讼证据的若干规定》关于医疗损害责任纠纷中因果关系和过错要件适用举证责任倒置的做法，虽然缓和了患者举证责任，也在一定时期内起到其应有作用，但在执行过程中也出现了一些其他后果，无助于医学发展进步，不利于从根本上维护患者看病就医权利。

《侵权责任法》第 54 条明确规定，患者在诊疗活动中受到损害，医疗机构及其医务人员有过错的，由医疗机构承担赔偿责任。《最高人民法院关于审理医疗损害责任纠纷案件适用法律若干问题的解释》在严格遵循立法本意前提下，以构建和维护和谐医患关系为出发点，在大量实证调研和借鉴域外经验做法基础上，进一步明确了司法适用规则，即患者依据《侵权责任法》第 54 条规定主张医疗机构承担赔偿责任的，应当提交到该医疗机构就诊、受到损害的证据；患者无法提交医疗机构及其医务人员有过错、诊疗活动与损害之间具有因果关系的证据，依法提出医疗损害鉴定申请的，人民法院应予准许；医疗机构主张不承担责任的，应当就《侵权责任法》第 60 条第 1 款规定情形等抗辩事由承担举证证明责任。《最高人民法院关于审理医疗损害责任纠纷案件适用法律若干问题的解释》的上述规定，既遵循了《侵权责任法》确立的过错责任原则，又避免了因举证证明责任分配不当而导致双方实体权利义务显著失衡而激化医患矛盾，充分考虑到患者存在医学专业性不足、信息不对称等客观情况，对患者进行了适当的举证责任缓和。这一规定属于在医疗损害责任纠纷案件审理过程中的法律适用规则，并不涉及立案受理问题。医疗损害责任纠纷案件立案要按

① 来源于人民法院新闻传媒总社，发布时间为 2017 年 12 月 13 日，最高人民法院官网网址 http：//www.court.gov.cn/zixun－xiangqing－73502.html.

照立案登记制的要求，依法做到有案必立、有诉必理。

（二）最高人民法院关于印发《第八次全国法院民事商事审判工作会议（民事部分）纪要》的通知

患者一方请求医疗机构承担侵权责任，应证明与医疗机构之间存在医疗关系及受损害的事实。对于是否存在医疗关系，应综合挂号单、交费单、病历、出院证明以及其他能够证明存在医疗行为的证据加以认定。对当事人所举证据材料，应根据法律、法规及司法解释的相关规定进行综合审查。因当事人采取伪造、篡改、涂改等方式改变病历资料内容，或者遗失、销毁、抢夺病历，致使医疗行为与损害后果之间的因果关系或医疗机构及其医务人员的过错无法认定的，改变或者遗失、销毁、抢夺病历资料一方当事人应承担相应的不利后果；制作方对病历资料内容存在的明显矛盾或错误不能作出合理解释的，应承担相应的不利后果；病历仅存在错别字、未按病历规范格式书写等形式瑕疵的，不影响对病历资料真实性的认定。

医疗损害赔偿纠纷案件中，应由患者方承担初步的举证责任。患者方提供了一定证据后，应转换举证责任，但对患者提供的证据自身的真实性产生争议的，必要时应由患者申请进行文检等鉴定。

（三）江苏省高级人民法院民事审判第一庭侵权损害赔偿案件审理指南(2011 年)

由于损害后果发生在患者身体，所以患者一方应对存在损害后果以及损害后果的程度承担举证责任。审判实践中，患者可以医疗机构的证明、鉴定结论等证据证明损害后果。《最高人民法院关于民事诉讼证据的若干规定》确定，因医疗行为引起的侵权诉讼，由医疗机构就医疗行为与损害结果之间不存在因果关系及不存在医疗过错承担举证责任。但根据《侵权责任法》第 54 条的规定，医疗损害赔偿责任属于过错责任。根据证据法的原理，侵权案件的受害人应当对加害人存在过错及过错行为与损害后果之间具有因果关系承担举证责任。因此，《侵权责任法》实施后，在医疗损害赔偿案件中，应由原告对存在医疗过错，医疗行为与损害后果之间具有因果关系承担举证责任。但在证明标准的把握上，须考虑到在医疗过程中，医患双方往往处于信息不对称的地位，医疗机构一般掌握着病历等医学材料。因此，患者一方如已经提供初步证据证明可能存在医疗过错和因果关系。就应认定患者举证到位，而由医疗机构承担提供反驳证据的责任。但在医疗损害案件中，医疗机构的过错及因果关系的认定存在专业强的特点，即使患者提供了相应的证据，但是否证明到位法官往往无从判断，此时须通过鉴定解决，因此患者原则上应承担第一次鉴定费用。如患者不申请鉴定，将承担举证不能的法律后果。

（四）浙江省高级人民法院民事审判第一庭关于审理医疗纠纷案件若干问题的意见（试行）

第9条　患者一方根据医疗服务合同请求医疗机构承担违约赔偿责任的，应举证证明下列事实：

（一）双方存在医疗服务合同关系；

（二）医疗机构违反医疗合同的约定或法律、法规、规章和诊疗操作规范规定，或者未履行其应尽的注意义务；

（三）患者一方所遭受的损害与医疗机构的违约行为之间存在因果关系。

医疗机构应就其提出抗辩的事由或事实承担举证责任。

四、医疗纠纷的解决途径

（一）《医疗事故处理条例》

第2条　本条例所称医疗事故，是指医疗机构及其医务人员在医疗活动中，违反医疗卫生管理法律、行政法规、部门规章和诊疗护理规范、常规，过失造成患者人身损害的事故。

第37条　发生医疗事故争议，当事人申请卫生行政部门处理的，应当提出书面申请。申请书应当载明申请人的基本情况、有关事实、具体请求及理由等。

当事人自知道或者应当知道其身体健康受到损害之日起1年内，可以向卫生行政部门提出医疗事故争议处理申请。

第38条　发生医疗事故争议，当事人申请卫生行政部门处理的，由医疗机构所在地的县级人民政府卫生行政部门受理。医疗机构所在地是直辖市的，由医疗机构所在地的区、县人民政府卫生行政部门受理。

有下列情形之一的，县级人民政府卫生行政部门应当自接到医疗机构的报告或者当事人提出医疗事故争议处理申请之日起7日内移送上一级人民政府卫生行政部门处理：

（一）患者死亡；

（二）可能为二级以上的医疗事故；

（三）国务院卫生行政部门和省、自治区、直辖市人民政府卫生行政部门规定的其他情形。

第40条　当事人既向卫生行政部门提出医疗事故争议处理申请，又向人民法院提起诉讼的，卫生行政部门不予受理；卫生行政部门已经受理的，应当终止处理。

第46条　发生医疗事故的赔偿等民事责任争议，医患双方可以协商解决；不愿意协商或者协商不成的，当事人可以向卫生行政部门提出调解申请，也可以直接向人民法院提起民事诉讼。

第61条　非法行医，造成患者人身损害，不属于医疗事故，触犯刑律的，依法追究刑事责任；有关赔偿，由受害人直接向人民法院提起诉讼。

（二）医疗纠纷人民调解①

医疗纠纷人民调解委员会受理本辖区内医疗机构与患者之间的医疗纠纷。受理范围包括患者与医疗机构及其医务人员就检查、诊疗、护理等过程中发生的行为、造成的后果及原因、责任、赔偿等问题，在认识上产生分歧而引起的纠纷。

医疗纠纷人民调解委员会调解医疗纠纷应当按照国务院《人民调解委

① 《人民调解法》（主席令第34号2010年）、《人民调解委员会组织条例》（国务院令第37号1989年）、《关于加强医疗纠纷人民调解工作的意见》（司发通〔2010〕5号）。

员会组织条例》、司法部《人民调解工作若干规定》的要求，采取说服、教育、疏导等方法，促使医患双方当事人消除隔阂，在平等协商、互谅互让的基础上达成调解协议。要善于根据矛盾纠纷的性质、难易程度和当事人的具体情况，充分利用便民利民的方式，因地制宜地开展调解工作，切实提高人民调解工作质量。需要进行相关鉴定以明确责任的，经双方同意，医疗纠纷人民调解委员会可以委托有法定资质的专业鉴定机构进行鉴定。调解成功的一般应当制作人民调解协议书，人民调解委员会应当督促当事人履行协议。

第十七条　【医疗伦理损害责任的损害认定】 医务人员违反侵权责任法第五十五条第一款规定义务，但未造成患者人身损害，患者请求医疗机构承担损害赔偿责任的，不予支持。

【条文释义】

本条规定患者的知情权。患者的知情权延伸出医疗机构以及医务人员的说明义务和患者的自我决定权。医疗人员在诊疗活动中及时向患者说明情况是其注意义务的一部分。包括了向患者说明或者不宜向患者说明的，应该向其近亲属说明，并取得书面同意。但是实际治疗中，往往说明义务与治疗的后果之间不发生必然的因果关系，说明义务体现的是医疗人员对于患者及其近亲属的伦理关怀，当医疗机构及医务人员违法了这些注意义务，可以认定具有医疗伦理过失，但如果未造成患者人身损害，为了平衡医患关系，患者或其近亲属请求医疗机构承担损害赔偿责任，法院应该不予支持。

同时需要注意，医疗机构以及医务人员的说明义务也是患者自我决定权的前提。患者作为民事主体，当然也享有自我决定权。自我决定权的性质是绝对权，当一个人享有自我决定权时，其他任何人都是这个自我决定权的义务人，都必须保证自我决定权人的权利实现。因此，自我决定权的义务内容，就是权利人的所有义务人都负有不得侵害自我决定权人依照自己的意愿行使民事权利的义务。这种义务是不可侵义务。权利人以外的其他所有义务人，只要干涉了权利人自我决定权的行使，干预民事主体按照自己的意愿依法行使民事权利，就违反了自己绝对性的不可侵义务，就构成对自我决定权的侵害，就应当承担民事责任。在医疗领域，患者同样享有这样的权利，任何人都不得侵害或者剥夺患者的自我决定权。

一、相关法律依据

《侵权责任法》第55条医务人员在诊疗活动中应当向患者说明病情和医疗措施。需要实施手术、特殊检查、特殊治疗的，医务人员应当及时向患者说明医疗风险、替代医疗方案等情况，并取得其书面同意；不宜向患者说明的，应当向患者的近亲属说明，并取得其书面同意。

医务人员未尽到前款义务，造成患者损害的，医疗机构应当承担赔偿责任。

二、不支持损害赔偿的情况

《侵权责任法》第60条　患者有损害，因下列情形之一的，医疗机构不承担赔偿责任：

（一）患者或者其近亲属不配合医疗机构进行符合诊疗规范的诊疗；

（二）医务人员在抢救生命垂危的患者等紧急情况下已经尽到合理诊疗义务；

（三）限于当时的医疗水平难以诊疗。

前款第一项情形中，医疗机构及其医务人员也有过错的，应当承担相应的赔偿责任。

第十八条　【抢救生命垂危患者不能取得患者近亲属意见的解释与医疗机构怠于实施相应医疗措施的责任认定】因抢救生命垂危的患者等紧急情况且不能取得患者意见时，下列情形可以认定为侵权责任法第五十六条规定的不能取得患者近亲属意见：

（一）近亲属不明的；

（二）不能及时联系到近亲属的；

（三）近亲属拒绝发表意见的；

（四）近亲属达不成一致意见的；

（五）法律、法规规定的其他情形。

前款情形，医务人员经医疗机构负责人或者授权的负责人批准立即实施相应医疗措施，患者因此请求医疗机构承担赔偿责任的，不予支持；医疗机构及其医务人员怠于实施相应医疗措施造成损害，患者请求医疗机构承担赔偿责任的，应予支持。

【条文释义】

本条规定了紧急情况下医疗机构实施紧急医疗措施的内容，但实践中对于如何认识该条中“难以取得患者或者其近亲属同意”以及紧急救助情形下的责任承担问题分歧较大，亟需进一步明确。本解释对因抢救生命垂危的患者等紧急情况且不能取得患者近亲属意见的情形作出细化规定的基础上，本着鼓励和维护医疗机构在患者处于紧急情况下积极施救的价值导向，规定对于抢救生命垂危的患者等紧急情况，不能取得患者或者其近亲属意见的，医务人员经医疗机构负责人或者授权的负责人批准立即实施相应的医疗措施，患者因此请求医疗机构承担赔偿责任的，人民法院不予支持。同时，对于医疗机构怠于立即实施相应的医疗措施，导致患者受到损害的，本解释也明确规定了医疗机构应当承担相应的赔偿责任。这样不仅有利于指导实务操作与规范医疗机构行为，也有利于保障生命垂危等紧急情况下患者得到及时救治，维护其生命、健康权益。需要注意的是，本条主要是指当患者生命垂危不能表达意志，也无法取得患者近亲属的意见的情况，患者或者其近亲属明确表示拒绝采取医疗措施的不属于该条规定的情况。

第十九条 【两个以上医疗机构造成同一患者损害的责任认定】 两个以上医疗机构的诊疗行为造成患者同一损害，患者请求医疗机构承担赔偿责任的，应当区分不同情况，依照侵权责任法第八条、第十一条或者第十二条的规定，确定各医疗机构承担的赔偿责任。

【条文释义】

一、多数人侵权行为及责任理论①

多数人侵权行为及责任是侵权责任形态中的一种，是侵权责任分担的具体表现形式，是多数人之债在多数人侵权行为中的具体应用。当代侵权法在多数人侵权行为及责任的研究上，更加关注的是对不同侵权人的责任分担更科学、更公平，集中地表现为多数人侵权行为及责任概念界定的新发展、多数人侵权行为类型的新发展以及多数人侵权责任承担规则的新发展。

多数人侵权行为及责任的概念应当包括的要素是：第一，行为人的数量为多人，即为两个人以上；第二，造成的损害后果为一个，因此是一个侵权行为，而不是数个损害后果以及数个侵权行为；第三，数人侵权行为包含共同侵权行为、分别侵权行为以及竞合侵权行为等；第四，数人侵权行为的责任多数是由数人分担，也存在不分担责任者。只要符合上述基本特征，就是数人侵权行为及责任。

多数人侵权行为又可以概括为以下两种类型：第一种是狭义的多数人侵权行为，包括共同侵权行为、分别侵权行为和竞合侵权行为；第二种是

① 杨立新：《多数人侵权行为及责任理论的新发展》，载《法学》2012 年第 7 期。

广义的多数人侵权行为，即在三种狭义的多数人侵权行为之外，还包括第三人侵权行为。

二、相关法律依据

（一）《民法通则》

第130条　二人以上共同侵权造成他人损害的，应当承担连带责任。

（二）《侵权责任法》

第8条　二人以上共同实施侵权行为，造成他人损害的，应当承担连带责任。

第11条　二人以上分别实施侵权行为造成同一损害，每个人的侵权行为都足以造成全部损害的，行为人承担连带责任。

第12条　二人以上分别实施侵权行为造成同一损害，能够确定责任大小的，各自承担相应的责任；难以确定责任大小的，平均承担赔偿责任。

（三）浙江省高级人民法院民事审判第一庭关于审理医疗纠纷案件若干问题的意见（试行）

第4条　患者在两个以上医疗机构就诊后，以各医疗机构为共同被告提起诉讼的，人民法院应予准许；患者一方仅起诉部分医疗机构的，人民法院可以据情追加患者就诊的其他医疗机构为共同被告。

第二十条　【医疗机构邀请其他医务人员诊疗造成损害的责任承担】医疗机构邀请本单位以外的医务人员对患者进行诊疗，因受邀医务人员的过错造成患者损害的，由邀请医疗机构承担赔偿责任。

【条文释义】

一、用人单位责任的条文释义

用人单位的工作人员因工作造成他人损害的，由用人单位对外承担侵权责任，这种责任也在理论上被称为替代责任，即由他人对行为人的行为承担责任。由于工作人员是为用人单位工作，用人单位可以从工作人员的工作中获取一定的利益，因此，工作人员因工作所产生的风险，需要用人单位承担。用人单位与工作人员相比，一般经济能力较强，让用人单位承担责任，有利于更好地保护被侵权人的合法权益，也有利于用人单位在选任工作人员时能尽到相当的谨慎和注意义务，加强对工作人员的监督和管理。

用人单位的责任，我国《民法通则》和司法解释都作出过规定。《民法通则》第 43 条规定企业法人对它的法定代表人和其他工作人员的经营活动，承担民事责任。第 121 条规定国家机关或者国家机关工作人员在执行职务中，侵犯公民、法人的合法权益造成损害的，应当承担民事责任。《最高人民法院关于人身损害赔偿案件适用法律若干问题的解释》中分别对法人责任、雇主责任作出了规定：法人或者其他组织的法定代表人、负责人以及工作人员，在执行职务中致人损害的，由法人或者其他组织承担民事责任。雇员在从事雇佣活动中致人损害的，雇主应当承担赔偿责任；雇员因故意或者重大过失致人损害的，应当与雇主承担连带责任。雇主承担连带责任后，可以向雇员追偿。从我国现行法律和司法解释的规定来看，我国对于用人单位采取的也是无过错责任，只要工作人员实施侵权行为造成他人的损害，用人单位就要承担赔偿责任。用人单位不能通过证明自己在选任或者监督方面尽到了相应的义务来免除自己的责任。

二、法律依据

（一）《侵权责任法》

第 34 条　用人单位的工作人员因执行工作任务造成他人损害的，由用人单位承担侵权责任。

劳务派遣期间，被派遣的工作人员因执行工作任务造成他人损害的，由接受劳务派遣的用工单位承担侵权责任；劳务派遣单位有过错的，承担相应的补充责任。

第 35 条　个人之间形成劳务关系，提供劳务一方因劳务造成他人损害的，由接受劳务一方承担侵权责任。提供劳务一方因劳务自己受到损害的，根据双方各自的过错承担相应的责任。

（二）城市出租车交通事故责任[①]

无论城市出租车公司采取公司制运营模式还是采取挂靠制运营模式，无论出租车司机与出租车公司之间的内部关系如何约定，考虑到运行利益和运行控制的判断标准、风险与收益的相互匹配、充分保护受害人等因素，以及《侵权责任法》第34条关于用人单位工作人员因执行工作任务造成他人损害责任承担的规定，应当认定出租车公司为赔偿责任主体。

三、各国的相关规定

由于国外多为私有制的国家，个人和所在单位之间的关系可以统称为雇佣关系，因此，用人单位的责任在国外多称为雇主责任。法国、德国、意大利、日本等国家和我国台湾地区的“民法”，以及英美法系国家都对雇主责任作出了规定，不过归责原则有所不同，主要有以下立法例：

1. 雇主承担无过错责任。法国民法规定，主人与雇主，对其家庭佣人与受雇人在履行他们受雇的职责中造成的损害，雇主应该负侵权责任。英美法系国家雇主也多承担无过错责任，雇主不能通过举证自己没有选任或者指示过失而免责。

2. 雇主承担过错推定责任。德国民法规定，雇用他人执行事务的人，对受雇人在执行事务时违法施加于第三人的损害，负赔偿义务。雇用人对于在任命受雇人时，并在其应提供设备和工具器械或者应当监督事务的执行时，对装备和监督已尽必要注意义务，或者即使已尽必要注意仍难免发生损害的，不发生赔偿义务。日本民法规定，因某事业雇用他人者，对受雇人因执行其职务而加于第三人的损害，负赔偿责任。但是，雇用人对受雇人的选任及其事业的监督已尽相当注意或即使尽相当注意损害仍会产生

① 江苏省高级人民法院民事审判第一庭侵权损害赔偿案件审理指南，http：//www.pkulaw.cn/fulltext_ form.aspx? Db = lar&Gid = b9f41697a5f8703ff6896e03474 2b35abdfb&keyword = &EncodingName = &Search_ Mode = &Search_ IsTitle = 0.

时，不在此限。不妨碍雇用人或监督人对受雇人行使求偿权。

3. 以过错推定责任为主，并结合衡平的原则。我国台湾地区“民法典”规定，受雇人因执行职务，不法侵害他人之权利者，由雇用人与行为人连带负损害赔偿责任。但选任受雇人及监督其职务之执行，已尽相当之注意或纵加以相当之注意而仍不免发生损害者，雇用人不负赔偿责任。如被害人依前项但书之规定，不能受损害赔偿时，法院因其声请，得斟酌雇用人与被害人之经济状况，令雇用人为全部或一部分之损害赔偿。雇用人赔偿损害时，对于为侵权行为之受雇人，有求偿权。从以上规定中可以看到，雇主责任的归责原则，不同国家和地区的规定有所不同，不过德国和日本虽然法律规定雇主承担过错推定责任，但据了解在司法实践中，雇主很难通过证明自己尽到了相关的注意义务而免责，其雇主责任已趋同于无过错责任。而我国台湾地区在过错推定责任的基础上增加了衡平原则，也使雇主很难不对雇员的行为承担责任。总之，雇主承担无过错责任可以说已成为许多国家和地区的通行做法。

第二十一条　【医疗产品损害责任的认定和追偿权】因医疗产品的缺陷或者输入不合格血液受到损害，患者请求医疗机构，缺陷医疗产品的生产者、销售者或者血液提供机构承担赔偿责任的，应予支持。

医疗机构承担赔偿责任后，向缺陷医疗产品的生产者、销售者或者血液提供机构追偿的，应予支持。

因医疗机构的过错使医疗产品存在缺陷或者血液不合格，医疗产品的生产者、销售者或者血液提供机构承担赔偿责任后，向医疗机构追偿的，应予支持。

【条文释义】

本条对于医疗产品责任的承担规则进行了规定，进一步明确和补充了我国《侵权责任法》第59条的规定，明确了医疗产品责任的基本责任形态为不真正连带责任。

一、医疗产品或血液缺陷致害的双重责任性质

我国《侵权责任法》第59条规定："因药品、消毒药剂、医疗器械的缺陷，或者输入不合格的血液造成患者损害的，患者可以向生产者或者血液提供机构请求赔偿，也可以向医疗机构请求赔偿。患者向医疗机构请求赔偿的，医疗机构赔偿后，有权向负有责任的生产者或者血液提供机构追偿。"由此确立了医疗产品损害责任的基本规则。医疗产品损害责任既是医疗损害责任，也是产品责任，是兼有两种性质的侵权行为类型。在医疗产品损害责任纠纷中，受害患者作为医疗合同关系的当事人，其固有利益受到侵害，既构成加害给付责任，同时也构成产品责任，因而医疗损害责任具有医疗侵权责任和产品侵权责任的双重性质。

产品责任是20世纪上半叶产生的新的侵权责任。产生产品责任制度是在加害给付理论和实践的基础上发展起来的。19世纪产生的加害给付规则，确认受到瑕疵标的物损害的债权人产生损害赔偿请求权，既可以请求赔偿合同的预期利益损失，也可以请求赔偿固有利益的损失。医疗损害责任纠纷从这个意义上说，也是加害给付责任，因为是在合同基础上，债务人未尽适当注意，造成了债权人的固有利益损害，应当承担的就是加害给付责任。但是，加害给付规则无法保护受到缺陷产品损害的第三人。为了解决这个问题，美国侵权行为法创造了产品责任规则，缺陷产品造成他人损害，无论受害人是否为合同当事人，都可以依据侵权法请求损害赔偿，补偿自己受到的损害。产品责任制度的出现，产生了以下两个方面的重要影响。第一，解决了对缺陷产品侵害第三人造成损害的救济问题，使受到损害的第三人能够得到赔偿。第二，使受到损害的合同关系中的债权人只能依据违约责任请求赔偿，改变为既可以依照加害给付责任请求承担违约损害赔偿责任，也可以按照产品责任规则请求承担侵权损害赔偿责任，给受到损害的债权人以更为广泛的选择余地。在医疗产品损害责任纠纷，受

害患者作为医疗合同关系的当事人，其固有利益受到侵害，既构成加害给付责任，同时也构成产品责任。因此，就构成了医疗损害责任中具有医疗侵权责任和产品侵权责任的双重性质。如果医疗产品是医疗机构与生产者、销售者订立合同，并不是该合同的当事人，那么或者认为受害患者一方是第三人，或者将医疗机构作为销售者，也仍然离不开产品责任规则的适用。

医疗产品损害责任是无过错责任，这是确定医疗产品损害责任的中间责任的归责原则。医疗机构承担医疗产品损害责任的最终责任，《侵权责任法》第59条没有明确规定。我们认为，医疗机构直接使用医疗产品，应用于患者造成损害的，医疗机构当然是责任主体，应当承担过错责任，如果医疗机构不能指明缺陷医疗产品的生产者，也不能指明缺陷产品的供货者，或者医疗机构就是医疗产品生产者的，应当承担无过错责任。

二、医疗产品或血液缺陷致害的责任构成

医疗产品损害责任的构成，应当具备产品侵权责任的构成要件要求，须具备以下要件：

1. 医疗产品须为有缺陷产品

构成医疗产品损害责任的首要条件是医疗产品具有缺陷。医疗产品须符合产品的要求。《产品质量法》第2条第2款规定："本法所称产品是指经过加工、制作，用于销售的产品。"按照这一规定，产品须具备两个条件，一是经过加工、制作，未经过加工制作的自然物不是产品；二是用于销售，因而是可以进入流通领域的物，未进入流通的产品，也不认为是产品。医疗产品是经过加工、制作，同时也是用于销售的物，是可以进入流通领域的物，因此属于产品。

究竟哪些产品属于医疗产品，并没有统一的规定，法学界比较集中的意见是以下四种：一是药品；二是消毒药剂；三是医疗器械；四是血液及血液制品。笔者赞同这种意见。存在的疑问是，血液是人体组织，难道也

能够认定为产品吗？笔者认为，人体组成部分与人体分离之后，就成为特殊的物，且血液的所有权属于血液提供机构，将其出卖于医院，医院又将其出卖给患者，完全具有产品的特征，应当视为产品。[①]

《产品质量法》第46条规定："本法所称缺陷，是指产品存在危及人身、他人财产安全的不合理的危险；产品有保障人体健康、人身、财产安全的国家标准、行业标准的，是指不符合该标准。"因此缺陷的含义是：其一，缺陷是一种不合理的危险，合理的危险不是缺陷；其二，这种危险危及人身和他人财产安全，其他危险不认为是缺陷的内容；其三，判断危险的合理与否或者判断某一产品是否存在缺陷的标准分为一般标准和法定标准，一般标准是人们有权期待的安全性，即一个善良人在正常情况下对一件产品所应具备的安全性的期望，法定标准是国家和行业对某些产品制定的保障人体健康，人身和财产安全的专门标准，有法定标准的适用法定标准，无法定标准的适用一般标准。[②]

医疗产品造成损害构成医疗产品损害责任，也必须具有缺陷。医疗产品的缺陷分为四种：

一是设计缺陷。医疗产品的设计缺陷，是指医疗产品在设计时在产品结构、配方等方面存在不合理的危险。考察设计缺陷，应当结合医疗产品的用途，如果将医疗产品用于所设计的用途以外的情形，即使存在不合理的危险，也不能认为其存在设计缺陷。

二是制造缺陷。医疗产品制造缺陷，是指医疗产品在制造过程中，因原材料、配件、工艺、程序等方面存在错误，导致制作成最终医疗产品上具有不合理的危险性。

三是警示说明不充分的缺陷。医疗产品的产品警示说明不充分的缺陷，也叫作经营缺陷或者营销缺陷，即医疗产品在投入流通中，没有对其危险性进行充分警示和说明，对其使用方法没有充分说明。[③]《美国侵权行

---

① 参见杨立新主编：《民法物格制度研究》，法律出版社2008年版，第79页。

② 参见张新宝：《中国侵权行为法》，中国社会科学出版社1995年版，第308页。

③ 参见张新宝：《侵权责任法原理》，中国人民大学出版社2005年版，第398页。

为法重述（第三次）》对什么是产品说明或警示不充分作出了原则界定："因产品说明或警示不充分所致的产品缺陷，是指产品可预见的致害危险能够通过销售商、其他经营者，或其在商业经营过程中的任一前手，采用合理的说明或警示条款而减少或避免，且不采纳该说明或警示并不能使产品得到合理的安全。"[①] 我国学者认为，这种情形是指生产者没有提供警示与说明，致使其产品在使用、储运等情形具有不合理的危险。[②] 产品警示说明充分的标准是，对于属于上述情形的产品，本应当进行充分的说明或者警示，但是产品的生产者或者销售者却没有进行说明或者警示，或者虽然进行了说明、警示，但是说明、警示没有达到要求的标准，也就是不充分。判断说明、警示是否充分，应当根据产品的具体情况确定，一般的要求是，正确说明产品存在的危险，以及正确使用该产品、避免产品存在的危险，达到使用的合理安全的要求。学者认为，如果产品是为大众所消费、使用的，警示与说明应为社会上不具有专门知识的一般人所能引起注意、知晓、理解；如果产品是为特定人所消费、使用的，警示与说明应为具备专门知识的特定人所能引起注意、知晓、理解。[③] 做到了这一点，就认为说明、警示已经达到了充分的标准，没有做到的，就是说明、警示不充分。这些经验可以作为医疗产品损害责任的借鉴。

四是跟踪观察缺陷。医疗产品的跟踪观察缺陷，是指在将医疗产品投入医疗过程时，科学技术水平尚不能发现该医疗产品存在的缺陷，法律赋予医疗产品的生产者和销售者进行跟踪观察，未能及时发现危险，或者发现危险未及时采取召回等补救措施，因此造成患者人身损害的，就构成跟踪观察缺陷。按照德国法的规定，新产品上市以后，生产者必须跟踪观察，对于用户的反映和提出的问题必须付诸行动，要进行研究，提出改进方法。如果存在损害可能性，则要召回；有的还要向用户进行可靠使用的

---

① 中国人民大学民商事法律科学研究中心：《中国民法典·人格权法编和侵权行为法编》，2002年内部资料，第269页。

② 参见张新宝：《中国侵权行为法》，中国社会科学出版社1995年版，第311页。

③ 参见张新宝：《中国侵权行为法》，中国社会科学出版社1995年版，第312页。

说明，未尽跟踪观察义务，造成损害，即构成侵权责任。[①] 这些经验在医疗产品损害责任构成中同样适用。

2. 须有患者人身损害事实

构成医疗产品损害责任，须将医疗产品应用于患者，由于医疗产品存在缺陷，造成了患者的人身损害。人身损害可包括死亡、残疾以及一般的身体损害。由于人身损害的发生往往同时伴随精神痛苦，因此除了人身损害之外还有精神损害。

3. 须有因果关系

医疗产品损害责任中的因果关系，是指医疗产品的缺陷与受害人的损害事实之间存在的引起与被引起的关系，医疗产品缺陷是原因，损害事实是结果。确认医疗产品责任的因果关系要由受害人证明。在医疗机构承担医疗产品损害责任中，在适用过错责任原则的情况下，应当具备过失的要件。

三、医疗产品或血液缺陷致害的责任形态

（一）责任竞合

医疗产品损害责任发生责任竞合，患者受到缺陷医疗产品的侵害，由于有医疗服务合同的基础，受害患者取得两个请求权，一个是产品责任请求权，一个是医疗合同违约责任请求权。在一般情况下，应按照侵权责任行使请求权并适用法律，但受害患者坚持行使违约损害赔偿请求权的，当然也没有问题。所要注意的是两种请求权的赔偿内容不同。如果受害患者一方行使违反医疗义务损害责任请求权，应当向医疗机构请求；选择行使医疗产品损害责任请求权，则既可以向医疗机构行使请求权，也可以向医疗产品的生产者、销售者行使请求权。无论怎样，应当坚持的是，医疗机构承担最终责任，须有过失存在，无过失即无责任，不能让医疗机构承担无过错责任，除非医疗机构不能指明缺陷医疗产品的生产者也不能指明缺陷医疗产品的供货者，或者医疗机构就是医疗产品生产者。

---

① 《民事审判指导与参考》（总第 27 期），法律出版社 2006 年版，第 146 页。

（二）医疗产品损害责任形态

医疗产品造成患者损害，其责任形态是不真正连带责任，其基本规则是：

1. 责任主体是医疗机构和医疗产品的生产者、销售者

医疗产品损害责任的责任主体有三种：一是医疗机构。医疗机构直接使用医疗产品，应用于患者身上，造成损害的，医疗机构当然是责任主体，应当承担过错责任，如果医疗机构不能指明缺陷医疗产品的生产者，也不能指明缺陷产品的供货者的，应当承担无过错责任。二是医疗产品生产者，其制造了有缺陷的医疗产品，并且造成了患者的损害，应当承担责任。三是医疗产品的销售者，按照《侵权责任法》第 41 条至第 43 条和《产品质量法》的相关规定，销售者对于缺陷产品造成损害具有过失，不论其是否为产品缺陷的生产者，都应当承担侵权责任；如果销售者不能指明缺陷产品的生产者也不能指明缺陷产品的供货者，则销售者应当承担无过错责任。

2. 实行最近规则受害患者可以选择请求医疗机构、生产者或者销售者承担责任

按照产品责任的最近规则，受害患者有权在上述三种侵权责任主体中，根据自己的利益，选择对自己最为有利的、法律关系“最近”的一个请求权行使。因此，受害患者有理由选择医疗机构作为索赔主体，请求其承担赔偿责任；也有理由选择医疗产品的生产者或者销售者请求其承担赔偿责任。

3. 实行最终规则准许首先承担责任的一方向缺陷生产者追偿

按照产品责任的最终规则，在医疗机构承担了赔偿责任之后，其取得对存在缺陷医疗产品生产者、销售者的追偿权。医疗机构可以向其请求承担因缺陷医疗产品造成损害的全部赔偿责任。这种赔偿请求权是全额的请求权，包括在前手诉讼中所造成的损失，凡是缺陷医疗产品造成的损害，都有权请求生产者或者销售者赔偿。本条司法解释第 2 款对此进行了进一步的明确规定。

当然，如果医疗产品存在缺陷或者血液不合格是由医疗机构造成的，医疗产品的生产者、销售者或者血液提供机构承担赔偿责任后，可以向医疗机构予以追偿。本条司法解释第 3 款对此予以了进一步的明确。

4. 患者将医疗机构和生产者、销售者同时起诉的应按照最终规则处理

在诉讼中，如果受害患者将医疗机构、医疗产品的生产者和销售者一并作为共同被告起诉的，法院在审理中，可以直接适用最终规则，确定缺陷的直接生产者承担侵权责任，不必先实行最近规则让医疗机构先承担责任再进行追偿；也可以判决确定在执行中实行不真正连带责任。

第二十二条 【医疗产品损害责任中的共同侵权责任】 缺陷医疗产品与医疗机构的过错诊疗行为共同造成患者同一损害，患者请求医疗机构与医疗产品的生产者或者销售者承担连带责任的，应予支持。

医疗机构或者医疗产品的生产者、销售者承担赔偿责任后，向其他责任主体追偿的，应当根据诊疗行为与缺陷医疗产品造成患者损害的原因力大小确定相应的数额。

输入不合格血液与医疗机构的过错诊疗行为共同造成患者同一损害的，参照适用前两款规定。

【条文释义】

本条司法解释规定的是缺陷产品生产者、销售者与医疗机构承担连带责任的规则。其适用的前提与法理构造与本解释第 21 条存在根本不同，本条是共同侵权的连带责任，而第 21 条是不真正连带责任。

一、医疗机构与医疗产品的生产者、销售者或者血液提供者构成共同侵权

共同侵权行为，是指数人基于主观或者客观的关连共同，实施侵权行

为，造成他人人身、财产损害，应当承担连带责任的侵权行为。对此，《侵权责任法》第8条规定："二人以上共同实施侵权行为，造成他人损害的，应当承担连带责任。"

共同侵权行为可分为有共同意思联络的主观共同侵权行为和无意思联络的客观的共同侵权行为。两者之间的区别在于，前者需要共同侵权人之间具有意思联络，即数人基于共同故意产生共同侵害他人权利的行为，其加害人包括实行行为人、教唆人和帮助人；而后者并不存在共同的故意，而是数个行为人实施的行为是损害发生的共同原因，造成同一损害结果，且该损害结果不可分割的侵权行为。这种侵权行为虽然不具有共同侵权行为主观上的特征，但由于其行为人之间行为相互结合的关连性，并且造成了同一个不可分割的损害结果，而形成了一个侵权行为，行为人应当承担连带责任。本条司法解释所规定的情形就是客观共同侵权行为，缺陷医疗产品的生产者、销售者与医疗机构的过错诊疗行为之间并不存在共同的意思联络，而是基于特定的情形使得两者相互结合，共同造成了患者的同一损害，而且这一损害是不可分割的。

医疗机构与医疗产品的生产者、销售者或血液提供者要构成此类客观的共同侵权行为，必须满足以下条件：第一，原因的共同性。即数人的行为对于损害的发生均为不可缺的原因，并且须这些行为结合为一体才能够造成同一的损害结果，缺少任何一个行为都不能造成这种结果；如果缺少这个行为仍然会造成这个损害，则不构成共同侵权行为。也就是说，医疗机构的过错诊疗行为与医疗产品的缺陷或血液的缺陷相结合，共同导致患者的同一损害。如果医疗机构的过错诊疗行为或医疗产品的缺陷之中的任何一个对于患者的损害不具有因果关系，则不能构成本条解释所规定的共同侵权行为。第二，结果的共同性，即数人的行为已经造成了同一个损害结果，且为不可分。也就是说，医疗机构的过错诊疗行为与医疗产品的缺陷或血液的缺陷共同导致了一个损害结果，这一损害结果无法进行分割，也就是说，这一损害后果无法进行区分从而分别与诊疗行为或医疗产品或血液的缺陷联系起来。

二、医疗机构与医疗产品的生产者、销售者或者血液提供者连带责任的外部承担规则

共同侵权行为的法律后果，是由共同行为人承担连带责任。这种侵权连带责任，是指受害人有权向共同侵权人或共同危险行为人中的任何一个人或数个人请求赔偿全部损失，而任何一个共同侵权人或共同危险行为人都有义务向受害人负全部赔偿责任；共同加害人中的一人或数人已全部赔偿了受害人的损失，则免除其他共同加害人向受害人应负的赔偿责任。对此，我国《侵权责任法》第 13 条规定："法律规定承担连带责任的，被侵权人有权请求部分或者全部连带责任人承担责任。"各连带责任人各自的责任份额是连带责任的份额，而不是孤立、单独的责任份额。在整体责任确定和各自份额确定之后，各连带责任人应连带承担责任。无论赔偿权利人向连带责任人中的一人、数人还是全体提出赔偿请求，连带责任人均须向赔偿权利人承担总的责任。

确定共同侵权行为和共同危险行为连带责任的目的是加重行为人的责任，使受害人处于优越地位，保障其赔偿权利的实现。共同加害人与共同危险行为人承担连带责任的根据在于数人的行为具有主观的关连共同或者客观的关连共同，使数人的行为形成为一个统一的、不可分割的整体，各个行为人的行为都构成损害发生的原因，因而各行为人均应对损害结果负连带责任。确认这种连带责任，使受害人的损害赔偿请求权简便易行，举证负担较轻，请求权的实现有充分保障，不必因为共同加害人中的一人或数人难以确定，或因为共同加害人中的一人或数人没有足够的财产赔偿，而妨碍其应获得的全部赔偿数额。

医疗机构的过错诊疗行为与医疗产品或血液的缺陷共同造成患者损害发生的，医疗机构应当与医疗产品生产者、销售者或血液提供者承担连带责任。医疗机构的行为与医疗产品的缺陷构成共同侵权行为，医疗机构的过错诊疗行为是患者损害发生不可分割的原因之一，因而医疗机构自然是连带责任人之一；而医疗产品或血液缺陷作为损害发生的另一不可分割的

原因，其责任人也自然需要承担连带责任。依据我国《侵权责任法》第43条第1款的规定："因产品存在缺陷造成损害的，被侵权人可以向产品的生产者请求赔偿，也可以向产品的销售者请求赔偿。"缺陷产品生产者和销售者均为责任人，因此其责任人为生产者和销售者，他们也需要对于患者的损害承担连带责任。因此，本条司法解释第1款规定，连带责任人为医疗机构、缺陷产品的生产者和销售者三者。连带责任人的各个责任人都对受害人负连带责任，意味着他们都有义务向受害人负全部赔偿责任。无论各连带责任人在实施共同侵权行为中所起的作用和过错如何不同，都不影响连带责任的整体性，对外，每个连带责任人都对受害人的赔偿请求承担全部责任。正因为侵权连带责任是对受害人的整体责任，因而受害人有权在连带责任中选择责任主体，既可以请求连带责任人中的一人或数人赔偿其损失，也可以请求全体连带责任人赔偿其损失。也就是说，患者有权选择连带责任人中的医疗机构、缺陷产品的生产者、销售者一人或数人赔偿其全部损失，也可以请求权他们三者共同赔偿其损失，具体主张的数额则由患者自己决定。

在此环节，需要确定的是连带责任的整体责任数额。确定共同侵权行为的整体责任，应当依据侵权行为的不同形式，依照不同的归责原则进行。对于一般侵权行为，应当适用过错责任原则确定整体责任；对于特殊侵权行为，应当依照《侵权责任法》的规定，适用过错推定原则或者无过错责任原则确定整体责任，确定以上整体责任，应当按照归责原则的不同要求，确定责任的有无乃至应承担的侵权责任的范围。

三、医疗机构与医疗产品的生产者、销售者或者血液提供者连带责任的内部责任承担与追偿规则

在连带责任中，支付超出自己赔偿数额的连带责任人，有权向其他连带责任人追偿，就是连带责任的追偿关系，是对最终责任的实现。

关于连带责任人之间的追偿关系，还有以下两个问题需要说明。第一，追偿之诉也称为责任分担之诉，它发生在连带责任人之间。当连带责

任人中的一人或数人承担了全部赔偿责任之后，已经承担了赔偿责任的连带责任人有权向其他应负责任而未负责任的连带责任人追偿。应承担责任而未承担赔偿责任的连带责任人，应当按照自己的责任份额，承担责任，补偿已承担赔偿责任的连带责任人因赔偿而造成的损失。第二，连带责任人之间追偿关系发生的原因主要有：一是一个或数个连带责任人因缺乏履行能力而未被被侵权人要求赔偿，或者被要求赔偿而无力赔偿，从而没有完全承担赔偿责任；二是一个或数个连带责任人在诉讼时因外逃、下落不明等原因而未被起诉，因而没有完全承担赔偿责任；三是一个或数个连带责任人没有全部承担自己应承担的责任份额。

追偿规则的适用，需要先确定责任人内部每个人应当承担的责任份额，具体份额需要运用比较原因力的方法予以认定。比较原因力是在医疗损害责任中普遍运用的规则。原因力，是指在侵权损害赔偿责任的共同原因中，违法行为和其他因素对于损害结果发生或扩大所发挥的作用力；[①] 也有的学者认为原因力是指在引起同一损害结果的数种原因中，每个原因对于该损害结果发生或扩大所发挥的作用力；[②] 抑或是指违法行为对损害结果的发生所起的作用力，[③] 区分原因力实际上是区分因果关系的程度。[④] 原因力的基本规则是，在数个原因引起一个损害结果的侵权行为案件中，各个原因构成共同原因，每一个原因对于损害结果具有不同的作用力；不论共同原因中的每一个原因是违法行为还是其他因素，行为人只对自己的违法行为所引起的损害承担与其违法行为的原因力相适应的赔偿责任份额，不是由自己的违法行为所引起的损害结果，行为人不承担赔偿责任。[⑤]

首先应当确定哪些行为和事实是医疗损害后果发生的原因；其次，确定医疗过失行为和产品缺陷致害属于直接原因还是间接原因、主要原因还是次要原因、强势原因还是弱势原因；最后对诸种原因力对于损害发生所

① 杨立新：《债法总则研究》，中国人民大学出版社 2006 年版，第 328 页。
② 张新宝：《侵权责任法原理》，中国人民大学出版社 2005 年版，第 65 页。
③ 王利明：《侵权行为法研究》（上卷），中国人民大学出版社 2004 年版，第 449 页。
④ 王利明：《侵权行为法归责原则研究》，中国政法大学出版社 1992 年版，第 382 页。
⑤ 参见杨立新：《侵权行为法专论》，高等教育出版社 2005 年版，第 276 ~ 277 页。

起的作用力进行分析，确定医疗过失行为的具体原因力。应当根据这样一些因素来判定共同原因中各个原因对于损害事实发生的具体原因力的大小：原因力的大小取决于各个共同原因的性质、原因事实与损害结果的距离以及原因事实的强度；直接原因的原因力优于间接原因；主要原因优于次要原因；原因事实强度大的原因优于原因事实强度小的原因；原因事实距损害结果近的原因力优于原因事实距损害结果远的原因力。①

需要注意两点：第一，确定连带责任人各自责任份额的基本因素，是各连带责任人的过错程度和行为原因力，将这两个因素综合判断，确定各共同侵权人各自的份额。具体方法是：首先，确定整体责任是100%；其次，确定各行为人主观过错在整体过错中的百分比，按照故意重于重大过失、重大过失重于主观轻过失和客观轻过失、主观轻过失和客观轻过失重于一般过失的标准，分别确定各行为人各自所占过错的比例；再次，确定各行为人的行为对损害发生的原因力，亦用百分比确定，即全体行为人的行为总和为100%，各行为人的行为各占一定的百分比；最后，某一行为人的过错百分比与行为原因力百分比相加除以2，即为该行为人的责任份额。例如，某一行为人的过错程度为30%，行为的原因力为50%，其责任份额即为40%。第二，共同行为人之间的追偿关系，是在原共同侵权行为或共同危险行为产生的赔偿关系消灭之后，又产生的新的赔偿关系，其权利、责任主体，是已经承担赔偿责任的连带责任人和未承担或未全部承担赔偿责任份额的连带责任人。已承担赔偿责任的连带责任人有权要求未承担或未全部承担赔偿责任份额的连带责任人承担责任，如发生争议可以向人民法院起诉，人民法院应依法判决。

不管是医疗机构或者医疗产品的生产者、销售者在承担完责任之后，如果其承担的责任超出其应当承担的份额的，可以向其他连带责任人进行追偿，可以追偿的数额是其他连带责任人应当承担的那部分份额。

---

① 杨立新：《侵权法论》（第三版），人民法院出版社2005年版，第193页。

第二十三条　【医疗产品损害责任的惩罚性赔偿】 医疗产品的生产者、销售者明知医疗产品存在缺陷仍然生产、销售，造成患者死亡或者健康严重损害，被侵权人请求生产者、销售者赔偿损失及二倍以下惩罚性赔偿的，人民法院应予支持。

【条文释义】

本条司法解释规定的是医疗产品致害的惩罚性赔偿责任。

《侵权责任法》第 47 条规定了恶意产品责任的惩罚性赔偿金制度，"明知产品存在缺陷仍然生产、销售，造成他人死亡或者健康严重损害的，被侵权人有权请求相应的惩罚性赔偿"。医疗产品也属于产品，因此自然也有惩罚性赔偿的适用空间，当然其适用前提要满足《侵权责任法》第 47 条的规定。但是《侵权责任法》第 47 条对于惩罚性赔偿的基数及赔偿的倍数并未进行明确规定，本条司法解释对此予以了明确。

一、我国立法上惩罚性赔偿的规则及其演变

我国传统理论坚持损害填补原则，无论是侵权损害赔偿还是违约损害赔偿，都是奉行单纯的补偿性民事法律责任制度，① 其基本功能是补偿侵权行为和违约行为的受害人因侵权行为和违约行为所遭受的财产损失。这种补偿既不能小于损失的数额，因为补偿小于损失数额，就使损害没有得到完全的救济；也不能超过损失的数额，因为赔偿数额超过损失数额，就会给受害人以不当利益。因而，在很长一段时间并不承认惩罚性赔偿。在制定 1993 年《消费者权益保护法》过程中，是否规定惩罚性赔偿金制度，立法机关一直没有表示明确的态度。在全国人大法律委员会最后一次讨论《消费者权益保护法》草案的时候，有关负责人提出考虑规定惩罚性赔偿金制度，得到多数委员的赞同，遂在草案中提出了相应的条文，在提交全

---

①　谢怀栻：《外国民商法精要》，法律出版社 2006 年版，第 186 页。

国人大常委会通过时，常委们反映强烈，都认为对商品欺诈与服务欺诈行为规定惩罚性赔偿金是完全必要的，最终《消费者权益保护法》以高票获得通过，使我国的民事法律第一次出现了惩罚性赔偿责任制度。对于《消费者权益保护法》第49条规定的惩罚性赔偿责任，应当明确以下几个问题：第一，《消费者权益保护法》规定的惩罚性赔偿金是违约损害赔偿的惩罚性赔偿责任。第二，《消费者权益保护法》规定的惩罚性赔偿责任适用于商品欺诈和服务欺诈行为，不包括侵权法的惩罚性赔偿责任。第三，违约损害赔偿的惩罚性赔偿责任无须具备损害事实要件。

《消费者权益保护法》第49条规定的惩罚性赔偿责任制度并不完美，存在较多的缺陷。这主要表现在：第一，只规定违约的惩罚性赔偿责任没有规定侵权的惩罚性赔偿责任。第二，《消费者权益保护法》规定惩罚性赔偿责任的惩罚性仍显不足，其计算的标准是价金，赔偿的数额是两倍，其实，所说的双倍赔偿其实是赔偿价金的一倍，惩罚性不足，还不能达到预期的惩罚性。对比我国台湾地区“消费者保护法”关于惩罚性赔偿责任的规定，其故意造成消费者损害的，是损害额的三倍，过失造成消费者损害的，是损害额的一倍。经过比较可以确认，我国《消费者权益保护法》目前规定的惩罚性赔偿责任，其惩罚的数额显然不足。

2009年2月28日通过的《食品安全法》第96条规定：“违反本法规定，造成人身、财产或者其它损害的，依法承担赔偿责任。生产不符合食品安全标准的食品或者销售明知是不符合食品安全标准的食品，消费者除要求赔偿损失外，还可以向生产者或者销售者要求支付价款十倍的赔偿金。”这是我国法律第一次在侵权法领域规定的惩罚性赔偿责任制度。《食品安全法》规定侵权法领域的惩罚性赔偿责任是必要的，但是还不够，还应当继续扩大惩罚性赔偿责任制度的适用范围和惩罚力度。《食品安全法》规定的惩罚性赔偿，采用的计算方法仍然是以价金作为计算标准：“可以向生产者或者销售者要求支付价款十倍的赔偿金”。这个做法延续了1993年《消费者权益保护法》第49条的传统，在立法上有前后相续的基础。从表面上看，以价金的10倍作为惩罚性赔偿金，其数额好像很多，倍数高出了《消费者权益保护法》规定的九倍，具有足够的惩罚性。但全面观察这个计算方法，在食品造成的人身损害中，其实造成损害的食品的通常价格并不高，一袋鲜奶几元钱，一袋奶粉几十元钱，十倍不过是几十元或者几百元，难以体现赔偿的惩罚性。如果是价格高的食品，倒可以体现惩罚性，但这样的食品较少，例如价值几千元的天价月饼以及鱼翅、鲍鱼等。因此，有人评价这个惩罚性赔偿责任是"虚张声势"，并不是没有道理。《食品安全法》的这一规定存在的另一个重要问题是，实行惩罚性赔偿金，仅仅在食品安全领域适用于食品造成的人身伤害，其范围过窄。我们认为，起码应当在产品责任领域都实行惩罚性赔偿责任制度，凡是明知商品有缺陷，可能造成消费者人身损害或者财产损害，仍然将其投放市场，放任消费者的损害发生，就具有实质恶意，就应当承担惩罚性赔偿责任。

《侵权责任法》第 47 条规定了恶意产品责任的惩罚性赔偿金制度，这一规定是继立法机关在《食品安全法》中规定侵权的惩罚性赔偿金制度之后，再一次肯定惩罚性赔偿金的适用。因此，这一规定具有重要意义。不过，这个规定对于如何计算惩罚性赔偿金没有具体规定。2013 年修订《消费者权益保护法》，将原来的第 49 条修订为第 55 条，对惩罚性赔偿规定了两款。第 1 款规定的是违约的惩罚性赔偿，即商品欺诈和服务欺诈造成价金或者费用损失的违约惩罚性赔偿，以及消费欺诈或者服务欺诈造成小额损害适用违约惩罚性赔偿最低赔偿数额标准；第 2 款规定的是侵权的惩罚性赔偿，即恶意商品致害和恶意服务致害的侵权惩罚性赔偿。

《消费者权益保护法》第 55 条第 1 款规定的惩罚性赔偿，适用对象仍然是商品欺诈和服务欺诈行为。商品欺诈行为和服务欺诈行为，是指经营者在提供商品或者服务中，采取虚假或者其他不正当方法，告知虚假情况，隐瞒真实情况，诱使消费者接受商品或者服务，且其提供的商品或者服务与其声称的标准显而易见不相一致的经营行为。商品欺诈或者服务欺诈惩罚性赔偿是增加的赔偿，即在赔偿了实际损失之后，增加赔偿的部分才是惩罚性赔偿。之所以将原来的增加 1 倍的赔偿改为增加 3 倍的赔偿，就是为了加重对商品欺诈和服务欺诈的惩罚力度。1 倍和 3 倍相比较，3 倍的惩罚性赔偿当然对消费者维权具有更大的吸引力和号召力，对违法经营者的惩治力度也更大。因此，最后确定的是，商品欺诈和服务欺诈的违约惩罚性赔偿，在承担了原来的损失之后，再增加赔偿价款和费用的 3 倍。同时，把小额损害最低赔偿标准，按照退一赔三的标准计算仍然不能达到 500 元的，消费者可以按照 500 元请求赔偿。

《消费者权益保护法》第 55 条第 2 款规定的是恶意商品致害和恶意服务致害的惩罚性赔偿。这一惩罚性赔偿规定，即经营者承担了实际损害的赔偿之后，还要承担消费者所受损失 2 倍以下的惩罚性赔偿，这也补充了《侵权责任法》第 47 条规定的具体计算方法。

本解释第 23 条规定的惩罚性赔偿，就是依据修订的《消费者权益保护法》第 55 条第 2 款规定的惩罚性赔偿计算标准确定的责任。

二、医疗产品致害适用惩罚性赔偿的条件

医疗产品造成患者损害，适用惩罚性赔偿应当满足以下条件：

第一，明知医疗产品存在缺陷。明知产品存在缺陷，是生产者或者销售者已经确定地知道生产的或者销售的产品存在缺陷，具有损害他人生命或者健康的危险。在客观上，该产品确实存在缺陷，有造成他人生命健康损害的危险；在主观上，生产者或者销售者已经明确地知道该产品存在缺陷，有造成他人生命健康损害的危险。明知的要求，是主观过错中故意的要求，明知危险而继续行为，就是放任的故意形式，即间接故意。这里包括两个要件，一是故意的要件，经营者故意的内容包括希望损害的发生或者放任损害的发生，其中多数是放任的心理状态，真正希望损害后果发生的恶意较少。二是医疗产品存在缺陷的客观要件，对缺陷的解释应当按照《产品质量法》第 46 条规定进行解释，即在医疗产品中“存在危及人身、他人财产安全的不合理的危险”。

第二，仍然生产、销售。仍然继续生产销售，是生产者或者销售者继续将缺陷医疗产品投入流通，并且希望其销售到消费者的手中。仍然生

产、销售，是明知之后或者明知当中所为，但也包括在生产销售之后，通过已经发生损害之后明知。无论怎样，只要是明知产品有缺陷可能造成他人损害，仍然生产、销售的，就具备本要件。

第三，造成患者死亡或者健康严重损害。造成患者生命健康损害，是所有侵权行为人承担人身损害赔偿责任的要件。但只有造成他人死亡或健康严重损害时才适用恶意产品责任，要求责任人承担惩罚性赔偿。因为恶意产品责任的人身损害后果其实在恶意产品责任人的主观意料之中，不出其所料。因此，确定其承担惩罚性赔偿责任，当然具有科以惩罚性赔偿责任的必要性，是完全应当的。

第四，使用医疗产品于患者的医疗行为与受害患者的死亡或者健康严重损害之间具有引起与被引起的因果关系。

具备以上四个要件，构成这种侵权责任，医疗产品的生产者、销售者以及医疗机构要承担医疗产品损害责任中的惩罚性赔偿责任。

三、医疗产品致害惩罚性赔偿责任的计算方法

第一，以实际损害作为计算标准。计算惩罚性赔偿金，我国现行法律规定的计算方法是以实际损失作为标准的，而不是以价金作为计算标准，因为价金计算标准是计算违约惩罚性赔偿的标准，不是侵权惩罚性赔偿的计算标准。目前，我国《消费者权益保护法》第 55 条第 2 款、《食品安全法》第 148 条规定都是这样。本解释第 23 条规定也是“赔偿损失及二倍以下惩罚性赔偿”，标准是一致的。

第二，惩罚性赔偿的最高倍数。侵权的惩罚性赔偿金应当是实际损失数额的两倍，即在赔偿了实际损失之后，再赔偿实际损失两倍的惩罚性赔偿。这样的标准比较符合实际情况，也具有较强的惩罚性。在具体适用中，法官可以根据具体案件情节，在最高限额之下确定具体的赔偿数额。这样，侵权人不但要对受害人的实际损失进行填补性损害，此外还要另外再赔偿实际损失两倍的惩罚性赔偿，侵权人实际承担的赔偿数额为实际损失的 3 倍。不过，法律和司法解释在规定惩罚性赔偿金的标准时，都规定

的是2倍以下或者3倍以下（《食品安全法》的规定，医疗产品损害责任不适用这个规定），因此，受害患者的惩罚性赔偿请求权最高限定为实际损失的2倍，也就是不超过2倍，受害患者可在此范围内自由选择，并非一定要求2倍，也可以要求低于2倍的惩罚性赔偿。对此，法官有自由裁量权，可以根据案件的实际情况以及生产者、销售者和医疗机构的主观状态的程度，确定具体的惩罚性赔偿数额。

第三，作为惩罚性赔偿基数的实际损失不仅包括人身损害，也包括精神损害。我国《消费者权益保护法》第55条第2款规定："经营者明知商品或者服务存在缺陷，仍然向消费者提供，造成消费者或者其他受害人死亡或者健康严重损害的，受害人有权要求经营者依照本法第四十九条、第五十一条等法律规定赔偿损失，并有权要求所受损失二倍以下的惩罚性赔偿。"而《消费者权益保护法》第51条规定："经营者有侮辱诽谤、搜查身体、侵犯人身自由等侵害消费者或者其他受害人人身权益的行为，造成严重精神损害的，受害人可以要求精神损害赔偿。"这一条文规定的就是精神损害赔偿责任。故按照我国《消费者权益保护法》的规定，在计算惩罚性赔偿责任时，精神损害赔偿属于惩罚性赔偿计算基数与标准的实际损失。据此，本条司法解释所规定的惩罚性赔偿的计算基数和标准也应当包括精神损害赔偿。

第二十四条　【不同医疗机构承担残疾赔偿金、死亡赔偿金责任的计算标准确定】被侵权人同时起诉两个以上医疗机构承担赔偿责任，人民法院经审理，受诉法院所在地的医疗机构依法不承担赔偿责任，其他医疗机构承担赔偿责任的，残疾赔偿金、死亡赔偿金的计算，按下列情形分别处理：

（一）一个医疗机构承担责任的，按照该医疗机构所在地的赔偿标准执行；

（二）两个以上医疗机构均承担责任的，可以按照其中赔偿标准较高的医疗机构所在地标准执行。

【条文释义】

本条解释对于需要承担赔偿责任的医疗机构并非受诉法院所在地医疗机构情况下的残疾赔偿金、死亡赔偿金计算标准进行了明确规定。

一、既有残疾赔偿金、死亡赔偿金的计算标准及其存在的问题

我国侵权责任法并未对残疾赔偿金和死亡赔偿金的计算标准进行规定，司法实践中是按照《最高人民法院关于审理人身损害赔偿案件适用法律若干问题的解释》第25条和第29条的规定执行的。按照这两个条文的规定，残疾赔偿金和死亡赔偿金均以受诉法院所在地上一年度城镇居民人均可支配收入或者农村居民人均纯收入为计算标准。第25条规定："残疾赔偿金根据受害人丧失劳动能力程度或者伤残等级，按照受诉法院所在地上一年度城镇居民人均可支配收入或者农村居民人均纯收入标准，自定残之日起按二十年计算。但六十周岁以上的，年龄每增加一岁减少一年；七十五周岁以上的，按五年计算。"第29条规定："死亡赔偿金按照受诉法院所在地上一年度城镇居民人均可支配收入或者农村居民人均纯收入标准，按二十年计算。但六十周岁以上的，年龄每增加一岁减少一年；七十五周岁以上的，按五年计算。"

这一规定在医疗损害赔偿案件中引起了一些问题。不同地区的经济发展不平衡，各地的赔偿标准有高有底。在医疗损害责任纠纷中，有一些患者或者患者近亲属为获得更高赔偿，通过转院到赔偿标准较高地区的医疗机构就诊的方式，来获得连接点找管辖法院，导致到该医疗机构所在地法院起诉的案件屡屡发生。尤其在受诉法院所在地的医疗机构并不承担责任的情况下，仍然判决原来的医疗机构按照受诉法院所在地的赔偿标准承担责任，不仅加重了该医疗机构的负担，也加重了不承担责任的医疗机构的诉讼负担，不利于和谐医患关系的构建。

二、赔偿责任人非受诉法院所在地医疗机构时残疾赔偿金、死亡赔偿金的计算标准

为了避免医疗损害赔偿案件中存在的上述问题，适用受诉法院所在地赔偿标准的规则应当适当进行限制。如果受诉法院所在地的医疗机构对于患者损害负有责任的，适用当地上一年度城镇居民人均可支配收入或者农村居民人均纯收入作为赔偿计算标准当然没有问题，但是如果受诉法院所在地的医疗机构依法对于患者的损害并不负有责任的，就不应该再适用当地的赔偿标准，也就是不能适用受诉法院所在地的赔偿标准。

在这种情况下，就应该适用负有损害赔偿责任的医疗机构所在地的上一年度城镇居民人均可支配收入或者农村居民人均纯收入作为赔偿计算标准。如果需要承担损害赔偿责任的是两家或两家以上的医疗机构，为了统一赔偿标准和保护受害人利益，应当选择赔偿标准比较高的那一家医疗机构所在地的赔偿标准。

三、医疗机构对于残疾赔偿金和死亡赔偿金的具体赔偿标准和数额

（一）残疾赔偿金的计算

残疾赔偿金是指人身损害所致伤残，造成劳动能力丧失所应赔偿的范围。它是在常规赔偿的基础上，对因伤害致残而丧失劳动能力，赔偿生活费以及相关的项目。在理论上确认劳动能力丧失赔偿，有以下不同学说：

一是所得丧失说。认为损害赔偿的目的，在于填补受害人实际所发生的损害，故受害人纵然丧失或减少劳动能力，但如未发生实际损害，或受伤前后的收入并无差异，则不得请求赔偿。计算时，受害人受伤前后收入的差额为损害额，对此差额予以赔偿，即为填补损害。

二是劳动能力丧失说。认为受害人因身体或健康受损害，以至丧失或减少劳动能力本身即为损害，并不限于实际所发生的损失。所以，劳动能力丧失即应予以赔偿，而不是赔偿收入的差额。

三是生活来源丧失说。认为受害人劳动能力丧失与减少，必致其生活来

源丧失，因而应当赔偿受害人的生活补助费，使其生活来源能够恢复。赔偿所救济的，既不是劳动能力丧失的本身，亦不是受害人致残前后的收入差额，而是受害人致残前后生活来源的差额。这种主张赔偿的标准是比较低的。

我国立法和实务原来采上述第三种主张作为劳动能力丧失赔偿的依据。《民法通则》第119条规定的是赔偿“残废者生活补助费”；《最高人民法院关于贯彻执行〈中华人民共和国民法通则〉若干问题的意见（试行）》第146条规定：“侵害他人身体致使其丧失全部或部分劳动能力的，赔偿的生活补助费一般应补足到不低于当地居民基本生活费的标准。”采用这种主张作为赔偿依据，其优点是标准明确，易掌握，但赔偿标准较低，对保护受害人不利，不能救济其全部损失。《最高人民法院关于审理人身损害赔偿案件适用法律若干问题的解释》改变了这一做法，在理论上采用“所得丧失说”作为根据，将残废者生活补助费改为残疾赔偿金，根据因伤致残的受害人全部或者部分丧失劳动能力的情况，客观计算其未来的收入损失。同时规定应考虑职业因素对受害人未来收入的影响，予以斟酌平衡。赔偿期限按照20年的固定期限进行赔偿。改变的理由是，由于人身损害造成受害人残疾，致使劳动能力部分丧失或者全部丧失，会造成受害人正常收入的减少或者丧失，因而，残疾受害人遭受人身损害以后，会减少或者丧失自己的收入。这种损失，是人身损害的直接后果，是一种财产损失。对于这种财产损失，应当由赔偿义务人进行赔偿，只有如此才能实现人身损害赔偿的填补损害的功能，实现对残疾受害人合法权益的完整保护。对这一改变应当予以充分肯定。[①]

残疾赔偿金的计算方法是，按照承担赔偿责任的医疗机构所在地上一年度城镇居民人均可支配收入或者农村居民人均纯收入标准，自定残之日起按20年计算。但60周岁以上的，年龄每增加1岁减少1年；75周岁以上的，按5年计算。

舍弃了我国原先采用的当地居民基本生活费标准，改采受诉法院所在

---

① 杨立新：《侵权法论》（第三版），人民法院出版社2005年版，第721页。

地上一年度城镇居民人均可支配收入或者农村居民人均纯收入标准，对保护残疾受害人更为有利。城镇居民人均可支配收入是指根据城镇居民家庭可支配收入除以平均负担系数计算出的个人平均收入。按照国家统计局的有关解释，城镇居民家庭可支配收入是指被调查的城镇家庭居民在支付个人所得税、财产税及其他经常性转移支出后所余下的实际收入。基本的赔偿方法是一次性赔偿，因此以 20 年的固定期限为标准。

确定残疾赔偿金时，应当考虑丧失劳动能力程度或者伤残等级的因素。要考察受害人丧失劳动能力的程度，全部丧失劳动能力的，全部赔偿；部分丧失劳动能力的，按其丧失的程度，赔偿相应的数额。在具体受害人劳动能力丧失程度或伤残等级的确定上，可以参照《工伤保险条例》的有关规定。如果受害人虽受伤致残但实际收入没有减少，或者伤残等级较轻但造成职业妨害严重影响其劳动就业的，可以对残疾赔偿金作相应调整。

（二）死亡赔偿金的计算

死亡赔偿金的性质，是指死亡赔偿金究竟是对谁的何种损害的赔偿，关系到死亡赔偿金的确定、计算、给付等。死亡赔偿金是不法致人死亡时特有的财产损害赔偿项目，具体是对死亡被侵权人的近亲属的损害赔偿。对于死亡赔偿金，世界各国法律存在共识，即死亡赔偿金并不全部是对死者的财产损害的赔偿，而是对于受害死者有关的一些亲属的赔偿。但在立法例上有两种，即“扶养丧失说”与“继承丧失说”。

“扶养丧失说”认为由于被侵权人死亡导致其生前依法定扶养义务供给生活费的被扶养人，丧失了生活费的供给来源，受有财产损害，对此损害加害人应当予以赔偿。在这种立法例下，赔偿义务人赔偿的范围，就是被扶养人在被侵权人生前从其收入中获得的或者有权获得的自己的扶养费的份额。至于因被侵权人的死亡而导致对被侵权人享有法定继承权的那些人从被侵权人处将来所继承财产减少的损失，不属于赔偿之列。[①] 另外在

---

① 王利明主编：《人身损害赔偿疑难问题——最高法院人身损害赔偿司法解释之评论与展望》，中国社会科学出版社 2004 年版，第 567 页。

赔偿时，如果被侵权人没有受其供养的被扶养人，不存在损害，赔偿义务人就不承担该项赔偿责任。

“继承丧失说”认为侵害他人生命致人死亡，不仅生命利益本身受侵害，而且造成被侵权人余命年岁内的收入“逸失”，使得这些原本可以作为被侵权人的财产为其法定继承人所继承的未来可以取得收入，因加害人的侵害行为所丧失，对于这种损害应当予以赔偿。实际上，在这种立法例下，赔偿义务人应当赔偿的范围为被侵权人死亡而丧失的未来可得利益。

在我国关于死亡赔偿金的性质上历来存在争议。《最高人民法院关于确定民事侵权精神损害赔偿责任若干问题的解释》所规定的死亡赔偿金明确认为是精神损害抚慰金，采取了“扶养丧失说”。但是以“扶养丧失说”作为我国死亡赔偿金制度的理论基础，存在不足，在司法实务中也出现了困境。[①] 为此，《最高人民法院关于人身损害赔偿案件适用法律若干问题的解释》放弃过去的立场，而是以“继承丧失说”解释我国有关法律规定中的死亡赔偿金制度。按照这一新的解释立场，死亡赔偿金的内容是对收入损失的赔偿，其性质是财产损害赔偿，而不是精神损害赔偿。这一改变是有道理的，对保护被侵权人的合法权益有益，应当予以肯定。

死亡赔偿金的具体计算，如果承担责任的医疗机构只有一家的，以所在地上一年度城镇居民人均可支配收入或者农村居民人均纯收入为标准，如果承担责任的医疗机构有数家的，以赔偿标准较高的医疗机构所在地上一年度城镇居民人均可支配收入或者农村居民人均纯收入为标准，赔偿 20 年。但 60 周岁以上的，年龄每增加一岁赔偿减少一年；75 周岁以上的，按 5 年计算赔偿。

---

① 具体内容参见《最高人民法院人身损害赔偿司法解释的理解与适用》，人民法院出版社 2004 年版，第 359 ~ 363 页。

第二十五条　【死者近亲属与支付患者费用的人的请求权及医疗产品的解释】患者死亡后，其近亲属请求医疗损害赔偿的，适用本解释；支付患者医疗费、丧葬费等合理费用的人请求赔偿该费用的，适用本解释。

本解释所称的“医疗产品”包括药品、消毒药剂、医疗器械等。

【条文释义】

本条司法解释第1款是对在医疗损害责任中适用《侵权责任法》第18条规定的解释，明确了在医疗损害责任纠纷案件中，《侵权责任法》第18条第1、2款关于被侵权人死亡的，其近亲属有权请求侵权人承担侵权责任，以及支付被侵权人医疗费、丧葬费等合理费用的人有权请求被侵权人赔偿费用的规定，应当予以适用。

侵害生命权有双重直接受害人，即被致死的受害人和为死者治疗、送葬而遭受财产损失和精神损害的近亲属。前者是生命权受到侵害之人，其已经死亡不能行使赔偿权利；后者是财产利益和精神受到损害之人，可以依法行使请求赔偿财产损失和精神损害的权利。《侵权责任法》第18条规定：“被侵权人死亡的，其近亲属有权请求侵权人承担侵权责任。被侵权人为单位，该单位分立、合并的，承继权利的单位有权请求侵权人承担侵权责任。”“被侵权人死亡的，支付被侵权人医疗费、丧葬费等合理费用的人有权请求侵权人赔偿费用，但侵权人已支付该费用的除外。”被侵权人死亡的，其近亲属为权利人；支付被侵权人医疗费、丧葬费等合理费用的人也是直接受害人，有权请求侵权人赔偿费用。

一、患者死亡后其近亲属医疗损害赔偿的项目与内容

患者因为医疗机构的医疗行为死亡的，其近亲属遭受的主要是财产损

害，可以主张财产损害赔偿，在特殊情况下可以主张精神损害赔偿。

1. 死亡患者的近亲属可主张死亡赔偿金

死亡赔偿金是死者因他人致害死亡后由加害人给其近亲属所造成的物质性收入损失的一种补偿。死亡赔偿金的计算标准是：按照受诉法院所在地上一年度城镇居民人均可支配收入或者农村居民人均纯收入标准计算。采用一次性方法赔偿，期限是为 20 年。如果受害人为 60 周岁以上的，年龄每增加 1 岁减少 1 年；75 周岁以上的，按 5 年计算。

2. 死亡患者的近亲属可主张丧葬费

丧葬费，是指医疗侵权行为致人死亡的，死亡患者家属为处理死者的丧葬等后事而需支付一定的费用，医疗机构按照一定的标准对该项费用进行的赔偿。丧葬费的计算标准是，按照受诉法院所在地上一年度职工月平均工资标准，以六个月总额计算。

3. 死亡患者的近亲属可主张所支付的医疗费

医疗费，是指医疗侵权行为发生后，由于造成一定的人身伤害，后续为恢复健康而需要就医诊治，医院对当事人的创伤治疗所必需的费用。医疗费主要包括挂号费、检查费、化验费、手术费、治疗费、住院费和药费等。医疗费可以为住院医疗费，也可以为门诊医疗费，但支出的目的在于治疗患者的损害。

《最高人民法院关于审理人身损害赔偿案件适用法律若干问题的解释》第十九条规定，“医疗费根据医疗机构出具的医药费、住院费等收款凭证，结合病历和诊断证明等相关证据确定。赔偿义务人对治疗的必要性和合理性有异议的，应当承担相应的举证责任。”“医疗费的赔偿数额，按照一审法庭辩论终结前实际发生的数额确定。器官功能恢复训练所必要的康复费、适当的整容费以及其他后续治疗费，赔偿权利人可以待实际发生后另行起诉。但根据医疗证明或者鉴定结论确定必然发生的费用，可以与已经发生的医疗费一并予以赔偿。”根据上述规定，医疗费的计算主要是以“必须”为其标准。必须，也就是应当以合理支付为必要。受害人在什么情况下花费的医疗费构成合理，属于事实问题，应当根据具体情况进行判断。医疗费根据医疗机构出具的医药费、住院费等收款凭证，结合病历和诊断证明等相关证据确定。

4. 死亡患者的近亲属可主张误工费

误工费，是医疗侵权行为发生后，遭受人身损害的受害人需要接受诊治以恢复健康，以及当事人的相关亲属无法正常参加工作或者从事日常的经营活动，因此而造成经济收入的减少，由医疗机构按照一定的标准对该项损失给予的赔偿。

关于误工费的计算标准，《最高人民法院关于审理人身损害赔偿案件适用法律若干问题的解释》第20条规定，误工费根据受害人的误工时间和收入状况确定。误工时间根据受害人接受治疗的医疗机构出具的证明确定。受害人因伤致残持续误工的，误工时间可以计算至定残日前一天。受害人有固定收入的，误工费按照实际减少的收入计算。受害人无固定收入的，按照其最后三年的平均收入计算；受害人不能举证证明其最近三年的平均收入状况的，可以参照受诉法院所在地相同或者相近行业上一年度职工的平均工资计算。根据这一规定，误工费赔偿金额的计算，其计算公式可以表述为：误工费赔偿金额 = 误工收入（天/月/年） × 误工时间。

关于误工收入的确定。因受害人工作情况的不同，区分为两种情况：一种是在有固定收入的情况下，如何确定因误工而减少的收入；另一种是在无固定收入的情况下，如何确定其收入以及因误工而减少的收入。受害人有固定收入的，其误工费赔偿金额的计算，按照其实际减少的收入计算。其计算公式为：误工费赔偿金额 = 实际减少的收入 = 受害人正常情况下的劳动（工作）收入 − 事故受伤后劳动（工作）收入。受害人无固定收入的，按照其最近三年平均收入计算，受害人不能举证证明其最近三年平均收入状况的，可以参照受诉法院所在地相同或者相近行业上一年职工的平均工资计算。误工时间根据受害人接受治疗的医疗机构出具的证明确定。

5. 死亡患者的近亲属可主张护理费

护理费，是指医疗侵权行为发生后，受害人住院期间，由于身体健康等原因行动能力和自理能力都有一定程度的降低，需要家人或者其他亲属的陪同和护理，并由医疗机构根据一定的标准予以赔偿的费用。

护理费，根据护理人员的收入状况和护理人数、护理期限确定。护理人员有收入的，参照误工费的规定计算；护理人员没有收入或者雇佣护工的，参照当地护工从事同等级别护理的劳务报酬标准计算。护理人员原则上为一人，但医疗机构或者鉴定机构有明确意见的，可以参照确定护理人员人数。

二、其他人对于所垫付的医疗费、丧葬费等费用的赔偿请求权

其他人因与死亡患者之间并不具有亲属关系，因而其原则上无权获得损害赔偿，但是如果其为了尽快抢救患者垫付了患者的医疗费，或者及时安葬患者支付了丧葬费等合理费用的，有权要求侵权医疗机构对其所支出的这些费用予以赔偿。

至于其请求医疗机构赔偿这些费用的权利基础，则有不同的规定。其一，近亲属以外的其他人对于患者的医疗费、丧葬费的支付并不具有法定义务，其从事这些行为属于替医疗机构管理事务，符合无因管理的规定，因而对其所支出的费用可以依据我国《民法通则》第 93 条的规定向被管理人医疗机构主张偿付。其二，我国《侵权责任法》第 18 条规定："被侵权人死亡的，其近亲属有权请求侵权人承担侵权责任。被侵权人为单位，该单位分立、合并的，承继权利的单位有权请求侵权人承担侵权责任。被侵权人死亡的，支付被侵权人医疗费、丧葬费等合理费用的人有权请求侵权人赔偿费用，但侵权人已支付该费用的除外。"医疗机构医疗侵权行为也属于第 18 条所调整的范围，因此支付了患者医疗费、丧葬费等合理费用的人自然可以直接以该条作为请求权基础去请求医疗机构对这些费用进行赔偿。比较起来，因为《侵权责任法》第 18 条的规定更为直接，举证负担较轻，因此权利人以此规定作为请求权基础比较有利。因此，本条司法解释第 2 款对此予以了进一步明确。

三、医疗产品的范围

《侵权责任法》第59条只规定了药品、消毒药剂和医疗器械，没有使用医疗产品的概念。在理论上，就把这里规定的药品、消毒药剂和医疗器械称之为医疗产品。为了使本司法解释使用的医疗产品的概念与《侵权责任法》第59条规定的药品、消毒药剂和医疗器械概念建立起一致性联系，因此作出解释，即"本解释所称的'医疗产品'包括药品、消毒药剂、医疗器械等。"应当注意的是，《侵权责任法》第59条只规定了药品、消毒药剂和医疗器械，没有包括"等"字，此处增加了一个"等"字，表明除了药品、消毒药剂、医疗器械之外，还有其他医疗产品的可能性。

其他医疗产品的认定标准应该限定于用于治疗疾病的产品。医疗产品须符合产品的要求。产品，按照《产品质量法》第2条第2款的规定，"本法所称产品是指经过加工、制作，用于销售的产品"。按照这一规定，产品须具备两个条件，一是经过加工、制作，未经过加工制作的自然物不是产品；二是用于销售，因而是可以进入流通领域的物，未进入流通的产品，也不认为是产品。医疗产品是经过加工、制作，同时也是用于销售的物，是可以进入流通领域的物，因此属于产品。究竟哪些产品属于医疗产品，并没有统一的规定，法学界比较集中的意见是以下四种：一是药品；二是消毒药剂；三是医疗器械；四是血液及血液制品。由于血液在医学上被认定为人体组织，且本司法解释将血液作为并列于医疗产品的一类存在予以规定，因而此处不应当将血液认定为医疗产品，而应当将以血液为基础经过人类加工制作处理后的血液制品作为医疗产品。

第二十六条　【本解释的溯及力】本院以前发布的司法解释与本解释不一致的，以本解释为准。

本解释施行后尚未终审的案件，适用本解释；本解释施行前已经终审，当事人申请再审或者按照审判监督程序决定再审的案件，不适用本解释。

【条文释义】

在以往的司法实践中，最高人民法院曾经作出过较多的有关医疗损害责任的司法解释，尽管在《侵权责任法》施行之后并没有多少，但是之前还是有很多侵权损害赔偿的解释的。因此，本司法解释规定是具有最高效力的“新法”，以前的司法解释凡是与本解释规定不一致的，一律以本解释规定为准。

在本解释施行后尚未终审的案件，适用本解释。也就是说，在 2017 年 12 月 14 日之前没有终审终结的医疗损害责任纠纷案件，本司法解释就具有溯及力，应当援引本司法解释的规定作出终审判决。在本解释施行前已经终审，当事人申请再审或者按照审判监督程序决定再审的案件，不适用本解释。因为案件已经终审结束，案件的判决已经发生了法律效力，就应当维护终审判决的严肃性。因此，医疗损害责任纠纷案件即使在终审结束之后又提起了再审程序，并且在再审判决中决定改判，也不能依照本司法解释的规定进行改判，仍然应当依照本司法解释之前的有关规定适用法律。

一、新司法解释优先于旧司法解释

也称后法优于先法原则，其含义为新法、旧法对同一事项有不同规定时，新法的效力优于旧法。2001 年 7 月 1 日施行的《立法法》第 83 条[①]规定，同一机关制定的法律，新的规定与旧的规定不一致的，适用新的规定。新旧法的区分是以法律生效的时间为标准确立的。一部法律或法律的规定在先生效的，我们称之为先法或旧法；一部法律或法律的规定在后生

① 对应 2015 年 3 月 15 日修正后的《立法法》第 92 条。

效的，我们称之为新法或后法。一切法律都是根据当时的社会关系状况制定的，随着社会关系的发展变化，法律规范也需要不断地修改或更新。法的修改或更新有许多不同的方式，有的是制定了新法律取代旧法律，有的是在相关的法律中作了重新规定，有些法律规范被明确宣布废止，有的没有明确。

新法（新的规定）优于旧法（旧的规定），也称之为后法优于前法，这是很多国家司法实践中都遵循的一项法律适用规则，例如《意大利民法典》第 15 条规定，法律只能由立法者在嗣后制定的法律中明确宣布废除，或者因旧法与新制定的法律规则相抵触而废除，或者由于新法全面规范了由旧法调整的领域而废除。我国《立法法》第一次明确阐述了该项规则的内涵，《立法法》第 83 条①明确揭示了该项规则适用的范围：1. 必须是同位法，才能适用这一规则。所谓同位法是指同等位阶的立法主体制定的法规范性文件。不同位阶即构成上下位阶等级的法规范不适用此项规则。2. 必须是同一机关制定的法律规范，才能适用该项规则。同一机关制定的法律、行政法规、地方性法规、部门规章、地方政府规章、自治条例和单行条例中有关于同一事项的法律规范时才能适用该规则。

同样的，司法解释均由最高人民法院制定并颁布，因而所有司法解释均属于具有同等位阶的规范性文件。在这种情况下，应当适用新法优先于旧法的规则，也就是说，如果最高人民法院以前所发布的司法解释与本司法解释存在不一致或冲突之处的，本解释优先，应当适用本解释。

二、司法解释的溯及力和既判力

本司法解释的规定对于尚未审结的案件具有溯及力，法院可以参照本司法解释的有关规定去理解《侵权责任法》有关医疗损害赔偿责任的有关规定，从而对医疗损害赔偿责任案件予以适用。但是如果法院已经做出生效判决的，则不可再依据本解释提起再审程序，也就是说，生效判决具有

---

① 对应 2015 年 3 月 15 日修正后的《立法法》第 92 条。

既判力，当事人不得以法院对于医疗损害赔偿的理解适用不同于本规定为理由提起再审程序。

法的溯及力，又称为法溯及既往的效力，是指法对其生效以前的事件和行为是否适用。如果适用，就具有溯及力；如果不适用，就没有溯及力。法是否具有溯及力，不同法律规范之间的情况是不同的。通常来说，实体法律规定一般以法律不溯及既往为原则。我国《立法法》(2015 年)第 93 条明确规定：“法律、行政法规、地方性法规、自治条例和单行条例、规章不溯及既往。但为了更好地保护公民、法人和其他组织的权利和利益而作的特别规定除外。”这实际上是“法不溯及既往”原则在我国的确立。因为法律应当具有稳定性和可预期性，人们根据法律从事一定的行为，并为自己的行为承担责任。如果法律溯及既往，就是以今天的规则要求昨天的行为，等于要求某人承担自己从未期望过的义务。但是，法律不溯及既往并非绝对。在某些有关民事权利的法律中，法律有溯及力。比如，《著作权法》第 60 条第 1 款规定：“本法规定的著作权人和出版者、表演者、录音录像制作者、广播电台、电视台的权利，在本法施行之日尚未超过本法规定的保护期的，依照本法予以保护。”

司法解释的溯及力与法律的溯及力问题略有不同。“凡属于法院审判工作中具体运用法律、法令的问题，由最高人民法院解释；凡属于检察院检察工作中具体运用法律、法令问题，由最高人民检察院进行解释”。(1981 年 6 月《全国人民代表大会常务委员会关于加强法律解释工作的决议》第 2 条）可见，司法解释针对的是审判工作中或检察工作中具体运用法律、法令的问题。司法解释应以有溯及力原则，无溯及力为例外。也就是说，一般情况下，司法解释对于被解释的法律生效以后，解释颁布以前的事件和行为有溯及力。之所以认为司法解释具有溯及力，其一，是因为司法解释同立法解释一样具有客观性，在解释过程中并没有创建新的法律规范，而是对旧的法律在具体运用过程中的细化，原法律基本思想已在生效之日就产生了法律效力；其二，司法解释对法律事实的解释只是通过对某一种类的法律事实性质的认定来确定是否适用生效的法律。这是为了方便法律适用者用法，并不影响被解释法律的效力。显然，对该法律运用于此类事实的司法解释，对后当然地产生效力，对在该解释作出前已经发生的事件也可按解释予以认定。“皮之不存，毛将附焉”，司法解释溯及既往的效力受制于其所解释的法律的适用范围。凡法律不能溯及适用的行为和事件，该法律的司法解释亦对此无溯及力；反之，凡法律能予适用的行为和事件，该法律的司法解释亦有溯及力。因此，一般来说，只要是尚未审结的案件，对于医疗损害赔偿责任的理解和适用的有关问题，都可以适用本司法解释的有关规定。

但是如果已经审结的案件，则司法解释的规定不能溯及既往，这就是法院判决的既判力优先于司法解释的溯及力原则。即不得以判决的个案解释不同于司法解释为由推翻已经生效的裁决。如2003年《最高人民法院关于审理人身损害赔偿案件适用法律若干问题的解释》第36条规定：“本解释自2004年5月1日起施行。2004年5月1日后新受理的一审人身损害赔偿案件，适用本解释的规定。已经作出生效判决的人身损害赔偿案件依法再审的，不适用本解释的规定。”这在其他承认司法解释溯及力的国家也是如此。如美国，在Teague v. Lane［489 U. S. 288（1989）］案中，联邦最高法院认为，刑事被告一般不能以终审判决后的刑事解释作为发动间接审查程序的理由，除非新规则包含在既定的自由概念之中，或者新规则是实现“基本公正不可缺少的”，没有这些新规则，准确裁判的可能性会大打折扣。由于这两个例外条件非常严格，以至于事实上禁止了对于终审案件的溯及力。

司法解释溯及既往以不违反法的安定性和信赖利益保护原则为前提，而维护裁判的既判力也是法的安定性原则的一项基本要求，如果溯及力优于既判力，则势必在一定程度上动摇法的安定性，这种强势的溯及力就缺乏正当性基础。另外，我国法治建设尚处于起步阶段，司法裁决的权威亟待提升。如果承认司法解释的溯及力优于既判力，可能会引起大量的裁决被推翻，从而给司法裁决的权威性带来负面影响。因此，至少在目前，承认法院既判力优于司法解释的溯及力是合理的。

第三编　医疗损害责任纠纷法律适用经典案例

一、医疗损害赔偿纠纷适用范围和当事人认定经典案例

1. 患者因美容医疗机构实施的医疗美容行为受损是否适用医疗损害责任规则
——杨某某与上海韩镜医疗美容医院有限公司医疗损害责任纠纷上诉案①

【基本案情】

上海韩镜医疗美容（以下简称韩镜医疗）医院原名上海原辰医疗美容医院，经卫生部门核准诊疗科目中包含医疗美容科一级、二级、三级科目，但未核准美容外科四级科目。2014 年 1 月 21 日，杨某某要求面部更加美观至韩镜医院就诊。术后患者面部肿胀，韩镜医疗考虑术中出现下颌骨骨折。2014 年 1 月 28 日杨某某出院，由韩镜医疗带杨某某多次至韩国治疗。韩国治疗期间，韩镜医疗为杨某某支付医疗费 13.9 万元。杨某某亦自行至韩国治疗，支出医疗费 2646 元。另外，杨某某在韩镜医疗处治疗期间支出医疗费 8 万元。

此后杨某某因左侧咬合痛、左耳听力下降、面部神经麻木数次至外院就诊。2014 年 11 月 21 日外院诊断：鼓室积液、传导性耳聋。2015 年 8 月 9 日外院行电流感觉阈值（CPT）：三叉神经眼支左侧无异常，右侧轻度感觉功能障碍；三叉神经上颌支左侧轻度感觉功能障碍，右侧无异常；三叉

① 上海市第一中级人民法院（2017）沪 01 民终字第 8645 号民事判决书。

神经下颌支左侧无异常，右侧无异常。8月19日外院行颞骨CT检查示左侧乳突炎，正颌术后改变。2016年9月9日左耳内镜检查示左侧鼓膜凹陷，鼓室内似有积液。9月10日颞骨CT示双侧颧骨、左侧下颌支、上侧上颌骨颧突呈术后改变，术区间金属密度影，左侧髁突形态失常。左乳突气化较对侧差，乳突气房模糊，密度增高。左侧中耳及乳突窦内可见软组织密度影。9月12日颌面部CT示上下颌骨见对称线状模糊低密度影。上下颌骨、双侧颧弓可见金属固定影，双侧下颌角部分骨质缺失。杨某某在华山医院、第九人民医院、曲阳医院等处治疗，支出医疗费4162.62元。

诉讼中，杨某某就韩镜医疗在诊疗过程中是否存在医疗过错等申请鉴定。2016年1月21日，上海市医学会经法院委托，受理了该鉴定事项，后于同年9月27日组织专家进行了鉴定。同年10月13日，上海市医学会出具了医疗损害鉴定意见书，鉴定意见为：1. 本例属于对患者人身的医疗损害。2. 韩镜医疗在医疗活动中存在手术操作不当的医疗过错，与患者杨某某咬合不正、咀嚼困难等的人身损害结果有因果关系。3. 参照《医疗事故分级标准（试行)》，患者的人身医疗损害等级为三级丁等，对应九级伤残。4. 本例医疗过错医方应承担的责任程度为主要责任。杨某某为此次鉴定支出鉴定费3500元。2016年12月23日，上海市医学会就杨某某医疗损害所致伤残后的休息期、营养期、护理期出具《医疗损害三期鉴定意见书》1份，鉴定意见为：被鉴定人的休息期为90日、护理期为无需、营养期为60日。杨某某为此次鉴定支出鉴定费800元。

【法院判决】

一审法院认为：患者在诊疗活动中受到的损害，医疗机构及其医务人员有过错的，由医疗机构承担赔偿责任。本案中，韩镜医疗在对杨某某的诊疗过程中存在手术操作不当等方面的过错，且对杨某某进行的手术类型超出韩镜医疗经卫生部门核准的诊疗科目范围，致使杨某某身体受到损害，应当对杨某某的损害承担赔偿责任。综合本案韩镜医疗的过错程度及原因力大小，确定韩镜医疗对杨某某的损害承担80%的赔偿责任。

对于赔偿范围及金额，应以填平损失为原则，以合理为限。结合本案情况，杨某某的损害有：医疗费86808.62元、住院伙食补助费160元、营养费2400元、误工费15000元、交通费3352元、残疾赔偿金211848元、精神损害抚慰金10000元、鉴定费4300元、翻译费2200元、律师费8000元，共计344068.62元。韩镜医疗应承担80%的赔偿责任，计275254.90元。抵销韩镜医疗为杨某某赴韩国治疗期间支出的医疗费13.9万元中杨某某应负担的部分，实际韩镜医疗还应赔偿杨某某247454.90元。

一审法院审理后，依据《中华人民共和国侵权责任法》第十六条、第二十二条、第五十四条之规定，于2017年5月15日作出如下判决：上海韩镜医疗美容医院有限公司于判决生效之日起十日内赔偿杨某某医疗费、住院伙食补助费、营养费、误工费、交通费、残疾赔偿金、精神损害抚慰金、鉴定费、翻译费、律师费等共计247454.90元。杨某某不服一审判决提出上诉，本案二审中，当事人未提交新证据。

二审法院认为，杨某某坚持韩镜医疗及相关医师不具有施行本案手术的资格，然其未能提供充分理据，法院对此难以采信。原审法院基于上海医学会的《医疗损害鉴定意见书》关于医方应承担的责任程度为主要责任作出了韩镜医疗就杨某某损失承担80%责任的判定并无明显不妥。关于原审法院认定的精神损害抚慰金及律师费，因杨某某的上诉请求对原审判决的各项费用具体金额未提异议，且该等费用的判定亦在合理范围内，故法院对此不再进行调整。就韩镜医疗支出的杨某某赴韩治疗费用，杨某某在原审庭审中已明确不持异议，故原审法院的该部分认定亦无不当。需要指出的是，杨某某作为有一定文化程度的完全民事行为能力人，其自主选择了韩镜医疗对其进行美容手术，常理下对相关手术及风险应做谨慎了解也应有一定的认知。上海医学会鉴定意见书中也明确“专家组分析认为：……4. 手术本身有一定风险，医方术前已告知手术风险，患者同意并签署手术之情同意书。……鉴定意见为：……4. 本例医疗过错医方应承担的责任程度为主要责任”。因此，杨某某主张韩镜医疗应对其损失承担全部责任，法院实难认同。

综上所述，二审法院认定一审判决认定事实清楚，适用法律正确，所作判决应予维持。判决驳回上诉，维持原判。

【案例评析】

本案涉及本解释第1条的规定。

本案的关键在于确认患者在美容医疗机构进行美容时，因美容医疗机构实施的医疗美容行为受损是否适用《侵权责任法》第7章医疗损害责任的相应规则。在学界，对于在医疗美容实施过程中发生的损害责任能否适用医疗损害责任的规定存在争论。通常而言，医疗美容损害责任纠纷案件发生在两种场合，一是专门的医疗美容机构，二是在医疗机构开设的医疗美容科室。不论在上述哪种场合，凡是发生医疗美容损害责任纠纷的，其前提都是通过医疗手段进行美容，因此在上述医疗美容活动中发生的医疗美容损害赔偿责任纠纷案件，也属于医疗损害责任纠纷案件，应当适用《侵权责任法》关于医疗损害责任的规定。本解释第1条肯定了这种观点。

在本案中，患者杨某某为了使面部更加美观而至韩镜医院就诊，由于韩镜医院的医务人员在杨某某的诊疗过程中存在手术操作不当等方面的过错，致使杨某某受到人身损害，自然应当对杨某某的损害承担赔偿责任。本案一审和二审法院依据《侵权责任法》第54条关于医疗损害责任的相关规定作出判决，同时依据《侵权责任法》第16条和第22条关于损害赔偿的一般规定作出判决，完全符合法律的规定。

2. 患者因同一伤病在多个医疗机构接受诊疗受损应如何处理

——王某甲诉北京积水潭医院等医疗损害责任纠纷案①

【基本案情】

2014年4月15日，王某甲因摔伤就诊于安徽省儿童医院，诊断为左尺骨骨折，处置：1. 石膏外固定3日。2. 1周内门诊复查，3日后复查。3. 外科随诊。4. 注意末梢血运，抬高患肢。2014年4月18日，PE：石膏固定中，稍肿胀，末梢血运正常，诊断同前，1周复诊，随诊。此后，原

① 北京市西城区人民法院（2016）京0102民初字第25561号民事判决书。

告分别于2014年4月20日到蚌埠医学院第一附属医院门诊就诊、2014年4月22日到首都儿科研究所附属儿童医院就诊、2014年4月28日至积水潭医院就诊、2014年5月7日至301医院特需专家门诊就诊、2014年5月9日至山东大学第二医院门诊就诊、2014年5月14日至301医院特需专家门诊病就诊。

2016年1月7日至同年1月20日，王某甲在积水潭医院住院治疗，实际住院13天，入院后在全身麻醉下行屈肌腱止点下移肌腱松解术，出院诊断：前臂缺血性肌挛缩左。出院建议：1. 全休1月。2. 术后定期门诊换药。3. 术后2周门诊拆线。4. 患肢功能锻炼。5. 出院1个月后门诊复查。6. 不适随诊。

王某甲还在其他医院就诊。以上，王某甲共支付医疗费101913.72元、残疾辅助器具费2620元。

本案在审理过程中，经王某甲申请，法院委托北京中衡司法鉴定所对积水潭医院、安徽省儿童医院在对王某甲的治疗过程中是否存在医疗过错，如果存在医疗过错，该过错与王某甲的损害后果有无因果关系及该过错在损害后果中所占程度进行鉴定。2015年8月15日，北京中衡司法鉴定所出具《司法鉴定意见书》，鉴定意见为：1. 安徽省儿童医院在对被鉴定人的诊疗过程中，存在诊疗不足，与被鉴定人的损害后果存在轻微因果关系。2. 北京积水潭医院在对被鉴定人的诊疗过程中，存在治疗过失，与被鉴定人的损害后果有少部分因果关系。王某甲为此支付鉴定费24000元。王某甲、积水潭医院对该鉴定意见表示有异议，但未提供相应证据予以推翻上述鉴定结论。

【法院判决】

一审法院认为，患者在诊疗活动中受到损害，医疗机构及其医务人员有过错的，由医疗机构承担赔偿责任。医务人员在诊疗活动中应当向患者说明病情和医疗措施。需要实施手术、特殊检查、特殊治疗的，医务人员应当及时向患者说明医疗风险、替代医疗方案等情况，并取得其书面同意。医务人员未尽到前款义务，造成患者损害的，医疗机构应当承担赔偿责任。

本案在审理过程中，北京中衡司法鉴定所根据王某甲的申请所进行的司法鉴定，程序合法，王某甲和北京积水潭医院虽然对鉴定意见提出异议，但未能提供有效的反驳证据，故北京中衡司法鉴定所作出的鉴定意见书应当作为本案认定事实的重要依据。根据鉴定单位出具的鉴定意见，安徽省儿童医院在复诊中没有对王某甲的手部血运、手指活动及皮肤感觉等进行仔细检查，对石膏外固定后并发症缺乏警觉，从而未能对骨筋膜室综合征早期表现进行诊断或提醒交待，诊疗活动存在不足，与王某甲的损害后果存在轻微因果关系。北京积水潭医院作为以骨科为重点的三级甲等医院，在王某甲的诊疗活动中，针对王某甲左前臂红肿热痛，手指活动受限，予以抗感染治疗，未对骨筋膜室综合征作出诊断，直至2014年4月28日第三次门诊就诊，才作出骨筋膜室综合征诊断，延误骨筋膜室综合征的诊断和治疗，诊疗行为存在过失，与王某甲的损害后果有少部分因果关系。鉴于王某甲早期病情较为隐匿，诊疗期间自行转院，客观上不利于病情的动态、对比观察及早期诊断，王某甲的自身因素和两个医院的过失共同造成了王某甲的损害后果。综合上述情况，法院认定北京积水潭医院应按照40%比例承担侵权责任，安徽省儿童医院应按照20%比例承担侵权责任。安徽省儿童医院申请追加王某甲的其他就诊医院，缺乏依据，法院不予采纳。

王某甲要求赔偿医疗费，有医疗机构出具的收款凭证及相应的病历为证，法院应予支持。王某甲要求赔偿残疾辅助器具费符合法律规定，证据充分，法院予以确认。根据鉴定单位出具的鉴定意见并结合王某甲的病情，王某甲的护理期法院确定为90日，王某甲主张过高部分，法院不予支持。王某甲要求赔偿住院伙食补助费，符合法律规定，住院天数应以病历记载的天数为准，住院伙食补助费应为1300元。王某甲主张的营养费，理由正当，数额合理，法院应予支持。王某甲要求赔偿残疾赔偿金，于法有据，计算得当，法院应予支持。根据王某甲的就医情况，交通费法院酌定为3500元，王某甲主张的其他交通费，本院不予支持。北京积水潭医院、安徽省儿童医院应当按法院确定的责任比例赔偿王某甲上述损失。根据王某甲自身疾病特点，同时结合侵权人的过错程度，精神损害抚慰金的赔偿金额法院酌定由积水潭医院赔偿 20000 元，由安徽省儿童医院赔偿 10000 元，王某甲主张过高部分，本院不予支持。王某甲主张的康复费及后续治疗等费用，可待实际发生后另行主张，本案不予处理。本案进行的司法鉴定认定北京积水潭医院、安徽省儿童医院在诊疗活动中存在医疗过错，因此鉴定费应由积水潭医院、安徽省儿童医院负担。

综上所述，法院判决被告北京积水潭医院赔偿原告王某甲医疗费、残疾辅助器具费、护理费、住院伙食补助费、营养费、交通费、残疾赔偿金、精神损害抚慰金共计十五万三千七百零七元六角九分，判决被告安徽省儿童医院赔偿原告王某甲医疗费、残疾辅助器具费、护理费、住院伙食补助费、营养费、交通费、残疾赔偿金、精神损害抚慰金共计七万六千八百五十三元八角四分。

【案例评析】

本案涉及本解释第 2 条的规定。

本案的关键在于，对于患者在多个医疗机构接受诊疗并遭受损害时，应当如何处理。事实上，患者因同一伤病在多个医疗机构接受诊疗受到损害时，可以选择起诉部分还是全部就诊的医疗机构，而至于究竟起诉部分还是全部医疗机构，则是患者本人的权利。在患者起诉部分就诊的医疗机构后，如果当事人依法申请追加其他就诊的医疗机构作为共同被告或者第三人，符合《民事诉讼法》相关规定的法院应当追加，如果人民法院认为有必要，当事人不申请追加，也可以依照职权追加相关当事人参加诉讼。

本案中，原告王某甲虽先后在多个医疗机构进行诊断治疗，但其仅选择起诉北京积水潭医院和安徽省儿童医院，这是患者王某甲自身的权利，法院应当对其予以尊重。值得注意的是，本司法解释第 2 条规定当事人依法申请追加其他就诊的医疗机构为共同被告或者第三人的，应予准许，但在庭审过程中，被告安徽省儿童医院申请追加原告就诊过蚌埠医学院第一附属医院、固城县城关镇薛晓美诊所及儿研所附属医院为共同被告，法院却并未准许。事实上，该解释中的“依法”主要是根据《最高人民法院关于适用〈中华人民共和国民事诉讼法〉的解释》第 73 条的规定，即当事人向人民法院申请追加共同诉讼人时，人民法院应当对当事人提出的申请进行审查，申请理由不成立的，应裁定驳回。本案中法院经过审查，认为安徽省儿童医院追加王某甲其他就诊医院的申请缺乏依据，因此驳回了安徽省儿童医院的申请。

3. 医疗产品损害责任案件的被告应如何确定

——武汉德士鼎医疗器械公司与高某、枣阳市第一人民医院医疗产品责任纠纷案[①]

【基本案情】

2011 年 10 月 17 日中午，高某在学校操场不慎摔倒，致其右股骨骨折。高某于当日到枣阳市第一人民医院（以下简称枣阳一医院）住院治疗，诊断为“右股骨骨折”。2011 年 10 月 18 日，枣阳一医院为高某行椎管内麻醉下右股骨切开复位钢板内固定术。高某住院治疗 19 天，于同年 11 月 5 日出院。2012 年 1 月 9 日，其突然感到右大腿剧烈疼痛，活动受限，当日入枣阳一医院治疗，其病情诊断为“右股骨陈旧性骨折术后钢板断裂”，其于 2012 年 1 月 11 日出院转入襄阳市中医医院住院治疗。高某的病情在襄阳市中医医院诊断为“右股骨骨折术后再骨折”，于同年 1 月 16 日行右股骨断裂钢板取出、切开复位，交锁髓内钉内固定 + 取自体髂骨混合同种异体骨植骨术，于 2012 年 2 月 24 日出院。

2012 年 4 月 19 日，高某委托襄阳中立法医司法鉴定所进行鉴定。2012 年 6 月 18 日，该司法鉴定所的鉴定意见为：枣阳一医院为高某提供使用的钢板存在瑕疵或缺陷，钢板存在瑕疵或缺陷与钢板断裂存有因果关系，枣阳一医院为高某右股骨中段粉碎性骨折行内固定使用钢板不当，且使用了存在瑕疵或缺陷钢板而导致钢板断裂存在过错。高某人身右股骨骨

① 湖北省襄阳市中级人民法院（2015）鄂襄阳中民二终字第 00688 号民事判决书。

折内固定术后二次骨折之损伤构成《道标》十级伤残。高某人身右股骨自2012年1月9日二次骨折时起需他人护理日数建议确定为100日。其中2012年1月9日（钢板断裂之日）至2012年2月4日先后在枣阳一医院和襄阳市中医医院住院26日期间每日需2人护理。高某右股骨骨折内固定钢板后期住院行手术取出及后期复查约需9500元。

高某认为其钢板断裂是枣阳一医院造成的，要求枣阳一医院赔偿未果，其诉至法院请求解决。

本案在审理中，根据枣阳一医院的申请，原审法院依法追加武汉德士鼎医疗器械公司（以下简称德士鼎公司）作为被告参加诉讼。庭审中，枣阳一医院对襄阳中立法医司法鉴定所作出的鉴定意见书的鉴定意见提出异议，申请重新鉴定。经双方当事人选择，法院委托苏州华碧微科检测技术有限公司司法鉴定所和苏州华碧微科检测技术有限公司司法鉴定所做重新鉴定。苏州华碧微科检测技术有限公司司法鉴定所新鉴定意见为“1. 送检的涉案金属接骨版表面存在不连续裂纹缺陷，不符合yy0017－2008《骨接合植入物金属接骨板》的要求，系产品质量不合格。2. 涉案金属接骨版断裂与其表面存在不连续裂纹缺陷存在因果关系。”湖北中真司法鉴定所作出鄂中司鉴新鉴定意见为“1. 枣阳一医院在对高某治疗过程中存在钢板质量把关不严之过错，该过错与被鉴定人的损伤后果之间存在一定的因果关系，关于过错责任参与度，目前国家法律、地方法规尚无统一的评定标准，基于法院鉴定委托要求，故根据湖北省司法鉴定协会关于《医疗损害司法鉴定中医疗过失参与度的有关规定》，建议过错参与度约60%。2. 被鉴定人高某的损伤为X级伤残；二次骨折护理时间建议60日，护理人数为1人。”

【法院判决】

一审法院认为，高某因伤于2011年10月17日到枣阳一医院住院治疗，双方已形成医患关系。2012年1月9日，高某在休养康复期间其内固定钢板突然断裂，导致高某再次住院治疗，造成高某经济上的损失和身体上的痛苦。枣阳一医院给高某治疗过程中是否存在过错及钢板断裂原因，钢板断裂与高某受到的二次损害是否存在因果关系是本案争议的焦点。对此高某诉前委托襄阳中立法医司法鉴定所进行鉴定，但是枣阳一医院对鉴定意见不服，申请重新鉴定。经双方当事人选择，法院委托苏州华碧微科检测技术有限公司司法鉴定所和湖北中真司法鉴定所对相关鉴定事项进行了重新鉴定。苏州华碧微科检测技术有限公司司法鉴定所进而湖北中真司法鉴定所出具了相关的鉴定意见，上述两个鉴定机构具备相应的鉴定资质，鉴定程序合法，结论客观真实，法院对重新鉴定的鉴定意见予以采信。

枣阳一医院为高某植入的内固定钢板，经鉴定存在缺陷，产品质量不合格，因内固定钢板断裂，导致高某二次伤害，致其 x 级伤残。在医疗产品责任纠纷案件中，产品本身的缺陷是产生问题的关键，但是对于给患者造成的损害，医疗机构开出的处方是不可或缺的，因此医疗产品的生产者、销售者以及医疗机构对患者的损害承担无过错连带赔偿责任，故对高某的人身损害，作为缺陷医疗产品的销售者德士鼎公司依法应当承担赔偿责任。枣阳一医院在对高某治疗过程中存在钢板质量把关不严之过错，该过错与被鉴定人的损伤后果之间存在一定的因果关系，其应当承担与德士鼎公司的连带赔偿。根据湖北中真司法鉴定所的鉴定补充说明，高某对钢板断裂无过错，对其因钢板断裂致二次伤害造成的损失，德士鼎公司应当承担全部赔偿责任。

虽然湖北中真司法鉴定所的鉴定意见对枣阳一医院在对高某治疗过程中存在钢板质量把关不严之过错的责任参与度建议约为60%，但该过错责任参与度并不是医疗机构、医疗产品的生产者和销售者对患者的损害承担赔偿责任比例的计算依据，而是医疗机构与医疗产品生产者和销售者在内部关系中适用过错责任原则承担责任的参考依据。对高某因内固定钢板断裂致二次骨折人身损害造成的各项损害共计 100544.89 元，依法应当由德士鼎公司承担全部赔偿责任，枣阳一医院承担连带赔偿责任。据此判决：被告德士鼎公司和枣阳一医院连带赔偿原告高某各项损失 100544.89 元。

上诉人德士鼎公司不服一审法院作出的上述判决，提出上诉。

二审法院认为，原审法院采信襄阳中立法医司法鉴定所的鉴定意见并无不当。本案中高某的损害后果是因接骨板的产品质量不符合标准与枣阳一医院在诊疗活动中的过错共同造成，上诉人作为医疗器械的生产者与医疗机构均应当对高某的损害后果承担赔偿责任。原审判决上诉人与枣阳一医院承担连带责任，并明确上诉人与枣阳一医院可在内部责任分配中将过错参与度作为参考依据不违反法律规定。原审判决认定事实清楚，适用法律正确。判决驳回上诉，维持原判。

【案例评析】

本案涉及本解释第3条的规定。

本案属于医疗产品损害责任纠纷，根据《侵权责任法》第59条的规定，医疗机构和医疗产品生产者、销售者或者血液提供机构都是责任主体。在诉讼中，患者可以起诉部分或者全部医疗产品的生产者、销售者和医疗机构，如果患者仅起诉医疗产品的生产者、销售者以及医疗机构中的部分主体，法院应当尊重这种选择。但在庭审中，如果当事人依法申请追加其他主体为共同被告或者第三人的，人民法院应予准许。同时，法院认为确有必要之时，还可以依照职权追加相关当事人参加诉讼。

在本案中，高某遭受的损害是由于枣阳一医院开出的处方和德士鼎公司生产与销售的固定钢板共同造成的，因此医疗机构枣阳一医院和作为缺陷医疗产品的生产者和销售者德士鼎公司依法应当承担连带赔偿责任。本案原告在起诉时，仅起诉部分责任主体即枣阳一医院，法院对此应予受理。在案件审理过程中，被告枣阳一医院认为高某植入的内固定钢板是德士鼎公司销售给枣阳一医院的，故申请追加医疗产品的生产者和销售者德士鼎公司为共同被告，一审法院准许了该申请，并追加德士鼎公司作为共同被告参加诉讼。

二、医疗损害责任纠纷案件的举证责任分配经典案例

1. 医疗损害赔偿责任诉讼中举证责任应如何分配

——刘某羽诉中国人民武装警察部队浙江省总队杭州医院医疗损害责任纠纷案①

【基本案情】

原告刘某羽于2014年9月4日因“摔伤致左前臂肿痛伴活动受限2小时”入住被告中国人民武装警察部队浙江省总队杭州医院（以下简称武警浙江总队杭州医院）医院，经检查诊断：左尺桡骨骨折、饮酒过度。9月5日行“左尺桡骨骨折切开复位内固定术”，术后予消炎、活血消肿、功能锻炼等对症治疗。2014年9月19日患者出院。10月20日肌电图报告单结果：左正中、尺运动神经传导速度未测出，左桡神经运动传导诱发电位波幅降低，左正中浅支、尺浅支、桡浅支感觉神经传导速度未测出。2014年10月27日患者在复旦大学附属华山医院静安分院被诊断为“左前臂volkman挛缩、左前臂尺桡骨内固定术后”。10月28日于该院在臂丛麻醉下行“左前臂屈肌群、正中神经松解术”。根据患者入院主诉、病史及临床检查情况，医方诊断为“左尺桡骨骨折”正确，行“左尺桡骨骨折切开复位内固定术”有指征，手术方式得当。根据病程记录，患者术后有左前臂疼痛和手指麻木的表现，但医方未引起足够重视，未仔细观察，未及时给予相应处理（如松解绷带、切开减压等），存在医疗过错。该过错与患者左前臂缺血性挛缩之间存在一定关系。患者摔伤时外力作用较大，导致左尺桡骨双骨折，该患者术后发生左前臂缺血性挛缩主要原因系外伤引起。

2015年7月14日，浙江省医学会作出医疗损害鉴定意见书，认为被告对原告的诊治过程中存在过错；医疗过错与患者损害后果之间存在因果关系，医方承担次要责任；本例损害后果为三级戊等（构成十级伤残）。

---

① 浙江杭州市滨江区人民法院（2015）杭滨民初字第96号民事判决书。

原告起诉请求判令被告赔偿原告医疗费和本案的诉讼费，为证明自己的主张，提供了二十份证据，其中经过被告质证和法院依法认证的包括：

证据一，杭州市自费病人门诊病历、武警浙江总队杭州医院手术记录、武警浙江总队杭州医院临时医嘱记录单、武警浙江总队杭州医院出院记录，证明原告在被告处治疗左尺桡骨骨折却导致左前臂 volkman 挛缩。证据二，复旦大学附属华山医院静安分院手术记录、复旦大学附属华山医院静安分院出院小结，证明原告在复旦大学附属华山医院静安分院手术治疗左前臂 volkman 挛缩。证据三，医疗费发票，证明原告因治疗左前臂 volkman 挛缩产生的医疗费损失。证据五，被告医院等级原件，证明被告医院级别。证据六，被告医院证明书，证明原告身份。证据七，原告身份信息修改申请单，证明原告身份。证据八，原告在被告医院住院病历，证明检查结果症状及治疗状况。证据九，被告医院检验报告单，证明检查结果症状。证据十二，华山医院病历本、白条、浙二医院病历本、挂号单，证明诊断时间、状况。

被告提供证据二十一，刘某羽在武警总队杭州医院治疗期间的封存病历一份，证明武警总队杭州医院的治疗符合规范，不存在过错。依据被告的申请，法院依法委托浙江省医学会作出医疗损害鉴定意见（证据二十二），并在庭审中予以出示。

【法院判决】

法院认为，公民的身体健康权受法律保护。侵害公民身体健康权的，依法应承担民事赔偿责任。根据医疗损害鉴定意见，原告摔伤时外力作用较大，导致左尺桡骨双骨折，术后发生左前臂缺血性挛缩主要原因系外伤引起。被告诊断正确，手术方式得当。但是，被告在原告术后有左前臂疼痛和手指麻木的表现时，未引起足够重视，未仔细观察，未及时给予相应处理（如松解绷带、切开减压等），存在医疗过错。被告对原告的诊治过程中存在过错；医疗过错与损害后果之间存在因果关系，被告应承担次要责任。因此酌情认定被告应承担本次事故 30% 的赔偿责任，计为 4875.66 元。据此判决：一、被告武警总队杭州医院于本判决生效之日起十五日内赔偿原告刘某羽损失4875.66元。二、驳回原告刘某羽本案其他诉讼请求。

【案例评析】

本案涉及本解释第4条的规定。

本案是典型的医疗损害责任纠纷，原告刘某羽因到被告处就诊而受到损害，因此引发诉讼。在医疗损害赔偿诉讼中，患者首先负有证明“到该医疗机构就诊”和“受到损害”的举证责任，本案中，原告刘某羽提供了杭州市自费病人门诊病历、武警浙江总队杭州医院手术记录、武警浙江总队杭州医院临时医嘱记录单和武警浙江总队杭州医院出院记录证明到被告处就诊；同时提供了复旦大学附属华山医院静安分院手术记录、复旦大学附属华山医院静安分院出院小结以及医疗费发票，证明因被告的治疗而遭受的损害。

而对于医疗机构的过失和因果关系要件，如果患者无法提交医疗机构及其医务人员有过错、诊疗行为与损害之间具有因果关系的证据，患者可以依法提出医疗损害的鉴定申请来确定医疗机构过失和与损害的因果关系。本案中患者提交的证据可以初步证明被告的过失和因果关系，被告则认为自身不存在过失，故申请进行医学鉴定。鉴定意见认为被告在原告的诊治过程中存在过错，医疗过错与损害后果之间存在因果关系，但原告自身也具有一定的过错。法院便依照鉴定意见和其他证据对责任分担进行了酌定，并作出了相应判决。

2. 医疗机构违反告知义务致损案件应如何分配举证责任

——李某某与辰溪县锦滨博爱医院医疗损害责任纠纷案①

【基本案情】

2015年3月10日，李某某因其右手多年前被火烧伤到辰溪锦滨博爱

① 湖南省怀化市中级人民法院（2017）湘12民终字第1040号民事判决书。

医院就医，入院检查为李某某右手拇指正常，食指弯曲，食指掌根部瘢痕挛缩，中指、示指、小指蜷曲，不能伸直，中指、示指、小指掌根部瘢痕挛缩，与掌横纹处粘连，不能做屈伸运动，指掌关节僵硬，掌心处可见少许皮肤溃烂，少许渗出，无红肿，压痛，入院诊断为右手疤痕挛缩并功能障碍。同日，李某某住院治疗并签署手术知情同意书。2015 年 3 月 11 日在全麻下行右手疤痕松解 + 成形 + 植皮术，同年 3 月 18 日，李某某出院，共住院治疗 9 天，出院诊断为右手疤痕挛缩并功能障碍，出院建议为注意休息，加强营养；回家继续换药治疗，7 天后拆线；加强患肢功能锻炼，半年后行二期手术；随诊。住院期间的医疗费为 5528.4 元，李某某领取泸溪县新型农村合作医疗住院补偿金 2728 元。

李某某出院后，同年 3 月 19 日至 21 日在石榴坪乡卫生院住院 3 天，支付医疗费 231.2 元。后李某某认为其在辰溪锦滨博爱医院住院期间，医务人员不负责任，违反医疗护理常规，术后致其右手失去劳动能力，造成人身损害，导致残疾。辰溪锦滨博爱医院认为李某某在住院期间，医院人员严格遵守医疗护理常规，手术没有造成李某某手部功能损害，辰溪锦滨博爱医院不存在医疗过错。

2015 年 12 月 2 日，辰溪卫生和计划生育局委托怀化市医学会就李某某医案进行医疗事故技术鉴定，经鉴定，该医案构成四级医疗事故，医方负完全责任。李某某向法院提起诉讼并于 2016 年 6 月 24 日申请对其是否构成伤残及伤残等级进行鉴定。辰溪锦滨博爱医院于同年 6 月 28 日申请对其医疗行为与李某某所受损伤是否存在因果关系以及医疗行为对李某某损伤的参与程度进行鉴定。2017 年 4 月 14 日，南京医科大学司法鉴定所作出南医大司鉴所［2016］书鉴字第 181 号司法鉴定意见书，载明：……辰溪锦滨博爱医院对李某某术后可能出现的结果预估不足，术前与李某某沟通不够充分，存在医疗过失；李某某目前状况系所行右手疤痕松解 + 成形 + 植皮术后并发症，其后期仍可能需再次手术，其手功能状况亦有变化的可能，故参与度难以明确……

【法院判决】

一审法院认为，医务人员在诊疗活动中应当向患者说明病情和医疗措施。需要实施手术、特殊检查、特殊治疗的，医务人员应当及时向患者说明医疗风险、替代医疗方案等情况，并取得其书面同意；不宜向患者说明的，应当向患者的近亲属说明，并取得其书面同意。医务人员未尽到前款义务，造成患者损害的，医疗机构应当承担赔偿责任。李某某右手指畸形、活动受限长达多年，瘢痕挛缩已经定型，关节挛缩变形，为深度烧伤自然愈合的后遗症，且“掌心处可见少许皮肤溃烂，少许渗出”，其右手状况行疤痕松解+成形+植皮术未违反临床原则。但多年烧伤瘢痕挛缩畸形的治疗，属于晚期治疗，手术次数多，疗程长，治疗前必须有全盘计划，而且需将手术的次数、目的、可能出现的问题及注意事项等，向患者交代清楚。辰溪锦滨博爱医院术前虽然告知了李某某“挛缩手指无法达到全部功能恢复；挛缩手指松解后可能继续挛缩可能；瘢痕形成影响外观；术后手指外观无法恢复原样”等手术风险，履行了告知义务，但对李某某术后可能出现的结果预估不足，术前与李某某沟通不够充分，存在医疗过失。

李某某目前右手状况达八级伤残，其右手功能状况与其入院时状况比较有所加重，但因辰溪锦滨博爱医院的诊疗行为与李某某损害后果之间的参与度难以明确，故辰溪锦滨博爱医院应承担赔偿责任，考虑到李某某右手多年前被火烧伤，瘢痕挛缩已经定型，活动受限长达多年，辰溪锦滨博爱医院应当赔偿李某某经济损失70000元为宜。李某某主张伤残赔偿金按城镇居民人均可支配收入计算，因其系农村居民，亦未提供合法有效证据证明其经常居住地在城镇且主要收入来源于城镇，故法院对该主张不予支持。判决：一、由被告辰溪锦滨博爱医院赔偿原告李某某医疗费、误工费、护理费、住院伙食补助费、伤残赔偿金、交通费、精神损害抚慰金70000元，限判决生效后10日内付清；二、驳回原告李某某的其他诉讼请求。李某某和辰溪锦滨博爱医院均不服一审判决，提出上诉。

二审法院认为，辰溪锦滨博爱医院在本案的诊疗活动中，对其医疗行为可能出现的结果预估不足，与李某某术前沟通和告知不充分，未尽到告知义务，故辰溪锦滨博爱医院在本案中应当承担相应的民事赔偿责任。李某某的右手本身存在挛缩和功能障碍，没有足够的证据证明李某某现在右手的伤残后果完全是辰溪锦滨博爱医院的诊疗行为所导致，对此，一审判决也作了充分的阐述。一审法院根据原审原告李某某在一审法庭辩论终结前提出的诉讼请求，综合考虑李某某自身伤情和辰溪锦滨博爱医院在本案中的过失，酌情判决辰溪锦滨博爱医院承担相应的民事赔偿责任并无不当。针对李某某主张的其赔偿标准应按城镇居民标准计算的上诉请求，因李某某系农村居民，未提供足够证据证明其经常居住地在城镇且主要收入来源于城镇，法院难予支持李某某的上诉主张。综上，李某某、辰溪锦滨博爱医院的上诉请求均不能成立，应予驳回。故判决驳回上诉，维持原判。

【案例评析】

本案涉及本解释第 5 条的规定。

对于违反告知义务的医疗损害责任的举证责任，本解释第 5 条第 1 款首先规定患者应当提交到该医疗机构就诊、受到损害的证据。本案中原告李某某提供了病历资料作为其到被告处就诊的证据，同时就其是否构成伤残及伤残等级进行鉴定，并提交了鉴定意见作为其受到损害的证据，因此应认定原告已经完成了相应举证责任。

此外，在本案中李某某的治疗属于晚期治疗，被告医疗机构应将手术的次数、目的和可能出现的问题及注意事项等充分告知患者，并且取得其书面同意，不宜向李某某说明的事项则应当向其近亲属说明并取得其书面同意。被告医院虽然在术前告知了李某某“挛缩手指无法达到全部功能恢复；挛缩手指松解后可能继续挛缩可能；瘢痕形成影响外观；术后手指外观无法恢复原样”等手术风险，但对李某某术后可能出现的结果预估不足，术前与李某某沟通不够充分，因此应认定其未尽到告知义务。此外，被告医疗机构也没有提交患者或者患者近亲属书面同意的证据，因此一审法院综合认定医疗机构未尽到说明义务，并根据《侵权责任法》和本司法解释第5条的规定应当承担相应的民事赔偿责任。二审法院亦认为一审判决在医疗机构违反告知义务的认定上作了充分的阐述，因此判决驳回上诉，维持原判。

3. 何种情况下得以推定医疗机构具有过错

——郭某某与中国医学科学院肿瘤医院医疗损害责任纠纷上诉案①

【基本案情】

郭某某因“2年前无明显诱因出现上腹不适呈持续性隐痛，伴恶心、偶伴反酸，无呕吐”等症状，于2008年5月8日入住国医学科学院肿瘤医院（以下简称肿瘤医院）处住院治疗。入院诊断为：胃类癌、高血压。2008年5月12日，肿瘤医院为郭某某行胃大部切除术，术后标本送病检。病理示：胃粘膜组织轻度萎缩，部分不典型增生，未见明确肿瘤残存，淋巴结未见转移癌（0/4）。2008年5月26日，郭某某出院，出院诊断为：胃类癌。2008年10月30日，郭某某复查胃镜示：胃类癌术后，手术局部粘膜呈瘢痕样改变且局部形成半球形隆起，术后改变？2012年5月9日，郭某某复查胃镜示：残胃手术局部局限性隆起（距门齿约46cm），隆起处胃壁增厚，以粘膜层和粘膜下层为主，术后改变？占位待除外。2012年5月9日腹盆CT示：吻合口局部见软组织肿物，约3.4cm×4.0cm，考虑肿瘤复发。2012年5月30日，郭某某再次到肿瘤医院处住院治疗，入院诊断为：胃类癌术后复发。2012年6月4日，肿瘤医院为郭某某行开腹探查术、腹腔粘连松解术和腹壁切口疝修补术，术中探查未见明确肿瘤复发迹象。2012年6月14日，郭某某出院，出院诊断为：胃类癌术后。

郭某某于2013年7月2日申请司法鉴定，就鉴定检材，郭某某提交包括其在肿瘤医院处两次住院病历复印件（盖蓝章）各一册在内的多项病历材料；肿瘤医院对于材料的真实性均予以认可，同意送检，就郭某某在其

① 北京市第三中级人民法院（2016）京03民终字第146号民事判决书。

院两次住院病历原件，肿瘤医院称“至今未找到”。2013年7月15日，一审法院与北京明正司法鉴定中心签订《司法鉴定协议书》，后北京明正司法鉴定中心出具《司法鉴定预受理通知书》，要求郭某某在收到通知书后七日内交纳鉴定费15000元。原审法院通知郭某某后，郭某某未在鉴定机构指定的时间内交纳鉴定费，故北京明正司法鉴定中心于2013年8月16日出具《退鉴函》，决定不予受理本案委托鉴定事项。原审法院向双方当事人告知后，郭某某称其未交纳鉴定费属实，并申请法院更换一家鉴定机构。肿瘤医院对此表示同意，并于2013年8月29日出具《情况说明》，再次确认“病历号××××83的原告原始病历尚未找出”。

2013年9月16日，原审法院向北京通达首诚司法鉴定所出具《委托函》委托其进行鉴定，北京通达首诚司法鉴定所向原审法院出具《退卷函》，以“该鉴定要求超出本机构技术条件及鉴定能力”为由，终止本案鉴定。

【法院判决】

一审法院经审理认为：医疗机构承担医疗侵权损害赔偿责任的前提条件是其医疗行为存在过错并与郭某某的损害后果有因果关系。作为郭某某的患方通常应对损害后果、医疗过错、医疗过错与损害后果之间的因果关系承担举证责任。医疗机构应当提交病历及相关资料说明相应的诊疗过程。医疗机构是否履行了向患者一方说明病情、医疗措施、医疗风险、替代医疗方案等情况的义务，由医疗机构承担举证责任。人民法院应当根据病历记载、知情同意书等证据进行综合认定。

发生医疗损害，患者能够证明医疗机构隐匿或者拒绝提供与纠纷有关的病历资料的，人民法院应推定医疗机构有过错。本案中，肿瘤医院未提供郭某某的病历原件，以致鉴定机构以“不能补充提供符合要求的鉴定材料，即鉴定材料不够完整、充分（如二次住院客观病历中未见风险告知书及未见主观病历等）”为由，认定郭某某申请的医疗过错司法鉴定无法进行，故相应举证不能的不利后果应由肿瘤医院承担。法院推定肿瘤医院对郭某某的医疗行为存在过错与郭某某的损害后果之间存在因果关系。对于郭某某的各项损失，肿瘤医院承担100%的赔偿责任。据此，一审法院于2015年10月判决如下：一、肿瘤医院于判决生效之日起七日内赔偿郭某某医疗费六万零二百五十三元九角六分、住院伙食补助费二千零五十元、误工费一万二千元、护理费二万元、交通费五千元、营养费一万八千元、残疾赔偿金二十六万三千四百六十元、精神损害抚慰金三万元；二、驳回郭某某的其他诉讼请求。

判决后，郭某某不服一审法院判决，持原审诉称意见上诉至二审法院。郭某某请求二审法院撤销原审判决，依法改判支持其原审全部诉讼请求，本案全部诉讼费用由肿瘤医院承担。肿瘤医院同意原审判决。

二审法院认为：患者在诊疗活动中受到损害，医疗机构及其医务人员有过错的，由医疗机构承担赔偿责任。确定医疗机构是否应该向患者承担侵权责任，以医疗机构的医疗行为有无过错、与患者的损害后果有无因果关系为前提。患者有损害，医疗机构隐匿或者拒绝提供与纠纷有关的病历资料，推定医疗机构有过错。本案中，因肿瘤医院未提供郭某某的病历原件，致使鉴定机构认定郭某某申请的医疗过错司法鉴定无法进行，故原审法院推定肿瘤医院对于郭某某的医疗行为存在过错与郭某某的损害后果之间存在因果关系，于法有据，并无不当。肿瘤医院据此应对郭某某的各项合理损失承担全部赔偿责任。

综上，郭某某的部分上诉理由于法有据，其上诉请求的合理部分本院予以支持。原审判决关于误工费一项所酌定数额过低，法院予以调整。判决如下：一、撤销北京市朝阳区人民法院（2013）朝民初字第21751号民事判决第二项；二、变更北京市朝阳区人民法院（2013）朝民初字第21751号民事判决第一项为：肿瘤医院于本判决生效之日起七日内赔偿郭某某医疗费六万零二百五十三元九角六分、住院伙食补助费二千零五十元、误工费四万二千元、护理费二万元、交通费五千元、营养费一万八千元、残疾赔偿金二十六万三千四百六十元、精神损害抚慰金三万元；三、驳回郭某某的其他诉讼请求。

【案例评析】

本案涉及本解释第 6 条的规定。

《侵权责任法》第 61 条第 2 款规定患者要求查阅、复制前款规定的病历资料的，医疗机构应当提供，同时根据《侵权责任法》第 58 条的规定，医疗机构隐匿或者拒绝提供与纠纷有关的病历资料，可以推定医疗机构具有过错。在本案中，由于鉴定的需要，原告郭某某要求被告肿瘤医院提供郭某某的病历原件，但被告以未找到为由拒绝提供，导致郭某某申请的医疗过错司法鉴定无法进行。

根据《侵权责任法》和本解释第 6 条的规定，如果医疗机构未在法院指定期限内提交和拒绝提交病历资料，医疗机构又不能证明自己具有不可抗力等客观原因的，就应当推定医疗机构有过错。故一审法院据此推定肿瘤医院对郭某某的医疗行为存在过错，同时结合其他证据认定医疗机构与郭某某的损害后果之间存在因果关系，判决医疗机构承担赔偿责任。二审法院也认为，由于被告肿瘤医院未提供郭某某的病历原件，致使鉴定机构认定医疗过错的司法鉴定无法进行，因此一审法院推定肿瘤医院对于郭某某的医疗行为存在过错，与郭某某的损害后果之间存在因果关系，于法有据，并无不当。故维持了一审法院认定被告承担责任的判决，而仅对损害赔偿数额做出了调整。

4. 医疗产品损害责任诉讼举证责任应如何分配

——北京大学第三医院与姬某某等医疗损害责任纠纷上诉案①

【基本案情】

2010 年 12 月 13 日，姬某某因“反复呕吐 20 个月，呕吐 1 月余”入住北京大学第三医院（以下简称北医三院），当日，姬某某进行了手术，经口导丝结合导管进入食道，造影见：食道下段局限性狭窄，长度约 3 厘

① 北京市第一中级人民法院（2014）一中民终字第 5706 号民事判决书。

米。导丝结合导管通过吻合下狭窄段后，更换交换导丝，植入 20×10 厘米支架一枚，过程顺利，复查造影：造影剂通过狭窄段尚可，但仍有残余狭窄，长度 1 厘米。待支架自膨。姬某某于 2011 年 1 月 17 日出院。

2012 年 6 月 7 日，姬某某再次因反复呕吐、吞咽困难、间断呕血等入北医三院治疗，并于 2012 年 6 月 8 日于胃镜下行食管支架置入术。姬某某于 2012 年 6 月 13 日出院，花费住院费 5036.96 元。姬某某出院后，继续复查并治疗相关疾病。2013 年 3 月 5 日至 3 月 18 日，姬某某因肺部感染、食管支架植入术后，食管恶性占位，上消化道出血等症，到 309 医院住院治疗，自付 3413.67 元。同年 7 月 16 日至 7 月 31 日，姬某某因肺部感染、反流性食管炎等症，再次到 309 医院治疗，自付医疗费 2455.65 元。

后双方因纠纷诉至法院。原审诉讼中，经姬某某申请，本案进行了鉴定。2013 年 11 月 25 日，北京中衡司法鉴定所出具了司法鉴定意见书，在分析说明中意见如下：……（二）关于北医三院医疗行为与被鉴定人损害后果的因果关系分析。临床上，通常采取食管支架置入术治疗各种原因造成的食管狭窄，包括良性和恶性病变所致的食管狭窄。中华医学会所编著的临床诊疗指南中谈到食管支架植入术的适应症除肿瘤外，还适用于一些良性疾病所造成的食管狭窄的患者。本例，被鉴定人有食管支架植入术的适应症，没有禁忌症。医方所实施的食管支架植入术规范、顺利、有效。该产品适用于“不适宜手术食道癌晚期患者的缓解治疗，以及术前肿瘤抑制治疗”。医方在被鉴定人食管狭窄二次病理诊断为“慢性炎症”，不排除恶性可能；但并非晚期食道癌的情况下，选择适用于晚期食管癌的支架（一次性），存在超说明书应用的过失。出院后，被鉴定人按照医方的要求三次到医方门诊复诊。在食管支架植入已超过 6 个月，被鉴定人一般情况好，病情没有任何加重的情况下，医方对使用的支架与疾病不符未引起重视，未对被鉴定人进行特殊性告知。此后被鉴定人发生因间呕血 2 月余、失血性休克，经 CT 提示食道支架断裂；胃镜提示：出血部位于断裂支架位置。该情况的发生与医方选择支架类型有关。……鉴定意见：北医三院在对被鉴定人诊疗过程中，存在医疗过错，与被鉴定人的损害后果有一定因果关系（医疗过失参与度为 C 级）。即次要责任，参与度系数值20% ~ 40%。

另查，北医三院为姬某某使用的食道支架为美泰克支架，系韩国进口产品，生产者为韩国美泰克。2009 年 10 月 1 日，韩国美泰克出具代理受权书，委托北京安泰惠生医疗器械有限公司（以下简称安泰医疗器械公司）为其公司所有非血管支架产品在中国区的代理商，并负责一切相关事宜及医疗器械不良事件等的相关法律责任。2009 年 10 月 1 日，安泰医疗器械公司授权北京天裕康达科贸有限公司（以下简称天裕科贸公司）在北医三院销售其所代理的支架。

上述事实，有双方当事人陈述，病例、诊断证明、鉴定报告、医疗费单据、交通费单据、误工费单据等证据材料在案佐证。

【法院判决】

一审法院认为，北医三院对鉴定意见持有异议，但并未能提供充分证据。在该支架的说明书中已明确注明“适应症：本支架是用于恶性肿瘤导致的食道狭窄和食道气管瘘的缓解病情的治疗。禁忌症：本支架在以下情况下禁止使用：由于良性肿瘤导致的狭窄等”的情况下，北医三院选择适用于晚期食管癌的支架，存在超说明书应用的过失，具有一定过错。故法院参照鉴定单位的鉴定意见，确定其对姬某某的诊疗过程中存在过错，其责任比例认定为30%，其应据此承担相应的责任。

北医三院为姬某某植入的食道支架系韩国进口产品，取得中华人民共和国医疗注册证，准许销售。但作为代理商及销售者的安泰医疗器械公司、天裕科贸公司无法证实植入姬某某体内的断裂支架不存在产品缺陷，故作为代理商及销售者的安泰医疗器械公司、天裕科贸公司应当承担连带赔偿责任。北医三院、安泰医疗器械公司、天裕科贸公司承担连带赔偿责任后，其三方之间纠纷可另行解决。

北医三院、安泰医疗器械公司、天裕科贸公司应当赔偿姬某某因此产生的医疗费、交通费、住院伙食补助费，护理费、鉴定费等损失。

对于北医三院已垫付姬某某尚未支付的北医三院的医疗费以及北医三院为姬某某垫付的309医院的医疗费，应由北医三院、安泰医疗器械公司、天裕科贸公司承担，并在三方解决其相互之间纠纷时再行处理。据此判决：一、被告北京大学第三医院于本判决生效后七日内赔偿原告姬某某医疗费二万九千三百三十元九角九分，护理费二万一千六百元，交通费四千五百八十元，住院伙食补助费六千八百二十五元，精神损害抚慰金五千元；二、被告北京大学第三医院为原告姬某某垫付的医疗费三万四千一百零三元七角六分，由被告北京大学第三医院负担；三、被告北京安泰惠生医疗器械有限公司、被告北京天裕康达科贸有限公司对被告北京大学第三医院本判决第一项、第二项义务承担连带责任。四、驳回原告姬某某其他诉讼请求。

判决后，北医三院不服原审判决，提起上诉。

二审法院认为：《中华人民共和国侵权责任法》第五十九条规定："因药品、消毒药剂、医疗器械的缺陷，或者输入不合格的血液造成患者损害的，患者可以向生产者或者血液提供机构请求赔偿，也可以向医疗机构请求赔偿。患者向医疗机构请求赔偿的，医疗机构赔偿后，有权向负有责任的生产者或者血液提供机构追偿。"据此，就医疗产品损害赔偿纠纷的外部法律效果而言，对医疗机构和生产者适用产品责任的严格责任原则，患者既可以向生产者请求赔偿，也可向医疗机构请求赔偿。就内部法律效果而言，对医疗机构和生产者分别适用过错原则和产品责任的严格责任原则，即医疗机构在经患者请求赔偿其损害后，如果其对医药产品的缺陷没有过错，可以向生产者追偿。

结合到本案，在没有证据证明存在其他人为因素影响的情况下，置入患者体内的支架发生断裂，应认定为产品自身缺陷所致。姬某某作为被动接受治疗的患者，对其置入食道的支架发生断裂没有过错，故依法可以向北医三院请求赔偿。原审法院判令北医三院承担医疗产品侵权责任，在认定事实和适用法律上并无不当，法院予以维持。

关于赔偿项目和赔偿数额，鉴于医疗产品损害责任具有产品责任性质，应当适用无过错责任原则，北医三院作为医疗机构应首先对因医药产品缺陷给患者造成的损失承担赔偿责任，而后再根据其对缺陷是否有过错行使追偿权，故原审法院在本案中所最终确定的赔偿项目和赔偿数额并未超出北医三院的民事赔偿责任范围，法院予以维持。北医三院、安泰医疗器械公司、天裕科贸公司之间的责任承担与追偿问题，可另行解决。故判决驳回上诉，维持原判。

【案例评析】

本案涉及本解释第7条的规定。

依据《侵权责任法》和本解释第7条的规定，在医疗产品损害责任纠纷案件中，患者应当完成的举证责任包括应当提交医疗机构在医疗活动中使用了医疗产品或者输入了血液的证据和受到损害的证据，本案中，患者姬某某提供了病例、诊断证明等证明其到被告北医三院处接受治疗，并使用了被告提供的食道支架，且因此遭受了损害，原告已经完成了初步的举证责任。

对于医疗机构在医疗活动中使用医疗产品与患者受损之间具有因果关系的要件，由于各方都不能够确定，故姬某某就关于北医三院医疗行为与患者损害后果的因果关系依法申请鉴定，一审法院准许了该申请。根据鉴定意见，北医三院选择适用于晚期食管癌的支架，存在超说明书应用的过失，具有一定过错，与被鉴定人的损害后果有一定因果关系（医疗过失参与度为C级），参与度系数值20%～40%，即次要责任。因此一审法院参照鉴定单位的鉴定意见，确定其对姬某某的诊疗过程存在过错，认定其责任比例认定为30%。此外，北医三院没有能够对医疗产品不存在缺陷等抗辩事由尽到证明责任，因此一审法院判决北医三院应承担医疗产品侵权责任。二审法院亦认为原审法院判令北医三院承担侵权责任，在认定事实和适用法律上并无不当，故予以维持。

三、医疗损害赔偿鉴定经典案例

1. 原告拒不配合鉴定承担不利后果

——王某茹等诉北京军区总医院医疗损害责任纠纷案①

【基本案情】

王某茹系郭某之妻，郭晓甲、郭晓乙系郭某之女。2008 年 12 月 2 日，郭某因头晕、头痛及恶心约 1 天，到北京军区总医院就诊，并于当日办理住院手续。同年 12 月 25 日，郭某在该院死亡。根据北京军区总医院的病历记载，郭某的死亡原因为：大面积脑出血导致脑疝形成；肝、肾、循环、呼吸、血液等多系统功能衰竭。死亡诊断为：脑出血、脑疝、多器官功能衰竭。2009 年 12 月 25 日，王某茹、郭晓甲、郭晓乙曾就医疗损害赔偿问题将北京军区总医院起诉至北京市东城区人民法院，后于 2010 年 5 月 4 日撤回起诉。原审法院审理中，北京军区总医院主张：因本案的医疗行为发生在《中华人民共和国侵权责任法》实施之前，应当适用当时的规定，我院有举证责任，现要求进行医疗事故技术鉴定。而王某茹、郭晓甲、郭晓乙表示因对该鉴定的合法性存有质疑，故不同意亦不配合进行该鉴定；同时主张依照《中华人民共和国民事诉讼法》《全国人民代表大会常务委员会关于司法鉴定管理问题的决定》《最高人民法院关于民事诉讼证据的若干规定》的相关规定，其享有举证权利，本案应当进行司法鉴定，并申请司法鉴定机构进行鉴定。北京军区总医院不同意直接进行司法鉴定。经原审法院多次协调，双方均坚持各自的鉴定请求，不同意对方的鉴定请求。在此情况下，原审法院向王某茹、郭晓甲、郭晓乙反复释明，因本案的医疗行为发生在《中华人民共和国侵权责任法》实施之前，按照相关规定，一方当事人申请进行有关医疗过错的司法鉴定，而另一方当事人申请进行医疗事故技术鉴定的，人民法院应当委托进行医疗事故技术鉴

---

① 案例来源：《北京军区总医院错误用药致死脑出血患者案开庭》，http：//blog. sina. com. cn/s/blog_565591910100gk20. html。

定。医疗行为经鉴定不构成医疗事故，当事人申请就医疗过错进行司法鉴定，人民法院认为有必要的，应予支持。但王某茹、郭晓甲、郭晓乙仍然坚持直接进行有关医疗过错的司法鉴定，明确表示不同意亦不配合进行医疗事故技术鉴定，并对医疗事故技术鉴定的合法性提出质疑。另，王某茹、郭晓甲、郭晓乙还认为其主张在北京军区总医院的病历中有清楚记载，可以证明该院存在过错，北京军区总医院也没有提供足以反驳其书证的相反证据。本案双方均未主张北京军区总医院的行为构成医疗事故，其系以侵害患者知情同意权等医疗损害责任纠纷为由起诉，根据《最高人民法院关于民事诉讼证据的若干规定》的相关规定，应由北京军区总医院对是否存在医疗过错承担举证责任，但此并非其举证权利。法院审理中，经反复向王某茹、郭晓甲、郭晓乙释明本案应适用事发时的法律及相关规定，优先进行医疗事故鉴定，若鉴定机构确定不构成医疗事故，又指出医疗机构存在一定问题，或构成事故，其确有证据证明确定的责任比例明显依据不足，则其还可以就相关问题申请进行司法鉴定。王某茹、郭晓甲、郭晓乙仍表示坚决不同意优先启动医疗事故鉴定。上述事实，有病历复印件等证据材料及双方当事人陈述在案佐证。

【法院判决】

一审法院经审理认为：鉴定机构的鉴定结论是处理医疗损害责任纠纷案件的重要依据。本案中，王某茹、郭晓甲、郭晓乙申请进行司法鉴定，北京军区总医院申请进行医疗事故技术鉴定。因本案医疗行为发生在《中华人民共和国侵权责任法》实施之前，按照相关规定，一方当事人申请进行有关医疗过错的司法鉴定，而另一方当事人申请进行医疗事故技术鉴定的，人民法院应当委托进行医疗事故技术鉴定。且在医疗事故技术鉴定后，即使不属医疗事故，王某茹、郭晓甲、郭晓乙仍有权就医疗过错进行司法鉴定。在法院就此向王某茹、郭晓甲、郭晓乙充分释明后，其仍然不同意亦不予配合进行医疗事故技术鉴定，北京军区总医院亦不同意直接进入司法鉴定程序，致使本案的鉴定工作无法进行，致法院亦无法依据鉴定结论这一重要依据对案件进行处理。现王某茹、郭晓甲、郭晓乙要求北京军区总医院赔偿损失的主张，证据不足，法院不予支持。故判决：驳回王某茹、郭晓甲、郭晓乙的全部诉讼请求。

二审法院经审理认为：原审法院基于王某茹、郭晓甲、郭晓乙曾于2009年起诉后又撤诉的事实，认定其本次起诉并未超过法定诉讼时效期间，北京军区总医院不再持有异议，法院对此不再赘述。因本案医疗行为及损害后果均发生在《中华人民共和国侵权责任法》实施之前，按照规定，应适用当时的法律规定处理本案。若确认构成医疗事故，则应按照《医疗事故处理条例》规定的赔偿范围及计算标准就王某茹、郭晓甲、郭晓乙的各项损失进行实体处理。故本案就存在着先确认是否构成医疗事故的问题。而北京军区总医院已经提出进行医疗事故鉴定，履行了其举证的义务。王某茹、郭晓甲、郭晓乙虽对进行该种鉴定持有异议，但其应该按照相关法律法规的规定配合进行鉴定。王某茹、郭晓甲、郭晓乙在原审法院多次释明的情况下不仅不同意进行该种鉴定甚至不予配合，最终导致无法启动医疗事故鉴定程序，此行为已经超越了法律赋予其的合法权利范围，对此其应自行承担不利的诉讼后果。由于医疗损害赔偿纠纷，往往涉及医疗专业问题，就其中医疗行为是否存在过错及与患者损害后果之间是否存在因果关系，都不属于法官能够依法直接进行判断的范围。因此，有资质的鉴定机构作出的鉴定意见是人民法院审理此类纠纷的关键证据。王某茹、郭晓甲、郭晓乙认为原审法院在没有鉴定结论的情况下应该直接认定其提供的证据，并就此作出确认北京军区总医院针对郭某实施的医疗行为存在过错且与郭某死亡后果存在因果关系的判断，显然没有道理，法院对此不予采信。经法院多次释明，王某茹、郭晓甲、郭晓乙仍坚持直接进入司法鉴定程序，否则不配合进行医疗事故鉴定，法院亦无法直接确认北京军区总医院对郭某的医疗行为存在过错，且与郭某的死亡后果存在因果关系，从而判令北京军区总医院对其所诉损失承担赔偿责任。二审判决结果原审法院所作判决并无不当，法院予以维持。依照《中华人民共和国民事诉讼法》第一百五十三条①第一款第（一）项之规定，判决如下：驳回上诉，维持原判。

---

① 对应2017年《民事诉讼法》第170条。

【案例评析】

本案是当事人拒绝配合鉴定承担不利后果的典型案例。

本案发生在《侵权责任法》生效之前。原告根据《全国人民代表大会常务委员会关于司法鉴定管理问题的决定》所规定的法医临床鉴定，《最高人民法院关于民事诉讼证据的若干规定》的医疗损害举证责任倒置、当事人协商鉴定机构及鉴定人员的规定，申请司法鉴定。被告坚持申请医疗事故鉴定。2005 年《北京市高级人民法院关于审理医疗损害赔偿纠纷案件若干问题的意见（试行）》第十五条第二款规定，“一方当事人申请进行有关医疗过错的司法鉴定，而另一方当事人申请进行医疗事故技术鉴定的，人民法院应当委托进行医疗事故技术鉴定，并要求提出医疗事故技术鉴定申请的一方当事人预交鉴定费”。第十六条规定，“医疗行为经鉴定构成医疗事故，当事人又申请就医疗过错进行司法鉴定的，不予支持。医疗行为经鉴定不构成医疗事故，当事人申请就医疗过错进行司法鉴定，人民法院认为有必要的，应予支持”。法院据此要求原告配合医疗事故鉴定并无不妥，原告拒绝配合鉴定招致败诉，也合理合法。

就全国范围内看，有关医疗事故鉴定和司法鉴定的关系问题，有几种典型观点，一是强调司法鉴定的中立性，排斥医疗事故鉴定，另一种完全相反，强调医疗事故鉴定的专业性，拒绝承认司法鉴定，还有一种折中观点，认为可以允许两种制度并行，但当事人申请不同的鉴定时哪种鉴定优先，又各有支持者。具体到司法实践，至今也未能统一。就北京来说，从 2005 年到 2010 年，承认两种鉴定并行，但优先启动医疗事故鉴定程序。

本案的原告并未深刻认识到当时北京市的这种制度安排，希望根据自己对法律的理解，直接启动司法鉴定。正如判决书所述，在原审法院多次释明的情况下，原告不仅不同意进行医疗事故鉴定，也不配合鉴定，终致鉴定程序无法启动，原告的行为已经超越了法律赋予其的合法权利范围，对此其应自行承担不利的诉讼后果。

2010 年，《北京市高级人民法院关于审理医疗损害赔偿纠纷案件若干问题的指导意见（试行）》规定，“人民法院根据当事人的申请或者依职权决定进行医疗损害鉴定的，按照《全国人民代表大会常务委员会关于司法鉴定管理问题的决定》及国家有关部门的规定组织鉴定”。至此，北京市高级人民法院放弃了医疗事故鉴定优先，转向单一的司法鉴定制度。本次最高人民法院出台的司法解释，赋予了当事人鉴定启动权，理论上，如双方当事人协商一致，应可启动医疗事故鉴定程序。

原告拒绝配合医疗事故鉴定的另外一个理由，是现有证据足以证明医方存在重大过失，法院可以不经鉴定，直接根据举证责任导致规则判决医方败诉。对此法官在说理部分论述道：“由于医疗损害赔偿纠纷，往往涉及医疗专业问题，就其中医疗行为是否存在过错及与患者损害后果之间是否存在因果关系，都不属于法官能够依法直接进行判断的范围”。

2. 病历本身的鉴定及鉴定专家出庭问题

——韩某与北京军区总医院医疗损害赔偿纠纷案①

【基本案情】

韩某与苏某平系夫妻关系。韩某于2009年5月4日在北京航天部711医院生下1子，尚未起名。2009年5月8日，孩子体温出现问题，在该院进行抢救未见明显好转后，于当日上午11时左右转院至军区总医院抢救治疗。2009年5月10日5时10分，韩某之夫苏某平在签字单上签署意见并签字。该签子单的主要内容为“韩某之子，目前诊断1. 新生儿肺炎，2. 呼吸衰竭，3. 混合性酸碱平衡紊乱，4. 新生儿病理性黄疸，5. 反复呼吸心跳骤停，6. 高钾血症，7. 急性肾功能衰竭，8. 肺出血，9. 心律失常，心室扑动，10. 休克，11. 先天性畸形，12. 遗传代谢性疾病不除外。予胸外心脏按压，气囊加压给氧后及其他抢救措施后仍反复呼吸心跳骤停，家长了解病情，放弃治疗，后果自负，尸体交院方处理，不要骨灰，签字为证”，苏某平在写下“了解病情放弃治疗后果自负”后签名。同日，

---

① 案例来源：王子利：《七天婴儿之殇，谁之过？——韩敏案件纪实报道》，https：//lightblog.1688. com/article/30957608. html？ tbpm＝3。

韩某之子死亡。后，军区总医院将韩某之子的尸体火化。另查，韩某向军区总医院共计支付治疗费用3679.94元。原审法院审理中，经询问韩某之夫苏某平，其明确表示放弃向军区总医院追究责任的权利，不参加诉讼。由韩某一人主张，韩某认为，军区总医院提交的病历存在涂改，影响了病历的实质性内容。经双方当事人申请，北京市高级人民法院指定，原审法院委托北京天平司法鉴定中心对韩某之子病历中的4处涂改部分是否影响病历的实质性内容进行了鉴定。2010年7月25日，该鉴定中心作出北天司鉴［2010］临鉴字第148号法医学鉴定意见书，鉴定结论为：军区总医院对韩某之子的病历4处涂改部分不影响病历的实质性内容。由于该鉴定中心未就病历中护理记录单第三页刘某丽所书写的病情记录是否有涂改进行鉴定，该鉴定中心于2010年9月19日作出了对北天司鉴［2010］临鉴字第148号鉴定意见书的补充鉴定，鉴定结论为护理记录单第三页刘某丽所书写的病情记录栏未发现有涂改。经军区总医院申请，原审法院于2010年11月8日委托北京市东城区医学会就军区总医院对韩某之子的治疗行为是否构成医疗事故，如不构成医疗事故是否存在过错及过错参与度是多少进行医疗事故技术鉴定。2011年11月4日，该医学会作出东医鉴字法委10－042号医疗事故技术鉴定书，鉴定结论为：医方在对韩某之子的诊治过程中，其医疗行为符合诊疗常规。韩某收到该鉴定书后申请鉴定人出庭接受质询，该医学会医疗事故技术鉴定工作办公室答复：因医学会的医疗事故技术鉴定采取的是专家鉴定组合议形式，且该案是由跨区的5位三级甲等医院的专家以表决的方式集体作出的鉴定结论，而非单个专家的个别意见，这些客观情况与一般司法鉴定的形式有所不同。因此，直接让鉴定组全体专家或个别专家出庭质证均不太现实。医学会尽可能寻找鉴定组专家针对当事人的质询意见，出具书面答复。韩某表示不同意提交质询意见，要求鉴定人出庭。庭审中，原审法院向双方释明了此案的举证责任分配问题，双方均明确表示不申请进行司法过错鉴定。法院审理中，韩某虽坚持对《临床遗传学中心串联质谱分析结果报告书》的真实性提出质疑，但明确表示不就此做相关鉴定。上述事实，有医药费单据、病历、北天司鉴［2010］临鉴字第148号法医学鉴定意见书、对北天司鉴［2010］临鉴字第148号鉴定意见书的补充鉴定、东医鉴字法委10－042号医疗事故技术鉴定书及双方当事人陈述等在案佐证。法院认为：韩某之子在军区总医院治疗及死亡的时间均早于2010年7月1日，即《侵权责任法》实施之前。应适用当时的法律法规及相关规范性文件的规定。韩某虽以一般医疗损害赔偿纠纷起诉，但根据《北京市高级人民法院关于审理医疗损害赔偿纠纷案件若干问题的意见（试行)》的相关规定，应准许医疗机构以双方争议属于医疗事故损害赔偿纠纷为由提出抗辩，优先进行医疗事故技术鉴定。本案中，军区总医院已经申请进行医疗事故技术鉴定。韩某认为军区总医院第一次一审程序中没有申请鉴定，两级法院就此处理均错误。

【法院判决】

一审法院经审理认为：韩某虽以一般医疗损害赔偿纠纷起诉，但根据《北京市高级人民法院关于审理医疗损害赔偿纠纷案件若干问题的意见(试行)》的相关规定，应准许医疗机构以双方争议属于医疗事故损害赔偿纠纷为由提出抗辩。本案中，军区总医院以双方争议属于医疗事故赔偿纠纷进行抗辩，并申请进行了医疗事故技术鉴定。军区总医院的医疗行为经鉴定不构成医疗事故，该院完成了其抗辩的举证。韩某不认可医疗事故技术鉴定，但既未申请进行上一级的医疗事故技术鉴定，亦在法院向其释明举证责任后，明确表示不申请就医疗过错进行司法鉴定，故其应承担对其不利的法律后果。2009年5月10日5时10分，韩某的丈夫苏某平已在签字单上写下“了解病情放弃治疗后果自负”并签名，军区总医院于此后将孩子尸体火化，现韩某以军区总医院并未明确写明不要孩子尸体为由要求该院返还孩子尸体，既无法实现，且缺乏依据，故法院不予支持。

二审法院经审理认为：人民法院审判案件应以事实为依据，以法律为准绳。无论是医疗事故技术鉴定还是司法鉴定，都应当是《侵权责任法》实施之前医疗损害赔偿案件的关键证据。对于医学专业问题，还需经专家专业意见进行评判。韩某的观点有失偏颇。在原审法院重审过程中，经北京市东城区医学会鉴定，确认本病例不构成医疗事故，且鉴定意见书分析意见中指出军区总医院在对韩某之子的诊治过程中医疗行为符合诊疗常规。既然医疗事故技术鉴定结论确认军区总医院的诊治行为不存在过错。军区总医院已经完成了其举证义务。韩某如对该鉴定结论持有异议，就应申请进行上一级的医疗事故技术鉴定或在原审法院向其释明举证责任后申请进行医疗过错司法鉴定。韩某并未申请进行相关鉴定，其应就此承担不利的诉讼后果。关于其所述鉴定机构采用的检材未经质证一节，因其对该检材真实性虽提出异议，但明确表示不同意就此进行相关鉴定。在现有证据情况下，法院无法否定该《临床遗传学中心串联质谱分析结果报告书》的真实性，对韩某所述鉴定结论不能证实军区总医院无过错一说难以采信。对于上述医疗事故技术鉴定的证明效力，法院予以确认。对韩某要求军区总医院基于过错承担赔偿责任，赔偿其各项经济损失及精神抚慰金的诉讼请求，实难支持。至于其主张的返还孩子尸体的诉讼请求。因其丈夫即孩子的父亲苏某平，已于2009年5月10日5时10分在签字单上军区总医院已写明“家长了解病情，放弃治疗，后果自负，尸体交院方处理，不要骨灰，签字为证”的情况下，还写下“了解病情放弃治疗后果自负”并签名，表明了患儿家属的意愿。现韩某以军区总医院并未明确写明不要孩子尸体为由要求返还孩子尸体，既无法实现，且缺乏依据，故法院不予支持。其虽主张医生曾承诺孩子死亡时通知家属，但未能就此提供相关证据佐证，法院对其所述不能采信。依照《中华人民共和国民事诉讼法》第一百五十三条①第一款第（一）项之规定，判决如下：驳回上诉，维持原判。医疗事故鉴定费3000元，由中国人民解放军北京军区总医院负担（已交纳）。一审案件受理费5604元，由韩某负担。

【案例评析】

本案综合反应了医疗损害鉴定意见公信力较低、医疗事故鉴定专家出庭难等问题。就本案而言，新生儿，脱离父母监护入院治疗，监护人只能通过医务人员了解病情。当诊疗结果不如人意时，患方很容易怀疑医方的

① 对应2017年《民事诉讼法》第170条。

诊疗行为是否存在过错、告知的信息是否虚假等。

对于记录患者诊疗过程的最重要书证，病历在鉴定中起着无可替代的作用。因病历由医方单方书写、保管，很多案件的原告都对病历的真实性提出过质疑。患者的质疑常常是有道理的，如医务人员违规书写、修改病历，采用涂、刮等方式掩盖了原始记录，病历内容缺失，违规补记，违规代替其他医务人员签名。当原告能够提供病例篡改的基本证据后，法院有义务对此进行审查。当法院无力自行审查时，就要及时申请鉴定。

原告一般主张根据《侵权责任法》直接认定医疗行为存在过失。但在具体案例中，很少有法官直接具体判决医方败诉。毕竟，在大量书写病历的过程中，出现一些错误是不可避免的，且该书写错误通常并不会对患者产生影响。因此，在具体案例中，法院通常会申请对原告认为篡改部分进行鉴定。鉴定的目的也有所区别，一种鉴定是签名是否为篡改等等，更常见的是，违规修改或者篡改部分是否对病历产生实质性影响，从而影响对过错和因果关系等问题判断。本案的原审法院采用了第二种处理方式，委托北京天平司法鉴定中心对原告指出的 4 处涂改部分是否影响病历的实质性内容进行了鉴定，结论是 4 处涂改部分不影响病历的实质性内容，从而使医疗损害责任鉴定得以继续进行。

本案采用了医疗事故鉴定。在当事人申请鉴定专家出庭时，医学会直接拒绝，其理由非常典型："因医学会的医疗事故技术鉴定采取的是专家鉴定组合议形式，且该案是由跨区的 5 位三级甲等医院的专家以表决的方式集体作出的鉴定结论，而非单个专家的个别意见，这些客观情况与一般司法鉴定的形式有所不同。因此，直接让鉴定组全体专家或个别专家出庭质证均不太现实。医学会尽可能寻找鉴定组专家针对当事人的质询意见，出具书面答复"。未来，如果医疗事故技术鉴定方仍然坚持鉴定专家不出庭，其鉴定意见不可作为定案依据，医方很可能也会逐步放弃申请医疗事故鉴定。我们认为，医疗事故技术鉴定专家由临床专家组成，鉴定意见更有专业性，其不足是中立性的问题，如果鉴定程序得到完善，临床专家鉴定仍应是医疗损害责任纠纷技术鉴定的首选。

3. 相互矛盾的鉴定结论如何采信

——术后遗留后遗症损害赔偿案①

【基本案情】

患者男性，51岁，于2004年10月份发现大便时肛门有肿块脱出，有时需用手托入肛门，无便血，无肛门失禁，后在某县人民医院拟“环状内痔”收住院。入院后完成术前各项检查，于12月1日下午在鞍麻下行“内痔环切术”，手术顺利。术后第二天肛管拔除并排便，给予“PP”粉坐浴，痔疮膏外用，无发热及切口感染，于12月10日出院。患者术后出现大便次数增多，每日7、8次，多则10余次，经该院门诊治疗症状无改善，于2005年4月28日转诊到某市中医院就诊，经肠镜检查诊断为“肛管皮肤缺损，肛门不完全失禁”。后患者多处就医，效果不佳。

医院辩称：对患者因环状内痔在诊疗过程中我院的诊断正确，治疗原则合理，无违反法律、法规及诊疗常规的行为。患者术后出现的症状属于手术后较常见的并发症。

本案先后启动了3次鉴定程序。

第一次，医疗事故技术鉴定，结论是不构成医疗事故，医方无责任。2005年4月17日患者向法院申请医疗事故技术鉴定，医学会于2005年6月2日作出某医鉴［2005］009号医疗事故技术鉴定书。鉴定书专家分析意见：(1) 专家组讨论认为：从现有病历资料分析，患者的肛管皮肤缺损及大便失禁是由于手术刀口感染引起的，而手术切口感染是痔疮术后的常见并发症，与医疗机构的医疗行为无因果关系；医方在手术指征的掌握及手术术式的选择上符合诊疗规范。医疗机构的医疗行为没有违反医疗管理法律、行政法规、部门规章和诊疗护理规范、常规。(2) 当事医院医疗行为与该患者的人身损害无直接因果关系。(3) 当事医院无责任。鉴定结论：本病例不属于医疗事故。

---

① 案例来源：王尚柏、张大有：《一起多次鉴定的医疗纠纷案件》，载《安徽医学》，2009年第30卷第4期。

第二次，医疗事故技术鉴定，构成四级医疗事故，医方承担次要责任。患者收到首次鉴定结论后不服，于2005年7月19日向安徽省医学会提请再次鉴定，法院于2005年8月2日出具医疗事故再鉴定委托函，医学会于2005年11月作出皖医鉴（2005）079号医疗事故技术鉴定书。鉴定专家分析意见：专家组听取医患双方陈述，并经行提问，经专家组讨论认为医方在术前诊断、手术指征把握及手术术式选择上符合诊疗常规，但患者术后肛门局部皮肤缺损，部分黏膜外翻及排便异常与手术操作有关。结论：本病例属于四级医疗事故，医方承担次要责任。

第三次，司法鉴定，构成五级伤残。2006年6月患者委托皖南医学院司法鉴定中心鉴定，20日作出法临鉴字（2006）904号鉴定书，主诉：排便控制不佳，大便次数增多1年余。检验所见：神清，自入门诊，答问切题。查体合作。肛门肛管皮肤呈环状缺损，无齿线，直肠黏膜部分外露，指诊肛门括约肌松弛，乏力。余检无特殊。分析说明：根据本案案情，临扇记录和检验所见，被鉴定人痔切除术后出现排便控制不佳，便次增多的事实存在，经治疗现术后1年余，其大便失禁症状未见明显改善，可视为难以恢复。比照中华人民共和国《道路交通事故受伤人员伤残评定》[①] 标准第4、5、7、d条的规定，评定被鉴定人上述征象为V（五）级伤残。鉴定意见：被鉴定人痔切除术后大便失禁，难以恢复，评定其构成V（五）级伤残。

【法院判决】

一审根据医疗事故处理条例判决被告承担全部责任。

县法院于2006年3月20日作出（2005）民一初字第256号民事判决：本院认为医疗机构及其医务人员在医疗活动过程中因操作不当过失造成患者人身损害的医疗事故，依法应当给予赔偿。确定民事赔偿责任比例的依据在于行为人、受害人的过错程度以及侵权行为与损害后果直接的原因力。省医学会医疗事故技术鉴定结论中未指出原告对于本次医疗事故的发

---

① 已被《关于废止〈微波和超短波通信设备辐射安全要求〉等396项强制性国家标准的公告》废止。

生有何过错。审庭中，被告亦未举证证明原告在本次医疗事故中存在过错。依据省医学会的鉴定，患者某某出现术后肛门局部皮肤缺损，部分黏膜外翻及排便异常，与院方手术操作有关。正因为如此，省医学会的鉴定中认定医方承担次要责任的结论不能作为认定民事赔偿责任的依据。被告应对原告的损害后果承担全部责任。依照《医疗事故处理条例》第50条。判决如下：①被告某县医院于判决生效后10日内赔偿原告前期医疗费3036.9元、误工费318.9元、住院伙食补助费38.5元、护理费318.9元、交通费200元。合计人民币3913.2元。②驳回原告其他诉讼请求。本案受理费169元，其他诉讼费430元（原告已预交），2次鉴定费6200元（原告预交3200，被告预交3000元），合计人民币6799元，由被告医院负担。

二审维持原判。

市中院作出（2006）中民一终字第180号判决：上诉人某县医院在给被上诉人实施诊疗过程中，因手术操作原因造成被上诉人身体损害，并因此构成医疗事故，依法应当对被上诉人因此造成的损失承担赔偿责任：对民事侵权的赔偿责任比例，应根据当事人的过错予以确定，一方当事人有过错并造成他人损害的，在对方无过错的情况下，即使侵权人一方的过错程度较轻，侵权人也应承担全部赔偿责任。本案中上诉人安徽省某县医院虽然在医疗事故中确定为次要责任，但该鉴定只具有确定上诉人方（医院方）过错程度的意义，在无证明被上诉人（患者）在本次医疗事故中自身也有过错的情况下，该次要责任亦不能成为减轻上诉人（医院）赔偿责任的依据。故上诉人的上诉理由不能成立。据此，依照《中华人民共和国民事诉讼法》第一百五十三条[①]第一款（一）项之规定，判决如下：驳回上诉，维持原判。

原告要求赔偿后续治疗费再次起诉，一审法院再次支持了原告的部分诉讼请求。

县法院作出（2006）民一初字第658号民事判决：本案的争议焦点是

① 对应2017年《民事诉讼法》第170条。

定性为医疗事故损害赔偿纠纷，适用《医疗事故处理条例》处理，还是定性为医疗事故以外的其他医疗赔偿纠纷，适用民法通则及配套法律规定处理。原告主张按医疗事故以外的其他医疗赔偿纠纷处理，被告认为应按医疗事故赔偿纠纷处理。法院认为该医疗纠纷经省医学会鉴定已构成医疗事故，根据《最高人民法院〈关于参照（医疗事故处理条例〉审理医疗纠纷民事案件的通知》[①] 的规定，构成医疗事故的应适用《条例》处理：不构成医疗事故的，如医方有过错，才适用民法处理。同时，原告在2005年4月对被告的第一次诉讼亦是以医疗事故为由提起诉讼的，因此，本案应定性为医疗事故损害赔偿纠纷，适用《医疗事故处理条例》处理。根据《医疗事故处理条例》的规定，确认原告的损失有（1）医疗费6894.25、（2）误工费42.01元/日×24日、（3）陪护费42.01元/日×9日、（4）住院伙食补助费6元/日×10日、（5）住宿费160元、（6）交通费705.50元，合计9206.08元。原告的五级残疾赔偿金的请求，系依据司法鉴定提出的，司法鉴定只是医疗事故以外的其他提了赔偿纠纷中的请求依据，不能作为医疗事故赔偿依据。该医疗事故经医学会鉴定系四级医疗事故，根据卫生部制定《医疗事故分级标准（试行)》，四级医疗事故不构成伤残等级。同时依照《医疗事故处理条例》第50条的规定造成患者残疾的，精神抚慰金赔偿年限最长不超过3年（居民平均生活费），即因医疗事故构成残疾的，在一定限额内获得精神损害抚慰金；不构成残疾的，则不能获得精神损害抚慰金。因此对原告的残疾赔偿金、鉴定费、精神抚慰金的赔偿请求，法院不予支持。虽然省医学会的鉴定结论认为被告在医疗事故中承担次要责任，但原告系因被告手术造成损害，其后续治疗的目的均为补救这一损害，因此被告应承担90%的赔偿责任，即8285.47元。综上所述，判决如下：（1）被告安徽省某县医院于本院判决生效后5日内赔偿原告各项经济损失计8285.47元；（2）驳回原告超出部分的诉讼请求。

---

① 已被《最高人民法院关于废止1997年7月1日至2011年12月31日期间发布的部分司法解释和司法解释性质文件（第十批）的决定》废止。

二审改判。市中级人民法院于2007年11月20日作出（2007）中民一终审第253号判决：二审中，双方当事人均未有新的证据向法庭提交。对原审中已查明事实，法院予以确认。上诉人所称的本案定性为医疗过错损害赔偿纠纷的理由，无法律依据，法院不予采信。本案医疗事故发生并经安徽省医学会作出医疗事故技术鉴定后，上诉人的病情未得到稳定或进一步改善，其不得不继续求医问诊。若本案仍按2005年11月2日安徽省医学会鉴定的四级医疗事故来处理，显然不符合客观事实，将致受害人因而产生的严重后果无法得到合理的赔偿，既与事实不符，也有失公平公正。2006年8月20日，患者经皖南医学院司法鉴定中心鉴定构成五级伤残。对该鉴定结论，双方未提出异议，综合以上情况，故对其要求赔偿精神损害抚慰金的诉请，法院酌定支持1万元。原审认定事实清楚，但适用法律错误，法院依法予以纠正。上诉人上诉理由部分成立，法院予以支持：据此，依照《中华人民共和国民事诉讼法》第一百五十三条[①]第一款（二）、（二）项，《中华人民共和国民法通则》第一百零六条第二款、第一百一十九条，《最高人民法院关于审理人身损害赔偿案件适用法律若干问题的解释》第十七条第一、二款、第二十五条、《最高人民法院关于确定民事侵权精神损害赔偿责任若干问题的解释》第八条第二款之规定，经合议庭评议，本院审判委员会讨论并作决定，判决如下：①撤销某县法院（2006）民一初字第658号民事判决（一）、（二）项，即“被告安徽省某县医院于本判决生效后5日内赔偿原告各项经济损失计8285.47元”；“驳回原告（患者）超出部分的诉讼请求”。②被上诉人安徽省某县医院于本判决生效后10日内赔偿上诉人（患者）各项经济损失人民币132943.52元。③被上诉人安徽省某县医院于本判决生效后10日内赔偿上诉人精神抚慰金人民币10000元。④驳回上诉人其他诉讼请求。本判决为终审判决。

再审改为维持第一次二审的判决结果。法院再次改判：维持第一次二

① 对应2017年《民事诉讼法》第170条。

审判决。某市中级人民法院于2007年9月14日作出（2007）中民一监字第19号民事裁定，认为该案在适用法律方面可能有误，决定对本案进行再审。法院依法另行组成合议庭，于2007年10月9日公开审理了本案。2007年11月20日作出（2007）中民一再终字第17号判决：原判认定事实清楚，适用法律正确，应予维持。据此，依照《中华人民共和国民事诉讼法》第一百八十四条、第一百五十七条①，《最高人民法院关于适用（中华人民共和国民事诉讼法）若干问题的意见》第二百零一条之规定，判决如下：维持本院（2006）中民一终宁第180号民事判决。本判决为终审判决。②

【案例评析】

本案经多次鉴定，鉴定结论相互矛盾，本案也经过了数次审理，法院意见也不同。尽管我们没有获取第一手的判决书，但案件基本事实是清楚的，反复鉴定、反复起诉也比较常见。

就鉴定意见来看，本案经两次鉴定，初次鉴定认为医院无责任，再次鉴定的意见是医院应承担次要责任。此种相互矛盾的鉴定意见，在审批实践中并非罕见。为此，法院采取了种种措施，避免相互矛盾的鉴定意见影响裁判。最典型的表现是，法院倾向于只认可自己委托的司法鉴定中心，其他鉴定意见不予采信。

本案的判决结果也一再更改，而每次改判并非发现了新证据，而是通过对法律条文的不同解释，直接加以改判——从是否承担全部责任，到精神损害抚慰金是否支持，总之，在案件事实和裁判理由并无实质改变的情况下，仅改判了赔偿金额。推测起来，法院改判的依据，既不是事实，也不是法律，很可能就是为了结案而结案。

医疗损害案件，反复起诉、上诉的情况比较常见，即使医方已经承担了全部责任，当发生后续治疗费用时，法院有时也会再次支持患者的诉讼

① 对应2017年《民事诉讼法》第205条、第174条。

② 王尚柏、张大有：《一次多次鉴定的医疗纠纷案件》，载《安徽医学》2009年第4期。

请求。此种现实，尽管有助于保护患者利益，但是降低了社会对法律的尊重，值得警惕。

四、医疗损害责任纠纷案件的侵权责任认定

1. 认定医疗人员过错的考量因素

——刘某柱、刘某泉、刘某、张某华与蚌埠医学院第一附属医院医疗损害责任纠纷案①

【基本案情】

2012年2月6日患者张某华被送往被告处救治，门（急）诊诊断为脑血管意外。当天中午12点11分，张某华经被告神经内一科入院，入院诊断：1. 脑梗死（心源性可能）；2. 心房纤颤；3. 肺部感染；4. 心功能不全；5. 呼吸衰竭。2012年2月13日12点30分许，被告对患者实施了改良型气管切开术。2012年2月13日下午，患者张某华因多处部位出血，血压再次不能维持，在下午5点20分心跳停止，抢救30分钟无效后，被宣布死亡。

经原告申请，法院委托北京市法大法庭科学技术鉴定研究所对"病历真伪、痕迹、法医临床"进行鉴定。2014年3月12日，该所以医疗纠纷案件积压严重为由不予受理。后经原告申请，法院又委托北京华夏物证鉴定中心对"被告医院书写的病历上的医生签名是否系本人所签"进行鉴定，因原告在指定期限内没有履行缴费义务，该所予以终止鉴定。

原告申请封存全部病历，被告理应将全部相关病历予以封存，但是在该封存病历内没有手术麻醉记录等资料，亦错将陈某兵临检血液报告单、生化报告单粘贴入内，且被告在举证期内另行提供微生物报告单一份。被告虽辩称该报告单系封存病历后作出，但该报告单上时间为2012年2月15日9时48分。

① 安徽省中级人民法院（2014）蚌民一终字第00792号民事判决书，安徽省高级人民法院（2016）皖民申84号民事裁定书裁定维持原判，驳回了再审申请。

【法院判决】

一审法院认为：关于过错程度问题。医务人员在医疗活动过程中，具有高度的注意义务，对患者应尽到善意的谨慎和关心，以免患者遭受不应有的危险和伤害。被告作为患者信任的医院，在患者张某华的病历中粘贴有陈某兵的临检血液报告单、生化报告单，被告亦承认是工作人员疏忽所致，充分证明被告在医疗活动过程中未尽到高度注意义务，推定其具有过错。综合考虑患者年龄、病情以及被告过错程度，酌情确定被告承担主要的赔偿责任。综上所述，被告应承担原告死亡赔偿金、丧葬费、精神损害抚慰金、医疗费共计154700元。

二审法院认为，蚌医一附院在病历中粘贴他人血液、生化报告单及微生物报告单未及时归档封存的行为违反卫生部颁发的《病历书写基本规范》，鉴于原审法院组织双方进行司法鉴定时，由于原告方未缴纳鉴定费，未能形成鉴定结论，过错程度只能酌情确定。综合考虑患者病情及医方过错行为等因素，酌情确定蚌医一附院承担20%的赔偿责任，较为适当。综上，原审适用法律部分不当，案经本院审判委员会讨论决定，依照《中华人民共和国民事诉讼法》第一百七十条第一款第（二）项之规定，判决如下：一、撤销一审民事判决；二、医院赔偿医疗费、丧葬费、死亡赔偿金、精神损害抚慰金合计37118.04元；三、驳回其他诉讼请求。

【案例评析】

本案的争议在于对医院过错的认定。《侵权责任法》第58条规定："患者有损害，因下列情形之一的，推定医疗机构有过错：（一）违反法律、行政法规、规章以及其他有关诊疗规范的规定；（二）隐匿或者拒绝提供与纠纷有关的病历资料；（三）伪造、篡改或者销毁病历资料。"本案中医院提供的封存病历内没有手术麻醉记录等资料，亦错将陈某兵临检血液报告单、生化报告单粘贴入内，且医院在举证期内另行提供微生物报告单一份。医院虽辩称该报告单系封存病历后作出，但该报告单上时间为2012年2月15日9时48分。此行为是否构成《侵权责任法》第58条第3

款“伪造、篡改或者销毁病历资料”？经法院查明事实，该微生物报告单是在患者张某华死亡后形成，未能得到及时归档封存，蚌医一附院诉讼时提供该报告单说明蚌医一附院不存在隐匿的故意也不存在拒绝提供的情形。患者张某华的血液、生化报告单并没有因病历中粘贴有他人血液报告单、生化报告单而缺失，该行为违反卫生行政主管部门颁发的《病历书写基本规范》，并非伪造、篡改病历行为。

本案中医疗侵权行为与张某华死亡之间存在最直接的因果关系，是气管切开手术导致大出血且未得到有效抢救措施而导致其死亡，医院实施的“气管切开手术”是否存在过错。鉴于一审法院组织双方进行司法鉴定时，由于原告方未缴纳鉴定费，未能形成鉴定结论，过错程度只能酌情确定。

2. 未尽告知义务无损害不赔偿

——林某连、吴某翱、吴某文与株洲县第一人民医院医疗损害责任纠纷[①]

【基本案情】

2012年7月23日，株洲县疾病预防控制中心出具结核门诊转住院通知单给株洲县一医院感染科，将患者吴已某（右侧胸腔积液）转到该医院住院治疗。同日上午10时49分，吴已某因咳嗽、咳痰、气促入住株洲县第一人民医院（以下简称株洲县一医院）治疗。株洲县一医院经辅助检查确认患者吴已某：病理呈阴性2012.7.23胸片示右侧胸腔积液。同日13时，株洲县一医院对其行胸腔穿刺抽出淡红色胸水700ml，胸水常规淡红。患者吴已某入院诊断为：结核性胸膜炎肺Ca炎性胸水次日18时30分，患者上厕所时突然出观头晕，摔倒于厕所，医护人员扶其至病床。患者呼吸困难。株洲县一医院向患者下发病危告知书，其中载明临床诊断为：肺Ca并右侧大量胸腔积液，但该告知书上“吴已某”的签名并非患者本人的签名也非患者授权的代理人签名。期间，株洲县一医院对患者进行了相关检

① 湖南省高级人民法院（2016）湘民再23号民事判决书。

查和护理，但并未应患者家属的要求对患者进行抽水。2012年7月25日3时40分患者呼吸、心跳仍无，血压测不到，宣布临床死亡。25日上午，患者吴已某家属将其尸体运送回家。2012年7月26日上午，患者家属来医院对患者死亡原因及医院是否负有责任提出异议，株洲县一医院在患者家属的要求下，将患者病历封存。但株洲县一医院拒绝患者家属复印病历，其后患者家属申请法院调取，株洲县一医院提供了患者病历（除病程记录外）。在此过程中，株洲县一医院未告知患者家属做尸检，患者家属也未提出要做尸检，患者家属此时已将吴已某的尸体入棺。后双方因赔偿问题无法达成一致意见酿成纠纷，患者家属遂向法院起诉要求赔偿。

【法院判决】

一审法院认定：医院于2012年7月24日18时30分向患者下发病危告知书时，在未能确认患者本人及其患者法定代理人身份的情况下，就让他人代为签名，没有完全履行医务人员应当向患者应尽的告知义务；在死因未能确定且患者家属要求赔偿的情形下，未向患者家属告知其在48小时内进行尸检，或采取相应措施以明确患者死因，造成鉴定过程中对于死者的真实死亡原因无法查明，以致无法作医疗过错鉴定，其存在相应过错；在医疗过错、因果关系无法通过专业的医疗鉴定作出结论的情况下，根据公平原则、诚实信用原则。对患者家属的损失应由株洲县一医院承担50%，患者家属自负50%的责任为宜。

二审法院认定：株洲县一医院也未提供证据证实“吴已某”三字是患者其他亲属代签的证据，故株洲县一医院违反了《中华人民共和国侵权责任法》第五十五条之规定，没有完全履行医务人员应当向患者应尽的告知义务，其将病历的部分文字修改和告知义务的签名瑕疵对患者吴已某死亡的后果不构成实质性的损害和影响。但株洲县一医院在明知患者吴已某系从其他医院转院治疗，其本身病情较重的情况下，未及时进行检查、治疗，导致患者的病情和死亡原因不能及时确定，存在一定的诊疗不当。故原审认定株洲县一医院承担50%的赔偿责任不当，酌情认定株洲县一医院承担20%的赔偿责任。

再审法院认为，其自身疾病及病情发展是其死亡的重要原因。虽然患者吴已某家属对其死因提出异议，但也未提出尸检请求。尽管株洲县一医院在对患者吴已某诊疗过程中下达的病危通知书，但该医院对病危通知书上的签名，没有提交证据证明是患者吴已某本人或其家属代理人所签名。株洲县一医院确存在未能严格按照诊疗规程实施医疗行为，但上述行为对患者吴已某死亡的后果不构成实质性的损害和影响。原二审法院根据查明的事实，酌情认定株洲县一医院只承担20%赔偿责任并无不当。综上，原二审判决认定事实清楚，适用法律正确，应予维持。

【案例评析】

本案焦点是医疗机构和医务人员未履行说明义务，是否造成患者人身损害。株洲县一医院于2012年7月24日18时30分向患者下发病危告知书时，在未能确认患者本人及其患者法定代理人身份的情况下，就让他人代为签名，没有完全履行医务人员应当向患者应尽的告知义务，违反了《侵权责任法》第55条第1款。本案患者已年满66周岁，本身患有右侧胸腔积液以及入院检查怀疑肺癌的病情发展来看，其在入院一天多的时间就死亡，没有证据证明系该医院的诊疗行为存在过错并导致患者吴已某死亡。医疗机构和医务人员未履行说明义务，对患者死亡的后果不构成实质性的损害和影响，故此医疗机构不应承担损害赔偿责任。

3. 紧急救治义务

——钱某明与钟山县中医医院医疗损害责任纠纷①

【基本案情】

原告的父亲钱某海因于2014年2月27日晚饮酒过量出现神志迷糊、烦躁、双肺R音粗等症状，于2014年2月28日上午9时25分由其三名朋友抬入被告中医院就诊。接诊医师经问诊和查体后对钱某海予头颅CT、

① 广西壮族自治区贺州市中级人民法院（2016）桂11民终字第91号民事判决书。

颅底CT、双肺CT辅助检查，因钱某海有烦躁症状均未能成功检查，遂对钱某海初步诊断为：1. 乙醇中毒，2. 高血压，3. 肺部感染，并建议住院治疗，但钱某海的朋友不同意住院治疗，并在病历上签字确认。于是，接诊医师对钱某海予5%葡萄糖250ml + 纳洛酮0.8mg静滴、林格氏液500ml静滴和输氧门诊治疗，至下午2时30分，液体输完后予拔针、停氧。至下午3时50分，钱某海的朋友向接诊医师反映钱某海腹痛不缓解，接诊医师予10%葡萄糖250ml + 纳洛酮0.8ml静滴，0.9%生理盐水100ml + 奥美拉唑40mg静滴，5%葡萄糖250ml + 三磷酸腺苷辅胰岛素40mg静滴，但钱某海的病情始终未改善。至下午5时55分，钱某海突然出现意识丧失，呼吸、心跳停止，经抢救无效死亡。

2014年11月13日，桂林市正华司法鉴定中心作出鉴定意见，认为接诊医师对钱某海的初步诊断为酒精中毒，与钱某海的尸体解剖病理诊断所反映的钱某海的死因为酒精中毒一致，是正确的，同时，接诊医师在门诊治疗中对钱某海的用药和输氧均是针对钱某海酒精中毒的症状进行的，给予了钱某海积极的治疗，因此，被告中医院在对钱某海的诊疗活动中没有过错。

【法院判决】

一审法院经审理认为，本案的争议焦点是被告中医院在对钱某海的诊疗活动中是否有过错，对钱某海的死亡是否应承担赔偿责任。首先，根据钱某海被抬入医院就诊8个多小时后在门诊治疗中死亡的事实及钱某海的病历资料、尸检报告等可知，钱某海不论在被抬入医院时或在门诊治疗中都是一个存在高危因素，具有潜在生命危险，有必要收入医院住院治疗，当时接诊医师建议住院治疗亦证明了该必要性，但接诊医师对钱某海未收入医院住院治疗，只给予门诊治疗。其原因是钱某海的朋友当时不同意住院治疗，只同意门诊治疗。但是，根据《侵权责任法》第五十六条的规定，在钱某海病情危重被抬入医院急需救治的紧急情况下，特别是在钱某海在门诊治疗中病情一直未得到改善，逐步接近死亡，生命垂危的紧急情况下，接诊医师在钱某海神志迷糊，其近亲属又不在场，不能取得钱某海本人及其近亲属意见的情况下，应当经被告中医院负责人或者授权的负责人批准，立即对钱某海实施相应的医疗措施，即对钱某海应当给予住院或者其他有效治疗就应当立即给予住院或者其他有效治疗，而不应当按钱某海朋友的意见只给予一般的门诊治疗，而且在门诊治疗无效的情况下仍然继续给予相同的门诊治疗，甚至在第一次液体输完后病情未改善的情况下予以拔针、停氧1个多小时不给予任何治疗，致使钱某海被抬入医院就诊8个多小时一直得不到相应的有效医疗措施而死亡。可见，被告中医院在对钱某海的诊疗活动中严重违反了《侵权责任法》第五十六条的规定。该条规定是关于医疗机构对生命垂危等急需救治的患者必须履行紧急救治义务的规定。被告中医院违反了该条规定，根据《侵权责任法》第五十八条第（一）项关于医疗机构违反法律、行政法规、规章以及其他有关诊疗规范的规定，同时，患者有损害的，应当推定医疗机构有过错的规定，应当推定被告中医院在对钱某海的诊疗活动中有过错，即推定被告中医院未按《侵权责任法》第五十六条的规定对钱某海实施相应的有效医疗措施导致了钱某海的死亡，应对钱某海的死亡承担赔偿责任。

二审法院经审理认为，本案的争议焦点在于上诉人在此次诊疗活动中是否有过错及是否应当承担赔偿责任。上诉人认为一审判决错误的主要理由是本案经过鉴定，而一审法院没有依据鉴定意见作出判决。根据《最高人民法院关于民事诉讼证据的若干规定》第六十四条“审判人员应当依照法定程序，全面、客观地审核证据，依据法律的规定，遵循法官职业道德，运用逻辑推理和日常生活经验，对证据有无证明力和证明力大小独立进行判断，并公开判断的理由和结果”的规定，法官对证据是否采纳有权作出判断，而本案中，一审法院对于该鉴定意见是否能够采纳，已经充分做了阐述，且根据本案的实际情况可以认定上诉人在长达七八个小时的治疗中病情没有改善的情况下仍没有采取其他有效手段进行治疗，在本次诊疗活动中未尽到与当时医疗水平相应的诊疗义务，最终导致患者死亡，对患者死亡的结果存在过错，故一审法院根据过错程度判决上诉人承担40%的责任并无不当，法院予以维持。

【案例评析】

本案中，患者在出现了生命危险的紧急状况时，医务人员应该经医疗机构负责人或者授权的负责人批准立即实施相应医疗措施，而不能因为患者的朋友当时不同意住院治疗，只进行门诊治疗。在门诊治疗仍无好转的情况下，医疗机构应该以救死扶伤、抢救患者生命为首任，对患者开展积极治疗措施。而当医疗机构及其医务人员怠于实施相应医疗措施造成损害，患者请求医疗机构承担赔偿责任的，应予支持。

4. 认定两个医疗机构的连带责任

——代某姣与扶沟县计划生育服务站、扶沟县吕潭卫生院医疗损害责任纠纷案①

【基本案情】

原告代某姣，智障患者、宫内孕。2013 年 4 月 23 日入住第一被告处进行产前检查治疗。诊断宫内孕 37 +1 周，产前治疗二天，于 2013 年 4 月 25 日出院。同年 4 月 27 日凌晨 2 点 30 分左右，患者紧急分娩，由其家属直接拨打扶沟县计划生育服务站（以下简称第一被告）服务电话要求接诊。凌晨 3 点 05 分左右，第一被告派出服务车及医生到达患者家中接诊。接诊途中，因情况紧急，于凌晨 3 点 40 分左右，第一被告接诊医生将原告就近转入扶沟县吕潭卫生院（以下简称第二被告）处实施紧急阴道分娩术。接生中，二被告医护人员共同参与实施了对患者代某姣进行阴道分娩术的全过程。分娩中，婴儿死亡，是胎内死亡还是产后死亡，双方存在争议。同日 6 点 20 分左右，患者转入扶沟县人民医院住院治疗。诊断：产后胎盘滞留，左侧阔韧带血肿、右侧子宫下段裂伤、宫颈裂伤、阴道壁裂伤、会阴裂Ⅱ度、瘢痕子宫、孕 2 产 2、肠梗阻、精神分裂症。在扶沟县人民医院住院治疗二天，支出医疗费 8562.81 元。于 2013 年 4 月 29 日，

① 扶沟县人民法院（2014）扶民初字第 695 号民事判决书。

院方建议转入郑州大学第一附属医院治疗。初步诊断：子宫及软产道裂伤、肠梗阻。住院治疗15天，发生医疗费11424.34元。2013年5月14日出院。出院诊断：子宫及软产道裂伤修补术后、肠梗阻、贫血。现治疗终结。死亡婴儿未进行尸体检验。

本案审理中，原告申请针对其生育能力是否造成损害及伤残等级、婴儿死亡原因、二被告的医疗过错及因果关系要求进行司法鉴定。2014年3月，法院委托司法鉴定科学技术研究所司法鉴定中心对上述争议事项委托鉴定。同年3月13日，该司法鉴定中心出具退卷函，以患者经历四家医院治疗，但没有提供被告的两家医院的病历资料、婴儿死亡亦没有进行尸体检验，无法出具明确的鉴定结论为由，本案不予受理。2014年6月14日，法院又委托西南政法大学司法鉴定中心对上述争议事项进行鉴定。同年6月19日，该鉴定中心出具不予受理说明，以不能提供被告医院的病历资料，不能出具明确意见为由，不予受理。

【法院判决】

法院认为，根据本案争议事实及原告的诉请，本案争议焦点应属医疗损害责任纠纷。我国侵权责任法关于医疗技术损害责任中规定，患者在诊疗活动中受到损害，医疗机构及其医护人员有过错的，由医疗机构承担赔偿责任。结合本案，原告认为，二被告在对原告实行阴道分娩术中存在过错，要求对原告造成的损害及婴儿死亡的事实承担人身损害及精神损害的赔偿责任。

我国侵权责任法规定，医务人员在诊疗活动中应当向患者说明病情和医疗措施。需要实施手术、特殊检查、特殊治疗的，医务人员应当及时向患者说明医疗风险、替代医疗方案等情况，并取得其书面同意；不宜向患者说明的，应当向患者的近亲属说明，并取得其书面同意。医务人员未尽到上述义务，造成患者损害的，医疗机构应承担赔偿责任。第一被告在对原告实施接诊过程中，无充分证据证明发生紧急情况下，需要就近在第二被告处实施阴道分娩术的医疗方案、医疗风险向患者的近亲属进行了告知、说明，并取得其书面同意。客观上侵害了患者及患者家属的知情权和决定权等其他民事权益。根据有关法律规定，在医疗过失上，由于二被告未善尽告知义务，即推定二被告及医务人员具有过失。针对在第二被告处对原告实施阴道分娩术的过程，应认定属二被告医务人员共同实行的对原告的诊疗行为。针对原告在接受阴道分娩术及相关诊疗中发生的医疗费用、精神损害等相关损失，二被告在各自医疗过失责任范围内，应向原告承担相应的赔偿责任。针对二被告作出的在当时的紧急情况下，不能取得原告或原告近亲属意见的，可以立即实施相应在手术措施的抗辩，在第一被告接诊过程中及二被告共同实施阴道分娩术前，原告的丈夫及其他亲属均在现场，同样，二被告无证据证明，在此情况下已善尽了必要的法定告知义务。因此，二被告无理由以“不能取得患者或者患者近亲属意见”情形下，可以立即实施相应的阴道分娩术措施。

二被告应于判决生效后五日内，由被告扶沟县计划生育服务站赔偿原告各项损失23520元，由被告扶沟县吕潭卫生院赔偿原告各项损失9260元。二被告相互承担连带责任。

【案例评析】

本案中两家医疗机构对患者治疗过程都存在过错，应该结合实际情况，对损害事实产生的原因进行分析，确定两家医疗机构责任的大小，各自承担责任，同时对患者承担连带责任。第一被告在为原告提供医疗服务过程中，对原告的产期判断失误，在原告出院时也没有按规定对原告作医嘱，是造成原告损害发生的根本原因。第一被告接诊时，没有派出符合规定的车辆并按规定配备医务人员前往接诊，并且在没有取得原告及家属同意的前提下，擅自把原告送往医疗技术及服务水平较低的乡级卫生院进行分娩，是造成原告损害发生的直接原因。由于二被告的医务人员的处置失误，造成原告“产后胎盘滞留、子宫裂伤、软产道裂伤”，分娩的女婴出生后死亡。因此，二被告应对原告的损害共同承担全部责任。

5. 医师在两个医疗机构执业时，医院的过错推定

——长子县丹朱镇卫生院草坊分院因与李某及长子县丹朱镇卫生院医疗损害赔偿纠纷申请再审案[①]

【基本案情】

2008年12月14日上午原告李某因骑自行车跌倒摔伤，经被告长子县丹朱镇卫生院草坊分院（以下简称草坊分院）医生检查后当日入住该院治疗，确诊为左侧股骨颈骨折，同年的12月27日该院从其他医院聘请医师崔某科为原告施行经皮穿刺钉内固定术，2009年1月9日原告出院。2010年3月29日至4月7日被告草坊分院为原告施行股骨颈术后内固定拔除术，2010年4月7日草坊分院出院证诊断项记载："左股骨颈骨折术后，股骨头坏死"。原告在该院两次住院治疗期间共支付医疗费3451.30元（其中第一次2774.90元，第二次676.40元）。2011年4月12日至22日期间，原告在家人的陪护下到北京积水潭医院检查治疗。经检查，该院4月16日影像学检查报告的诊断意见为左侧股骨颈骨折术后改变；左侧股骨头骨坏死；请结合临床，骨质情况参阅X片或CT，随诊复查。

【法院判决】

一审、二审法院均认为：从司法鉴定意见书所阅片中也可证明原告患有股骨头坏死，据此可以认定原告确已患股骨头坏死。原告的该损害结果，虽不能通过司法鉴定证明与被告草坊分院的医疗行为之间有因果关系，但从本案的证据能够证明被告草坊分院存在医疗过错行为：首先从被告提供的执业许可证上，可知该院不具有开展骨科治疗的资格。外科的专业代码为"04.01"，而骨科的专业代码为"04.03"，外科不能包括骨科。因此被告草坊分院在超出执业许可诊疗科目的范围外，给原告施行骨科手术，本身就存在过错；其次给原告施行手术的主治医师崔某科为该院聘请

---

① 山西省高级人民法院（2014）晋民申字第79号民事裁定书。

的医生，其在注册地点以外的医疗机构执业行医，且被告草坊分院也未提供该医师的执业证书，所以不能证明其执业行为具有合法性。根据被告草坊分院以上的过错行为，法院推定原告所受股骨头坏死的损害与被告草坊分院的医疗行为之间存在因果关系。因此被告草坊分院对原告的损害应承担民事赔偿责任。

再审法院认为：给李某施行手术的主治医师崔某科为草坊分院聘请的医生，其在注册地点以外的医疗机构执业行医，根据《中共中央国务院关于深化医药卫生体制改革的意见》《医师多点执业有关问题的通知》相关规定，医师受聘在两个以上医疗机构执业的，应当向卫生行政部门申请增加注册的执业地点，草坊分院未能提供出该医师的执业证书，所以不能证明其执业行为具有合法性。根据草坊分院的过错行为，一、二审判决推定李某所受股骨头坏死的损害与该院的医疗行为之间存在因果关系并无不当。

【案例评析】

本案中为患者实施医疗措施的医疗机构草坊分院不具有开展骨科治疗的资格，构成违反法律、行政法规、规章以及其他有关诊疗规范的规定，根据《侵权责任法》第58条应该承担过错责任。为患者具体实施手术的医生，其在注册地点以外的医疗机构执业行医，医师受聘在两个以上医疗机构执业的，应当向卫生行政部门申请增加注册的执业地点，草坊分院未能提供出该医师的执业证书，所以不能证明其执业行为具有合法性，故此医务人员对患者治疗也存在过错。根据《侵权责任法》第34条规定，用人单位的工作人员因执行工作任务造成他人损害的，由用人单位承担侵权责任。本解释第20条中进一步明确“由邀请医疗机构承担赔偿责任”。

6. 受诉法院所在地医疗机构不需承担赔偿责任情况下患者残疾赔偿金的计算标准

——王某某诉山东省烟台市同兴诊所等医疗纠纷案①

【基本案情】

2012年9月28日，王某某因身体不适到山东省烟台市同兴诊所就诊，9月29日至山东省烟台市福山医院就诊，10月2日到北京第一〇七医院就诊，10月4日，原告到第一〇七医院肾病科就诊，被诊断为肾功能不全，入院行血液透析治疗，此后被诊断为尿毒症。山东大舜司法鉴定所鉴定：1. 被鉴定人王某某在2012年9月28日到烟台市同兴诊所就诊前，即存在右侧肾囊肿、甘油三脂、胆固醇异常，后又发现右肾结石等导致肾正常结构和功能损害的基础。2. 烟台市同兴诊所所用药剂量、疗程、给药方法尚无不当；但抗生素适应症、禁忌症掌握不够严格，对王某某肾功能损害起诱发作用，参与度以诱因形式，不低于5%为宜。3. 烟台市福山区人民医院于2012年9月29日接诊王某某，除为其检查大便、血液分析和肝肾功能外，未予以施行治疗性措施；此后亦未及再次记录，并于3天后即到第一〇七医院就诊，因此不认为该院存在医疗过错，不承担相应责任。4. 第一〇七医院在2012年10月2日对王某某的门诊诊疗中，不填写医疗手册，对胃肠炎的诊断依据不足，使用克林霉素的适应症不当，违反卫生部办公厅《关于加强克林霉素注射液临床使用管理通知》的多项要求及病历书写基本规范等规章规定，对王某某肾功能损害的加重起到不良影响，其过错为次要作用，辅因形式，参与度以16% -44%为宜。烟台信恒翔司法鉴定所鉴定王某某的双侧肾功能重度障碍构成Ⅲ级伤残

【法院判决】

一审法院认为，本案的争议焦点问题是三被告的诊疗行为是否存在过

---

① 山东省烟台市中级人民法院（2015）烟民四终字第2093号民事判决书。

错、应承担的责任比例及赔偿范围。关于三被告的诊疗行为是否存在过错及应承担的责任比例。山东大舜司法鉴定所鉴定，被告同兴诊所的诊治对原告肾功能损害起诱发作用，参与度以诱因形式，不低于5%为宜；被告福山医院不存在医疗过错，不承担相应责任；被告第一〇七医院对原告肾功能损害的加重起到不良影响，其过错为次要作用，辅因形式，参与度以16%－44%为宜。该鉴定结论，法院予以采信，参照该鉴定结论，可由被告同兴诊所按5%承担相应赔偿责任，被告第一〇七医院按30%承担相应赔偿责任，被告福山医院不承担赔偿责任。

关于赔偿范围，原告主张2012年损害发生时原告61周岁，残疾赔偿金计算19年，计算方式29222元×19年＝555218元。烟台信恒翔司法鉴定所司法鉴定意见系2014年6月27日作出，应以此时间作为残疾赔偿金的计算年限，应为17年，Ⅲ级伤残赔偿比例为80%，据此计算原告的残疾赔偿金29222元×17年×80%＝397419.2元。原告主张中多出部分，法院不予支持。原告要求被告继续承担今后治疗费，因该费用尚未发生，无法确定，待实际发生后，原告可另行主张。

故判决：一、被告同兴诊所赔偿原告王某某所有费用共计30333.95元。二、被告第一〇七医院赔偿原告王某某所有费用共计182003.71元。三、驳回原告王某某对被告福山区人民医院的诉请。

宣判后，第一〇七医院不服原审判决，提起上诉。

二审法院认为，原审法院根据山东大舜司法鉴定所的鉴定意见书认定各医疗机构是否存在过错及应承担的责任比例。在各方无充分证据及理由反驳的情况下，原审法院予以采信，并无不当。王某某在同兴诊所就诊后，诊所告知并记录“输液后仍恶心，建议转院治疗”，次日王某某去福山医院就医，福山医院进行了肾功能检查，检查结果显示肾功能异常，但福山医院并未给予影响肾功能的药物，王某某到第一〇七医院就诊时，医院未填写门诊病历诊疗记录，无法认定接诊医生对王某某病史询问及体格检查、肾功能异常等履行了注意义务。第一〇七医院作出胃肠炎诊断不具备胃肠炎的症状及辅助检查支持。在福山医院及第一〇七医院相关检查结果已经显示王某某可能存在肾/泌尿系疾病的情况下，第一〇七医院仍然施用克林霉素这一可能导致肾功能损害的药物，对王某某肾功能损害的加重起到不良影响，其应当承担相应的过错责任。原审法院判决的赔偿数额符合相应规定，应予支持。综上，判决：驳回上诉，维持原判。

【案例评析】

本案涉及本解释第 24 条的规定。

本案中，原告王某某因医疗损害，请求残疾赔偿金，作为被告的有山东本地的诊所和北京某医院，受诉法院为山东省烟台市中级人民法院，争议焦点在于残疾赔偿金应当以山东省烟台市所在的山东省上一年度城镇居民人均可支配收入或者农村居民人均纯收入为计算标准，还是以北京市上一年度城镇居民人均可支配收入或者农村居民人均纯收入为计算标准。

按照本解释第 24 条的规定，应当以受诉法院所在地上一年度城镇居民人均可支配收入或者农村居民人均纯收入为计算标准，但是受诉法院所在地的医疗机构（福山医院）经审理后并不负有医疗损害的责任，承担医疗损害赔偿责任的是北京市的医院和山东本地的同兴诊所，如果一味按照山东的标准进行赔偿会造成不合理的结果。因此本解释第 24 条对受诉法院所在地的计算标准进行了调整："被侵权人同时起诉两个以上医疗机构承担赔偿责任，人民法院经审理，受诉法院所在地的医疗机构依法不承担赔偿责任，其他医疗机构承担赔偿责任的，残疾赔偿金、死亡赔偿金的计算，按下列情形分别处理：（一）一个医疗机构承担责任的，按照该医疗机构所在地的赔偿标准执行；（二）两个以上医疗机构均承担责任的，可以按照其中赔偿标准较高的医疗机构所在地标准执行。"按照这一规定，本案法院在计算原告的残疾赔偿金时，应当按照较高的标准，即第一〇七医院所在的北京市上一年度城镇居民人均可支配收入或者农村居民人均纯收入为计算标准。

五、医疗产品损害责任经典案例

1. 患者因医疗产品缺陷受有损害的，该向谁主张损害赔偿

——河南科技大学第二附属医院与雷某阁医疗损害赔偿纠纷上诉案①

【基本案情】

原告雷某阁因交通事故入住被告河南科技大学第二附属医院诊断治疗。经诊断：雷某阁右股骨上段粉碎性骨折。6月30日被告给原告行伽玛钉内固定（交锁髓内钉）手术，8月8日出院，住院41天。出院后，原告在2007年5月25日感觉右腿疼痛。5月29日原告入住洛阳正骨医院，经诊断：右股骨上段骨不连。5月30日经拍片发现右股骨上段骨折，伽玛钉上段向外侧成角断裂。6月1日该院给原告行右股骨上段骨不连内固定去除复位固定植骨术，6月26日出院，住院28天，花费医疗费21237.85元。出院后，原告找被告要求赔偿，被告以交锁髓内钉断裂与医院的医疗行为没有因果关系为由，不愿承担赔偿责任。原告于2007年7月12日向法院提起诉讼，诉求被告赔偿医疗、误工等各种费用。在审理过程中，被告于2007年9月25日向一审提出鉴定申请，要求对原告在医院治疗期间使用的交锁髓内钉发生断裂是否与医疗行为有因果关系，是否构成医疗事故进行技术鉴定。一审法院依法定程序委托洛阳市医学会进行了鉴定。经鉴定，结论为：造成原告内固定物断裂的原因与外力及内固定物的质量有关，与医疗行为无关，不构成医疗事故。原告于2007年10月17日、2008年3月3日先后向法院提出鉴定申请，要求对二次手术费用进行评估，对伤残等级进行鉴定。一审法院委托洛阳陇平法医临床司法鉴定所对后期治疗费用进行了评估，经鉴定评估，结论为：雷某阁的后期医疗费用需5300元左右。委托河南正诚法医临床司法鉴定所对雷某阁伤残等级进行了鉴定。经鉴定，认为：雷某阁的右股骨上段骨不连内固定去除复位固定植骨术后，

① 河南省洛阳市中级人民法院（2009）洛民终字第1549号民事判决书。

现右腿肌肉有轻度萎缩，右下肢较左下肢缩短：2.7cm。骨折内固定术后，无功能障碍者，可评定为9级伤残。右下肢伤后缩短 >2cm，<3cm，可评定为7级。鉴定结论：雷某阁的损伤已构成一个9级伤残，一个7级伤残。鉴定结论送给原、被告后，原告变更诉讼请求，诉求被告赔偿二次手术所支出的医疗费、误工费、二次手术费等各种费用共计182807.85元。

【法院判决】

一审法院经审理认为：原告雷某阁因发生交通事故到被告河南科技大学第二附属医院诊断治疗，被告为原告提供了诊断，并给原告行右股骨切开复位“交锁髓内钉”固定手术、售药等服务，并收取了原告医疗费用，形成了事实上的医疗服务合同关系。虽然被告给原告行“交锁髓内钉”固定手术行为无明显医疗失误，但给原告体内安装的内固定“交锁髓内钉”断裂事实清楚。内固定“交锁髓内钉”断裂属于产品质量不合格，被告存在对医疗器械质量把关不严的过失，从而给原告造成伤残，且需要后期再次治疗的后果。因此，被告对给原告造成的经济损失应当给予赔偿。对被告辩称造成原告内固定物断裂的原因与外力及内固定物的质量有关，因本案系医疗服务合同纠纷，与产品质量纠纷不属同一法律关系，被告对原告承担赔偿责任后，可向生产该产品的生产者行使追偿权。依照《中华人民共和国民法通则》第一百一十九条和《最高人民法院关于审理人身损害赔偿适用法律若干问题的解释》第十七条及《最高人民法院关于确定民事侵权精神损害赔偿责任若干问题的解释》第八条之规定，经合议庭评议，判决如下：一、被告河南科技大学第二附属医院应赔偿原告雷某阁在洛阳正骨医院治疗所产生的医疗费21556.85元、交通费931元、误工费8000元、护理费11227.68元、住院伙食补助费560元、营养费900元、住宿费300元、后期治疗费5300元、残疾赔偿金10000元、残疾人生活补助费91816.40元。以上共计160591.93元。限被告在本判决生效后十日内给付原告。二、驳回原告雷某阁其他诉讼请求。如果被告未按本判决指定的期间履行给付金钱义务，应当依照《中华人民共和国民事诉讼法》第二百二十九条[①]之规定，加倍支付迟延履行期间的债务利息。本案受理费2300元、鉴定费1350元，共计3650元，由被告承担。被告承担的费用已先由原告垫付，待执行时由被告一并给付原告。

二审法院经审理认为：被上诉人雷某阁到上诉人河南科技大学第二附属医院诊断治疗，上诉人为被上诉人提供了诊断，并给被上诉人行右股骨切开复位“交锁髓内钉”固定手术。术后11个月左右，被上诉人体内安装的内固定“交锁髓内钉”断裂的事实清楚，并且内固定物断裂与被上诉人的损害后果之间存在直接的因果关系。医院作为内固定物的销售者对被上诉人承担赔偿责任后，可向生产该产品的生产者行使追偿权。加之在本案审理过程中上诉人未能提供充分有效的证据，证明在被上诉人出院后，上诉人对内固定物取出前的使用注意事项给被上诉人进行了充分的告知，仅仅是在出院遗嘱中告知被上诉人避免负重，医院未尽到告充分的告知义务。故上诉人应当对被上诉人的损害后果承当赔偿责任，上诉人认为内固定物断裂是否属于质量问题，未经过司法鉴定确认，其不应当承担赔偿责任的上诉理由不足，本院不予支持。综上，依据《中华人民共和国民事诉讼法》第一百五十三条[②]第一款（一）项之规定，判决驳回上诉，维持原判。

【案例评析】

本案涉及本解释第21条的规定。

因医疗产品的缺陷或者输入不合格血液受到损害，患者请求医疗机构，缺陷医疗产品的生产者、销售者或者血液提供机构承担赔偿责任的，应予支持。受害患者究竟起诉医疗机构，缺陷医疗产品的生产者、销售者或者血液给机构中的哪一个作为被告，是原告的权利，他有权选择。

受害患者起诉医疗机构作为被告，并且医疗机构承担了赔偿责任后，有权向缺陷医疗产品的生产者、销售者或者血液提供机构进行追偿。对

① 对应2017年《民事诉讼法》第232条。
② 对应2017年《民事诉讼法》第170条。

此，不论是对受害患者的选择，还是医疗机构承担了中间责任后，对最终责任人即缺陷医疗产品的生产者、销售者或者血液提供机构提出追偿请求的，人民法院都应予支持。

如果在医疗产品损害责任中，对于受害患者受到的损害是因医疗机构的过错使医疗产品存在缺陷或者血液不合格，而受害患者主张损害赔偿责任的被告是医疗产品的生产者、销售者或者血液提供机构承担赔偿责任的，在其承担了赔偿责任之后，有权向有过错的医疗机构提出追偿请求权。对于这样的医疗产品损害责任，受害患者一方提出主张生产者、销售者或者血液提供机构承担责任的，人民法院应予支持，因为还有追偿权的保障。

本案中，原告雷某阁因发生交通事故到被告河南科技大学第二附属医院诊断治疗，被告为原告提供了诊断，并给原告行右股骨切开复位“交锁髓内钉”固定手术。被告给原告行“交锁髓内钉”固定手术行为无明显医疗失误，给原告体内安装的内固定“交锁髓内钉”断裂事实清楚，属于产品质量存在缺陷。按照本司法解释第21条的规定，原告雷某阁有权向作为医疗机构的河南科技大学第二附属医院请求因医疗产品缺陷所造成的损害，由于该产品缺陷由生产厂家所造成，因此河南科技大学第二附属医院在承担完损害赔偿责任后可以向“交锁髓内钉”的生产者予以追偿。

2. 缺陷医疗产品与医疗机构的过错诊疗行为相结合致害患者的连带责任

——大连昊德商贸有限公司与郭某等医疗损害责任纠纷上诉案[①]

【基本案情】

郭某因右髋关节术后21年，右髋疼痛活动受限10个月于2010年4月

---

① 北京市第三中级人民法院（2015）三中民终字第15486号民事判决书。

7 日入306 医院，予行右髋关节翻修术，术后 2 年余因右大腿外侧疼痛、红肿再次来院，X 线检查发现金属丝断裂，并考虑感染，行手术治疗，将钢板及金属丝取出。

郭某以右髋关节置换术后21 年，因右髋疼痛活动受限 10 个月于 2010 年 4 月 7 日入 306 医院，306 医院行骨盆平片后认为其存在假体松动，予行右人工全髋关节翻修术，术中见股骨大粗隆下方约 12cm 处斜行骨折，内侧、前侧和后侧骨缺损，行同种异体骨植骨，6 孔钢板内固定术。2010 年 5 月 22 日办理出院。术后 2 年后，因右大腿肿痛 2 个月于 2012 年再次来院检查，X 线显示股骨假体周围部分骨质破坏，呈溶骨性改变，假体金属丝断裂，予行手术探查考虑感染，将钢板及断裂金属丝取出，病情平稳出院。306 医院 2010 年病历记载所行手术为 6 孔钛缆自锁定钢板，经鉴定实际所使用 3 根索绑系统材质并非钛缆，其中近端 1 根为钴 – 铬合金（钴铬钨镍）材质，远端 2 根不锈钢（铁铬镍）材质。306 医院在此对其所使用的医疗用品了解不足，将钢缆记录为钛缆，病历中也未见使用钢缆标签。同时，306 医院未能选用同种材质钢缆进行手术的医疗行为，不符合医疗常规，可能造成一定的电解反应而给手术部位带来特异性刺激，使其增加了后期发生并发症风险。此外，306 医院术前讨论较简单，术前检查欠详细，因而未能在术前了解郭某存在股骨粗隆下骨折及骨质缺失情况，待术中发现骨折后临时处理，手术历时近 7 小时，时间偏长，进而使出现术中污染的几率增高，加大了未来发生感染的风险。经鉴定，1#、2#钢索的断裂性质为疲劳断裂，3#、4#钢索的断裂性质为过载断裂。

【法院判决】

一审法院经审理认为：当事人对自己提出的主张，有责任提供证据。根据《医疗器械不良事件监测工作指南（试行)》的规定，医疗器械不良事件是指获准上市的质量合格的医疗器械在正常使用情况下发生的，导致或者可能导致人体伤害的各种有害事件。在发现或知悉医疗器械不良事件后，使用单位应及时分析事件发生的可能原因，详细记录有关监测情况，适时反馈有关医疗器械生产企业。对报告事件，使用单位还应当积极配合医疗器械生产企业和监测主管部门对报告事件的调查，提供相关资料并根据事件的严重性和重复发生的可能性，采取必要的控制措施（如：暂停使用、封存“样品”和记录保存等）。本案中，依据鉴定机构做出的鉴定结论可知，306 医院为郭某使用的缆索发生了疲劳断裂。在此情况下，306 医院应在为郭某取出钢板和缆索的同时，注意封存样品和保存记录，以保证问题器械的可追溯性；而不应简单地将存疑器械在未经双方共同封存的情况下交予郭某保管。306 医院称此为“患者的权利”，应属对相关操作规范理解认识有误。故关于郭某提交的钢板和钢索是否为 306 医院从郭某体内取出的原物，306 医院和捷迈公司在庭审中均予以否认；大连昊德商贸有限公司（以下简称昊德公司）予以认可在先，而后又变更陈述亦予以否认，但郭某就此无从举证，应认定为因 306 医院的处置行为不当所致，应由 306 医院承担相应的责任。捷迈公司和昊德公司虽称不排除其他公司仿冒捷迈公司产品的情况，但亦未举证，故法院认定郭某在本案审理中提交的钢板及缆索均系 306 医院实际为郭某植入的器械。

医疗机构承担医疗侵权损害赔偿责任的前提条件是其医疗行为存在过错并与郭某的损害后果有因果关系。作为郭某的患方通常应对损害后果、医疗过错、医疗过错与损害后果之间的因果关系承担举证责任。经鉴定，鉴定机构认为 306 医院在郭某的诊疗过程中存在一定的过失，该过失与郭某的损害后果之间存在一定的因果关系，并建议 306 医院的过失在郭某的诊疗过程中负有次要责任。现 306 医院认可鉴定结论，郭某虽不认可鉴定结论，但无相反证据足以反驳，故法院采纳鉴定机构的意见，并根据现有证据、本案的实际情况以及郭某自身的疾病，依法确定 306 医院承担民事赔偿责任的比例为 25%。

因销售者的过错使产品存在缺陷，造成他人损害的，销售者应当承担侵权责任。本案中，306 医院和昊德公司均认可在郭某进行钢板和缆索植入手术时，有昊德公司的销售人员跟台并直接向术者提供了植入的缆索。同时，306 医院、昊德公司的陈述以及捷迈公司提供的产品说明书均表明，不同材质的缆索不可同时使用，但昊德公司在庭审中认可可能出现同时使用两种不同材质缆索的情形。现根据鉴定机构的结论可知，1#缆索材质与2#缆索、3#和4#缆索材质不同，且该情况可能造成一定的电解反应而给手术部位带来特异性刺激，增加了后期发生并发症的风险，故对于郭某后期发生感染，内固定物取出的损害后果，昊德公司应与306医院承担连带赔偿责任。

二审法院经审理认为：综合各方诉辩主张，本案二审的争议焦点为昊德公司与306医院是否应对郭某人身损害承担连带赔偿责任。

连带责任是指依照法律规定或当事人的约定，两个或者两个以上当事人对其共同债务全部承担或部分承担，并能因此引起内部债务关系的一种民事责任。根据北京市红十字会急诊抢救中心司法鉴定中心出具的鉴定意见，造成郭某人身损害，除郭某自身原因外，医方的主要原因为选用了不同材质的钢缆。306医院与昊德公司均确认在为郭某手术时，有昊德公司的销售人员跟台并直接向术者提供植入缆索。昊德公司销售人员的行为为职务行为，涉案缆索选用行为应认定为306医院和昊德公司共同实施。昊德公司虽主张其系按照306医院要求提供缆索，但其对此并未提供证据加以证明，306医院亦不予认可，故本院对其该项主张不予采信。《中华人民共和国侵权责任法》第十条规定："二人以上实施危及他人人身、财产安全的行为，其中一人或者数人的行为造成他人损害，能够确定具体侵权人的，由侵权人承担责任；不能确定具体侵权人的，行为承担连带责任。"对于选用不同材质缆索的责任主体，因根据现有证据尚无法确定，故昊德公司与306医院应承担连带赔偿责任

【案例评析】

本案涉及本解释第22条的规定。

如果患者的损害仅仅是由缺陷医疗产品造成的，就属于医疗产品责任，应当按照本司法解释第21条的规定处理，医疗机构虽然有可能要承担赔偿责任，但其最终还可以向医疗产品的生产者和销售者追偿，也就是不需要承担终局的赔偿责任。患者、医疗机构和医疗产品生产者、销售者之间是不真正连带责任。但是如果医疗机构在对患者使用缺陷医疗产品时

存在过失，则三者之间的关系就发生了变化，由不真正连带责任转化为共同侵权的连带责任。也就是说，医疗机构与医疗产品的生产者或销售者构成客观关联的共同侵权行为。

本案中，患者郭某的手术中，医疗机构违反医疗常识使用了不同材质的钢缆，对于钢缆断裂的损害后果具有一定的过失，而昊德公司作为医疗产品的销售者将不同材质的钢缆交付于手术实施人，未尽到医疗产品的使用说明和警示义务，存在警示说明缺陷，对于损害的发生也具有一定的原因。医疗机构306医院的过失医疗行为与昊德公司销售的医疗产品的缺陷相结合，共同造成了损害的发生，因此，按照本司法解释第22条的规定，306医院应当与昊德公司对于患者郭某的损害承担连带赔偿责任。

3. 医疗机构销售使用过期医疗产品致害患者的惩罚性赔偿

——田某与王某医疗产品责任纠纷案①

【基本案情】

大连沙河口王某医疗美容诊所系经大连市卫生局核准登记的营利性医疗机构，于2005年8月31日成立，于2008年10月16日变更字号为大连沙河口王某医疗美容诊所，经营者为王某，经营范围为医疗美容外科专业服务。2015年11月16日该诊所经工商部门核准注销个体工商户登记。

原告田某于2014年4月16日在大连沙河口王某医疗美容诊所接受了鼻子及下巴整形美容外科手术，手术医师为被告王某。大连沙河口王某医疗美容诊所于2014年4月23日向原告出具了证明，证明原告田某于2014年4月16日在该诊所接受了鼻子及下巴整形美容外科手术。被告王某作为主任医生在该证明上签字确认。被告在为原告进行鼻部整形手术过程中使用了名称为Megacaitilage（carving）的异体软骨材料，该材料失效日期为2014年2月13日。

---

① 辽宁省大连市沙河口区人民法院（2015）沙民初字第05234号民事判决书。

【法院判决】

法院认为，大连沙河口王某医疗美容诊所已于2015年11月16日登记注销，在此之后其相应的民事责任应由作为该诊所经营者的被告承担。被告具有相关的医疗资质证书，其经营的大连沙河口王某医疗美容诊所系营利性医疗机构，应遵循诚实信用的原则为原告提供医疗美容服务。被告在为原告实施美容手术中使用了过期的医疗产品，应按照《中华人民共和国侵权责任法》及《中华人民共和国消费者权益保护法》的规定承担赔偿责任，本案属医疗产品责任纠纷。

本案争议焦点在于：1. 被告向原告提供的医疗产品是否存在假冒、过期情形；2. 被告是否应当按照医疗费用三倍的标准赔偿原告损失。

关于第一个焦点问题。根据《中华人民共和国消费者权益保护法》第四十八条的规定，经营者提供商品或者服务有下列情形之一的，除本法另有规定外，应当依照其他有关法律、法规的规定，承担民事责任：（一）商品或者服务存在缺陷的……（五）生产国家明令淘汰的商品或者销售失效、变质的商品的。原告作为消费者在接受被告提供的医疗整形服务时享有人身、财产安全不受损害的权利。被告在为原告实施整形手术中使用了异体肋软骨材料，根据被告为原告制作的医疗病志中所黏贴的异体骨材料商品标签显示，该材料失效日期为2014年2月13日，而被告为原告实施美容手术的时间为2014年4月16日。因此，被告为原告使用的美容整形材料系过期失效产品。根据该法第十八条规定，经营者应当保证其提供的商品或者服务符合保障人身、财产安全的要求。对可能危及人身、财产安全的商品和服务，应当向消费者作出真实的说明和明确的警示，并说明和标明正确使用商品或者接受服务的方法以及防止危害发生的方法。但原告对于被告为其使用过期异体肋软骨材料一事并不知情，被告也未证明其将该情况向原告进行过明确的告知。故被告为原告使用过期的异体软骨产品的行为属欺诈消费者的情形。被告虽辩称原告采用非法手段取得被告为其制作的病志材料原件并自行粘贴非手术使用材料的异体骨标签，但被告对此并未提供证据证明，且被告有义务对患者病志资料进行妥善保管，原告提供其本人整形手术病志材料原件，证明被告使用过期的医疗产品，被告未能提供证据证明原告对病志材料进行了篡改、伪造，故对于被告的抗辩本院不予采信。

关于原告主张的被告为其使用的膨体材料系假货，要求进行赔偿的请求。原告在被告处进行整形手术时被告为其使用了北京仁诚鸿泰医疗器械有限公司代理销售的 Surgiform 品牌的型号为 ESH－773 的膨体材料，该产品系国家食品药品监督管理总局官方网站能够查到的经国家批准使用的合格产品，原告虽主张该产品系假冒伪劣产品、国家食品药品监督管理总局官方网站能够查询到的 Surgiform 品牌、型号 ESH－773 的膨体材料非被告为原告使用的材料，但对此未能提供代理商北京仁诚鸿泰医疗器械有限公司出具的证明材料或其他有效的证据，故对于原告该部分请求不予支持。

关于第二个焦点问题。根据《中华人民共和国消费者权益保护法》第二十四条、第五十五条规定，经营者提供的商品或者服务不符合质量要求的，消费者可以依照国家规定、当事人约定退货；经营者提供商品或者服务有欺诈行为的，应当按照消费者的要求增加赔偿其受到的损失，增加赔偿的金额为消费者购买商品的价款或者接受服务的费用的三倍；增加赔偿的金额不足五百元的，为五百元。法律另有规定的，依照其规定。本案被告使用过期的异体软骨为原告实施手术，应认定有欺诈行为。故被告应当依法返还原告肋软骨移植部分的手术费用，并按照该费用的三倍对原告进行赔偿。根据病例记载，肋软骨移植部分的手术费为 4.14 万元，因此被告除应返还原告手术费 4.14 万元外，还应向原告按照该部分手术费的三倍进行赔偿 12.42 万元。对于原告主张的修复费用 35 万元，因该费用尚未发生，原告可待实际发生后另行主张。

【案例评析】

本案涉及本解释第 23 条的规定。

与本案相关的其实有两个惩罚性赔偿，分别属于我国《消费者权益保护法》第 55 条第 1 款和第 2 款的规定："经营者提供商品或者服务有欺诈行为的，应当按照消费者的要求增加赔偿其受到的损失，增加赔偿的金额为消费者购买商品的价款或者接受服务的费用的三倍；增加赔偿的金额不足五百元的，为五百元。法律另有规定的，依照其规定。经营者明知商品或者服务存在缺陷，仍然向消费者提供，造成消费者或者其他受害人死亡或者健康严重损害的，受害人有权要求经营者依照本法第四十九条、第五十一条等法律规定赔偿损失，并有权要求所受损失二倍以下的惩罚性赔偿。”第 1 款是针对经营者欺诈行为的惩罚性赔偿，其惩罚性赔偿以商品或服务的购买价款为计算标准，数额为购买商品或服务的价款的三倍；第 2 款针对的是经营者明知商品或服务由缺陷仍然向消费者提供所造成的损害进行的惩罚性赔偿，其惩罚性赔偿以消费者受到的损害为计算标准，数额为消费者损害两倍以下。《侵权责任法》第 47 条以及本司法解释第 23 条的规定与《消费者权益保护法》第 55 条第 2 款是一种类型的惩罚性赔偿。

本案中，被告使用已经过期的异体骨材料对原告实施整容手术，属于明知医疗产品有缺陷仍然销售或使用的情形，属于欺诈行为无疑。因此原告可以依据《消费者权益保护法》第 55 条第 1 款的规定，要求被告以其支付的费用为基准进行 3 倍的惩罚性赔偿。同时，原告因为这一行为将受到人身损害，此后为此所支出的医疗费用等均为其损害，可依据《侵权责任法》第 47 条的规定以及本司法解释第 23 条的规定，以此等医疗费用等损害为基准主张不超过两倍的惩罚性赔偿。

附 录

最高人民法院关于审理医疗损害责任纠纷案件适用法律若干问题的解释

（2017 年 3 月 27 日由最高人民法院审判委员会第 1713 次会议通过　2017 年 12 月 13 日最高人民法院公告公布　自 2017 年 12 月 14 日起施行　法释〔2017〕20 号）

为正确审理医疗损害责任纠纷案件，依法维护当事人的合法权益，推动构建和谐医患关系，促进卫生健康事业发展，根据《中华人民共和国侵权责任法》《中华人民共和国民事诉讼法》等法律规定，结合审判实践，制定本解释。

第一条　患者以在诊疗活动中受到人身或者财产损害为由请求医疗机构，医疗产品的生产者、销售者或者血液提供机构承担侵权责任的案件，适用本解释。

患者以在美容医疗机构或者开设医疗美容科室的医疗机构实施的医疗美容活动中受到人身或者财产损害为由提起的侵权纠纷案件，适用本解释。

当事人提起的医疗服务合同纠纷案件，不适用本解释。

第二条　患者因同一伤病在多个医疗机构接受诊疗受到损害，起诉部分或者全部就诊的医疗机构的，应予受理。

患者起诉部分就诊的医疗机构后，当事人依法申请追加其他就诊的医疗机构为共同被告或者第三人的，应予准许。必要时，人民法院可以依法追加相关当事人参加诉讼。

第三条　患者因缺陷医疗产品受到损害，起诉部分或者全部医疗产品的生产者、销售者和医疗机构的，应予受理。

患者仅起诉医疗产品的生产者、销售者、医疗机构中部分主体，当事人依法申请追加其他主体为共同被告或者第三人的，应予准许。必要时，人民法院可以依法追加相关当事人参加诉讼。

患者因输入不合格的血液受到损害提起侵权诉讼的，参照适用前两款规定。

第四条 患者依据侵权责任法第五十四条规定主张医疗机构承担赔偿责任的，应当提交到该医疗机构就诊、受到损害的证据。

患者无法提交医疗机构及其医务人员有过错、诊疗行为与损害之间具有因果关系的证据，依法提出医疗损害鉴定申请的，人民法院应予准许。

医疗机构主张不承担责任的，应当就侵权责任法第六十条第一款规定情形等抗辩事由承担举证证明责任。

第五条 患者依据侵权责任法第五十五条规定主张医疗机构承担赔偿责任的，应当按照前条第一款规定提交证据。

实施手术、特殊检查、特殊治疗的，医疗机构应当承担说明义务并取得患者或者患者近亲属书面同意，但属于侵权责任法第五十六条规定情形的除外。医疗机构提交患者或者患者近亲属书面同意证据的，人民法院可以认定医疗机构尽到说明义务，但患者有相反证据足以反驳的除外。

第六条 侵权责任法第五十八条规定的病历资料包括医疗机构保管的门诊病历、住院志、体温单、医嘱单、检验报告、医学影像检查资料、特殊检查（治疗）同意书、手术同意书、手术及麻醉记录、病理资料、护理记录、医疗费用、出院记录以及国务院卫生行政主管部门规定的其他病历资料。

患者依法向人民法院申请医疗机构提交由其保管的与纠纷有关的病历资料等，医疗机构未在人民法院指定期限内提交的，人民法院可以依照侵权责任法第五十八条第二项规定推定医疗机构有过错，但是因不可抗力等客观原因无法提交的除外。

第七条 患者依据侵权责任法第五十九条规定请求赔偿的，应当提交使用医疗产品或者输入血液、受到损害的证据。

患者无法提交使用医疗产品或者输入血液与损害之间具有因果关系的

证据，依法申请鉴定的，人民法院应予准许。

医疗机构，医疗产品的生产者、销售者或者血液提供机构主张不承担责任的，应当对医疗产品不存在缺陷或者血液合格等抗辩事由承担举证证明责任。

第八条 当事人依法申请对医疗损害责任纠纷中的专门性问题进行鉴定的，人民法院应予准许。

当事人未申请鉴定，人民法院对前款规定的专门性问题认为需要鉴定的，应当依职权委托鉴定。

第九条 当事人申请医疗损害鉴定的，由双方当事人协商确定鉴定人。

当事人就鉴定人无法达成一致意见，人民法院提出确定鉴定人的方法，当事人同意的，按照该方法确定；当事人不同意的，由人民法院指定。

鉴定人应当从具备相应鉴定能力、符合鉴定要求的专家中确定。

第十条 委托医疗损害鉴定的，当事人应当按照要求提交真实、完整、充分的鉴定材料。提交的鉴定材料不符合要求的，人民法院应当通知当事人更换或者补充相应材料。

在委托鉴定前，人民法院应当组织当事人对鉴定材料进行质证。

第十一条 委托鉴定书，应当有明确的鉴定事项和鉴定要求。鉴定人应当按照委托鉴定的事项和要求进行鉴定。

下列专门性问题可以作为申请医疗损害鉴定的事项：

（一）实施诊疗行为有无过错；

（二）诊疗行为与损害后果之间是否存在因果关系以及原因力大小；

（三）医疗机构是否尽到了说明义务、取得患者或者患者近亲属书面同意的义务；

（四）医疗产品是否有缺陷、该缺陷与损害后果之间是否存在因果关系以及原因力的大小；

（五）患者损伤残疾程度；

（六）患者的护理期、休息期、营养期；

（七）其他专门性问题。

鉴定要求包括鉴定人的资质、鉴定人的组成、鉴定程序、鉴定意见、鉴定期限等。

第十二条 鉴定意见可以按照导致患者损害的全部原因、主要原因、同等原因、次要原因、轻微原因或者与患者损害无因果关系，表述诊疗行为或者医疗产品等造成患者损害的原因力大小。

第十三条 鉴定意见应当经当事人质证。

当事人申请鉴定人出庭作证，经人民法院审查同意，或者人民法院认为鉴定人有必要出庭的，应当通知鉴定人出庭作证。双方当事人同意鉴定人通过书面说明、视听传输技术或者视听资料等方式作证的，可以准许。

鉴定人因健康原因、自然灾害等不可抗力或者其他正当理由不能按期出庭的，可以延期开庭；经人民法院许可，也可以通过书面说明、视听传输技术或者视听资料等方式作证。

无前款规定理由，鉴定人拒绝出庭作证，当事人对鉴定意见又不认可的，对该鉴定意见不予采信。

第十四条 当事人申请通知一至二名具有医学专门知识的人出庭，对鉴定意见或者案件的其他专门性事实问题提出意见，人民法院准许的，应当通知具有医学专门知识的人出庭。

前款规定的具有医学专门知识的人提出的意见，视为当事人的陈述，经质证可以作为认定案件事实的根据。

第十五条 当事人自行委托鉴定人作出的医疗损害鉴定意见，其他当事人认可的，可予采信。

当事人共同委托鉴定人作出的医疗损害鉴定意见，一方当事人不认可的，应当提出明确的异议内容和理由。经审查，有证据足以证明异议成立的，对鉴定意见不予采信；异议不成立的，应予采信。

第十六条 对医疗机构及其医务人员的过错，应当依据法律、行政法规、规章以及其他有关诊疗规范进行认定，可以综合考虑患者病情的紧急程度、患者个体差异、当地的医疗水平、医疗机构与医务人员资质等因素。

第十七条 医务人员违反侵权责任法第五十五条第一款规定义务，但未造成患者人身损害，患者请求医疗机构承担损害赔偿责任的，不予支持。

第十八条 因抢救生命垂危的患者等紧急情况且不能取得患者意见时，下列情形可以认定为侵权责任法第五十六条规定的不能取得患者近亲属意见：

（一）近亲属不明的；

（二）不能及时联系到近亲属的；

（三）近亲属拒绝发表意见的；

（四）近亲属达不成一致意见的；

（五）法律、法规规定的其他情形。

前款情形，医务人员经医疗机构负责人或者授权的负责人批准立即实施相应医疗措施，患者因此请求医疗机构承担赔偿责任的，不予支持；医疗机构及其医务人员怠于实施相应医疗措施造成损害，患者请求医疗机构承担赔偿责任的，应予支持。

第十九条 两个以上医疗机构的诊疗行为造成患者同一损害，患者请求医疗机构承担赔偿责任的，应当区分不同情况，依照侵权责任法第八条、第十一条或者第十二条的规定，确定各医疗机构承担的赔偿责任。

第二十条 医疗机构邀请本单位以外的医务人员对患者进行诊疗，因受邀医务人员的过错造成患者损害的，由邀请医疗机构承担赔偿责任。

第二十一条 因医疗产品的缺陷或者输入不合格血液受到损害，患者请求医疗机构，缺陷医疗产品的生产者、销售者或者血液提供机构承担赔偿责任的，应予支持。

医疗机构承担赔偿责任后，向缺陷医疗产品的生产者、销售者或者血液提供机构追偿的，应予支持。

因医疗机构的过错使医疗产品存在缺陷或者血液不合格，医疗产品的生产者、销售者或者血液提供机构承担赔偿责任后，向医疗机构追偿的，应予支持。

第二十二条 缺陷医疗产品与医疗机构的过错诊疗行为共同造成患者

同一损害，患者请求医疗机构与医疗产品的生产者或者销售者承担连带责任的，应予支持。

医疗机构或者医疗产品的生产者、销售者承担赔偿责任后，向其他责任主体追偿的，应当根据诊疗行为与缺陷医疗产品造成患者损害的原因力大小确定相应的数额。

输入不合格血液与医疗机构的过错诊疗行为共同造成患者同一损害的，参照适用前两款规定。

第二十三条 医疗产品的生产者、销售者明知医疗产品存在缺陷仍然生产、销售，造成患者死亡或者健康严重损害，被侵权人请求生产者、销售者赔偿损失及二倍以下惩罚性赔偿的，人民法院应予支持。

第二十四条 被侵权人同时起诉两个以上医疗机构承担赔偿责任，人民法院经审理，受诉法院所在地的医疗机构依法不承担赔偿责任，其他医疗机构承担赔偿责任的，残疾赔偿金、死亡赔偿金的计算，按下列情形分别处理：

（一）一个医疗机构承担责任的，按照该医疗机构所在地的赔偿标准执行；

（二）两个以上医疗机构均承担责任的，可以按照其中赔偿标准较高的医疗机构所在地标准执行。

第二十五条 患者死亡后，其近亲属请求医疗损害赔偿的，适用本解释；支付患者医疗费、丧葬费等合理费用的人请求赔偿该费用的，适用本解释。

本解释所称的“医疗产品”包括药品、消毒药剂、医疗器械等。

第二十六条 本院以前发布的司法解释与本解释不一致的，以本解释为准。

本解释施行后尚未终审的案件，适用本解释；本解释施行前已经终审，当事人申请再审或者按照审判监督程序决定再审的案件，不适用本解释。

为构建和谐医患关系推进健康中国建设提供司法保障

——最高人民法院研究室负责人就《最高人民法院关于审理医疗损害责任纠纷案件适用法律若干问题的解释》答记者问

（2017 年 12 月 13 日）

12 月 13 日，最高人民法院发布了《最高人民法院关于审理医疗损害责任纠纷案件适用法律若干问题的解释》（以下简称《解释》）。就《解释》发布的背景和主要内容，记者采访了最高人民法院研究室负责人。

问：《解释》起草的背景是什么？

答：医疗卫生事业与广大人民群众的生活息息相关，医患关系是构建社会主义和谐社会的重要内容。党中央高度重视医疗卫生事业，十八届五中全会明确提出推进健康中国建设的总体要求，习近平总书记在全国卫生与健康大会上阐述了建设健康中国的重大意义，党的十九大报告进一步强调实施健康中国战略，指出“人民健康是民族昌盛和国家富强的重要标志。要完善国民健康政策，为人民群众提供全方位全周期健康服务。”最高人民法院认真贯彻落实中央精神和习近平总书记重要指示，要求各级人民法院充分发挥司法职能，为我国卫生与健康事业改革发展、保障人民健康、构建和谐医患关系、加快推进健康中国建设提供有力司法服务和保障。周强院长明确要求进一步健全医疗纠纷调解和司法解决机制，促进卫生与健康事业的法治化治理，为增进人民健康提供司法保障。

近年来，全国法院受理医疗损害责任纠纷案件数量总体上较为平稳。2014 年受理 19944 件，2015 年受理 23221 件，2016 年受理 21480 件，在整个民商事案件中占比不大。但各方面普遍反映，医疗损害责任纠纷审理难度大、审理周期长、案件调撤率低，其中有关举证责任、鉴定程序、责任构成、责任承担等法律适用中的争点、难点问题多，亟需统一裁判尺度。有鉴于此，最高人民法院在深入调研基础上，起草了《解释》，于2017年3月27日最高人民法院审判委员会第1713次会议审议通过，并于2017年12月13日发布。《解释》的制定和发布，是最高人民法院贯彻落实党中央部署和习近平总书记重要指示精神，推动实施新时代健康中国战略，推动构建和谐医患关系，促进平安医院建设，维护广大人民群众健康福祉的有力举措。

问：请简要介绍一下《解释》的起草过程。

答：《解释》的起草工作开始于2011年，历时6年多，前后修改20余稿。我们始终坚持以问题为导向，充分进行调研，收集整理并认真研究了全国各地法院制定的审理医疗损害责任纠纷案件数十万字的指导意见材料，先后多次到浙江、北京、江苏、福建等地实地调研；多次召开卫生系统座谈会，充分听取卫计委有关部门、医学会、医学专家和医院代表意见；在高校召开专家学者论证会，认真听取法学、医学专家意见；召开全国部分法院调研座谈会，听取审理医疗损害案件一线办案法官意见。经过起草小组多次讨论修改后，书面征求卫计委、司法部、国务院法制办等单位、各高级法院以及最高人民法院内相关部门意见，共收到反馈意见400余条。在对各方意见认真梳理、充分研究吸收后，报送全国人大常委会法工委征求意见，最终形成送审稿提交院审判委员会审议。

为广泛汇聚民意民智，把社会各界的意见建议充分反映到司法解释中，2017年3月27日，周强院长主持最高人民法院审判委员会召开会议审议《解释》时，专门邀请了部分全国人大代表、全国政协委员和专家学者列席会议。《解释》审议通过后，我们又围绕代表委员们所提意见建议，进行了认真细致的研究，对《解释》相关内容作了有针对性完善，最终发布实施。

问：起草《解释》遵循的基本原则是什么？

答：《解释》的起草，主要遵循了以下原则：

一是认真贯彻中央有关政策精神，运用法治思维和法治方式推动构建和谐医患关系。《解释》的起草，认真贯彻党的十八届三中、四中、五中全会精神，反映新时代中国特色社会主义思想，按照全面依法治国、实施健康中国战略的总体部署和“一手抓严厉打击涉医违法犯罪活动、一手抓医疗纠纷预防与处理长效机制建设”的工作要求，统一医疗损害责任纠纷案件的裁判尺度，推动健全医疗损害责任纠纷案件法律适用的长效机制。

二是平衡好保护患者合法权益与保障医药卫生事业健康发展的关系。《解释》的起草，认真贯彻“把人民健康放在优先发展的战略地位”的总体要求，尊重医学自身的特点与规律，合理分配医疗风险，既要依法保护患者合法权益，又要促进卫生与健康事业的法治化发展，从而实现为增进人民健康福祉提供法治保障、满足人民日益增长的美好生活需要的司法目标。

三是坚持合法性解释原则。《解释》的起草，按照崇尚法治、尊重法律、恪守规则的精神，紧紧围绕侵权责任法、民事诉讼法等法律，对于法律规定较为原则的规则予以细化，以更有效地指导审判实践。

四是坚持问题导向与总结审判经验相结合。《解释》针对当前审判实践中亟需解决且有一定普遍性的问题，通过梳理并总结吸收各地审判实践经验，比如北京、上海、安徽、广东、江苏等地关于诊疗过错认定、产品责任承担等的经验做法，对医疗损害责任纠纷的法律适用难点、争点问题作了细化规定。

问：《解释》对医疗美容损害责任纠纷的法律适用是如何规定的？

答：审判实践中，因为美容问题引发的纠纷如何适用法律，尤其是对此类纠纷是否属于医疗损害责任纠纷的范畴争议较大。明确医疗美容损害责任纠纷的法律适用规则，对于规范医疗美容行业健康有序发展、维护广大人民群众的健康利益具有重要意义。在充分调研论证基础上，参考《医疗机构管理条例实施细则》第八十八条、《医疗美容服务管理办法》第二条的规定，《解释》明确了医疗美容属于“诊疗活动”的范围，规定因医疗美容行为引发的纠纷应属于医疗损害责任的范围，应当适用医疗损害责任的规定。同时，《解释》还参考《医疗机构管理条例实施细则》《医疗美容服务管理办法》的有关规定，对医疗美容损害责任纠纷作了明确界定，以与生活美容类损害责任纠纷相区别。

问：《解释》对医疗损害责任纠纷举证作了怎样的规定？

答：举证证明责任问题，是每个医疗损害责任纠纷必然要遇到的问题，也是医疗损害责任纠纷案件中较受关注的问题。明确举证责任分配规则，也是确定鉴定申请程序及后续责任承担规则的基础。2002 年施行的《最高人民法院关于民事诉讼证据的若干规定》关于医疗损害责任纠纷中因果关系和过错要件适用举证责任倒置的做法，虽然缓和了患者举证责任，也在一定时期内起到其应有作用，但在执行过程中也出现了一些其他后果，无助于医学发展进步，不利于从根本上维护患者看病就医权利。

侵权责任法第五十四条明确规定，患者在诊疗活动中受到损害，医疗机构及其医务人员有过错的，由医疗机构承担赔偿责任。《解释》在严格遵循立法本意前提下，以构建和维护和谐医患关系为出发点，在大量实证调研和借鉴域外经验做法基础上，进一步明确了司法适用规则，即患者依据侵权责任法第五十四条规定主张医疗机构承担赔偿责任的，应当提交到该医疗机构就诊、受到损害的证据；患者无法提交医疗机构及其医务人员有过错、诊疗活动与损害之间具有因果关系的证据，依法提出医疗损害鉴定申请的，人民法院应予准许；医疗机构主张不承担责任的，应当就侵权责任法第六十条第一款规定情形等抗辩事由承担举证证明责任。对于医疗产品责任纠纷，《解释》也遵循上述思路规定了患者无法提交使用医疗产品或者输入血液与损害之间具有因果关系证据，依法申请鉴定的，人民法院应予准许。

《解释》的上述规定，既遵循了《侵权责任法》确立的过错责任原则，又避免了因举证证明责任分配不当而导致双方实体权利义务显著失衡而激化医患矛盾，充分考虑到患者存在医学专业性不足、信息不对称等客观情况，对患者进行了适当的举证责任缓和。这一规定属于在医疗损害责任纠纷案件审理过程中的法律适用规则，并不涉及立案受理问题。医疗损害责任纠纷案件立案要按照立案登记制的要求，依法做到有案必立、有诉必理。

问：《解释》对规范医疗损害鉴定程序作了哪些规定？

答：由于医学本身的专业性，诊疗行为有无过错及其与患者损害后果有无因果关系、原因力的大小等往往需要通过鉴定程序来解决。没有医疗损害鉴定，多数医疗损害责任纠纷案件的处理会非常困难，因此医疗损害鉴定对于医疗损害责任纠纷案件的处理的重要性不言而喻。但实践中存在鉴定程序不规范、鉴定意见公信力不足、鉴定人出庭难等问题，很大程度上影响了案件的公正处理。正因为如此，《解释》依据民事诉讼法有关鉴定程序的规定，基于促进鉴定程序的规范化、科学化，提高鉴定意见的公信力，对医疗损害鉴定意见的采信、鉴定人出庭等问题作了规定。具体而言，主要有以下几个方面：

其一，针对实践中鉴定人的资质要求不规范以及当事人是选择鉴定机构还是鉴定专家等问题，《解释》明确了医疗损害鉴定的根本在于借助专家的专门知识、技能和经验，辅助法官对专门性事实问题作出判断，以保证案件裁判的公正。因此，《解释》依据民事诉讼法的有关规定，明确了鉴定人的确定，应当从具备相应的鉴定能力、符合鉴定要求的专家中选择的基本要求。当然这并不影响当事人通过先选择鉴定机构，再确定鉴定专家的实践做法。人民法院应当根据案件具体情况对鉴定专家作必要审查，确保鉴定专家具备相应鉴定能力。涉及临床医学方面专门性问题的鉴定，应当具备临床医学鉴定方面的资质要求；涉及法医学方面专门性问题的，应当具备法医学方面的资质要求。

其二，针对实践中鉴定材料提交混乱影响鉴定程序正常开展的问题，《解释》明确了当事人应当按照要求提交真实、完整、充分的鉴定材料的基本要求，并对补充提交鉴定材料、鉴定材料的质证作了明确规定。

其三，针对实践中鉴定人资质不符合要求、鉴定期限过长、鉴定意见书写不规范，甚至有的鉴定意见无法作为案件证据使用的问题，《解释》规定了当事人申请或者人民法院依职权委托鉴定的，应当有明确的鉴定内容和要求，对其中需要鉴定的专门性问题和鉴定要求的事项作了具体列举。

其四，医疗损害责任纠纷案件中普遍存在原发疾病、个人体质及诊疗过错等共同作用导致损害发生的多因一果问题，实践中鉴定意见对于原因力的表述不一，影响了人民法院对鉴定意见的准确采信。针对这一问题，

《解释》根据侵权责任法的基本理论，从人民法院裁判案件的角度对医疗损害责任中诊疗行为与患者自身疾病等其他造成患者损害的原因之间的原因力大小区分了六种情形予以规定，从而规范鉴定意见对原因力问题的写法，以便人民法院更准确地确定当事人之间的责任。

问：《解释》对医疗损害鉴定意见的质证问题作了哪些规定？

答：对此，《解释》主要从强化鉴定人出庭作证程序和明确适用专家辅助人制度两个方面作出了规定，既弥补当事人尤其是患者一方对鉴定意见专业性方面举证能力的不足，又充分发挥庭审作用，为人民法院依法准确认定案件事实提供程序保障。

2012 年修订的民事诉讼法第七十八条明确规定了鉴定人出庭作证的具体情形及相应法律后果。鉴定人出庭作证难的问题在更加依赖鉴定意见的医疗损害责任纠纷案件中更加突出，相应的规范鉴定人出庭作证程序对于医疗损害责任纠纷的处理就显得更加重要。为此，《解释》依据民事诉讼法的有关规定，在明确规定鉴定意见的质证要求的基础上，细化了医疗损害责任纠纷中鉴定人出庭作证的程序要求。

同时，考虑到医疗损害纠纷案件本身的专业性特点，有必要发挥专家辅助人制度对于依法妥善解决医疗纠纷的重要作用。实践中对专家辅助人提出意见的证据定性及效力问题存有争议，这一问题在医疗损害责任纠纷中较为突出。为增强当事人对鉴定意见进行质证的能力，充分发挥庭审实质作用，《解释》依据民事诉讼法第七十九条的规定，对医疗损害责任纠纷中的专家辅助人制度作了规定，突出强调该专家辅助人须具有医学专门知识，并在参考其他相关司法解释的基础上，明确了专家辅助人所提意见经过质证，可以作为认定事实的根据。

问：《解释》对人民法院采信当事人自行委托鉴定人作出的医疗损害鉴定意见是怎样规定的？

答：审判实践中，当事人自行委托鉴定的情形不在少数，对此效力认定的问题，存有较大争议。普遍认为，当事人一方自行委托鉴定存在明显的弊端，由此作出的鉴定意见往往仅会对委托鉴定的一方当事人有利，欠缺公正性。调研中也有意见指出，自行委托鉴定对于诉前解决医疗纠纷具有一定的积极意义。因此，为保证鉴定意见的信服力，推动当事人依法启动鉴定程序，经过慎重考虑，《解释》就医疗损害鉴定中单方委托鉴定的问题，适当提高了人民法院采信自行委托鉴定意见的门槛，规定了一方当事人自行委托鉴定作出的医疗损害鉴定意见，在另一方当事人认可的情况下，人民法院可以对该鉴定意见予以采信。同时，对于双方当事人共同自行委托鉴定的情形，基于当事人处分原则，对此应予准许，这在价值导向上也有利于通过诉前调解等方式化解矛盾。如果一方当事人对双方共同委托而作出的鉴定意见不认可，则应当提出明确的异议内容并予以质证；在该异议不成立的情况下，人民法院应当采信该鉴定意见。

问：《解释》对紧急救治情形的法律适用是如何规定的？

答：侵权责任法第五十六条规定了紧急情况下医疗机构实施紧急医疗措施的内容，但实践中对于如何认识该条中“难以取得患者或者其近亲属同意”以及紧急救助情形下的责任承担问题分歧较大，亟需进一步明确。在深入调研、反复论证的基础上，《解释》对因抢救生命垂危的患者等紧急情况且不能取得患者近亲属意见的情形作出细化规定的基础上，本着鼓励和维护医疗机构在患者处于紧急情况下积极施救的价值导向，规定对于抢救生命垂危的患者等紧急情况，不能取得患者或者其近亲属意见的，医务人员经医疗机构负责人或者授权的负责人批准立即实施相应的医疗措施，患者因此请求医疗机构承担赔偿责任的，人民法院不予支持。同时，对于医疗机构怠于立即实施相应的医疗措施，导致患者受到损害的，《解释》也明确规定了医疗机构应当承担相应的赔偿责任。这样不仅有利于指导实务操作，有利于规范医疗机构行为，也有利于保障生命垂危等紧急情况下患者得到及时救治，维护其生命、健康权益。

问：《解释》对医疗产品责任纠纷案件中适用惩罚性赔偿是如何规定的？

答：侵权责任法在产品责任一章中确立了惩罚性赔偿制度，其目的在于通过制裁故意将缺陷产品投放市场并且已经造成了使用人严重人身损害的行为，督促生产者、经营者规范其行为，以充分保护产品使用人的合法权益。医疗产品事关广大人民群众生命健康，从某种意义上讲，缺陷医疗产品的危害较普通产品的危害更为严重。在医疗产品责任纠纷中适用惩罚性赔偿，对于规范医疗领域存在的医疗产品市场不规范、制售假冒伪劣医疗产品屡禁不止等问题具有重要意义。由于侵权责任法第四十七条并没有规定相应的惩罚性赔偿的标准，经过慎重考虑，《解释》参照《消费者权益保护法》第五十五条第二款的规定，明确规定了医疗产品的生产者明知医疗产品存在缺陷仍然生产或者医疗产品的销售者明知医疗产品存在缺陷仍然销售的，造成患者死亡或者健康严重损害，患者请求生产者或者销售者赔偿损失及所受损失二倍以下的惩罚性赔偿的，人民法院应予支持。这对于威慑或者阻遏明知医疗产品存在缺陷仍然生产、销售的行为，维护广大人民群众的生命健康利益，具有重要而积极的作用。

（来源：人民法院新闻传媒总社；记者：罗书臻）

中华人民共和国侵权责任法

（2009 年 12 月 26 日中华人民共和国第十一届全国人民代表大会常务委员会第十二次会议通过　中华人民共和国主席令第 21 号公布　自 2010 年 7 月 1 日起施行）

目　录

第一章　一般规定

第一条　**【立法目的】**为保护民事主体的合法权益，明确侵权责任，预防并制裁侵权行为，促进社会和谐稳定，制定本法。

第二条　**【民事权益的范围】**侵害民事权益，应当依照本法承担侵权责任。

本法所称民事权益，包括生命权、健康权、姓名权、名誉权、荣誉权、肖像权、隐私权、婚姻自主权、监护权、所有权、用益物权、担保物权、著作权、专利权、商标专用权、发现权、股权、继承权等人身、财产权益。

第三条 【被侵权人的请求权】被侵权人有权请求侵权人承担侵权责任。

第四条 【侵权责任的优先适用】侵权人因同一行为应当承担行政责任或者刑事责任的，不影响依法承担侵权责任。

因同一行为应当承担侵权责任和行政责任、刑事责任，侵权人的财产不足以支付的，先承担侵权责任。

第五条 【其他法律规定的优先适用】其他法律对侵权责任另有特别规定的，依照其规定。

第二章 责任构成和责任方式

第六条 【过错责任与推定过错责任】行为人因过错侵害他人民事权益，应当承担侵权责任。

根据法律规定推定行为人有过错，行为人不能证明自己没有过错的，应当承担侵权责任。

第七条 【无过错责任】行为人损害他人民事权益，不论行为人有无过错，法律规定应当承担侵权责任的，依照其规定。

第八条 【共同侵权的连带责任】二人以上共同实施侵权行为，造成他人损害的，应当承担连带责任。

第九条 【教唆、帮助他人侵权的责任方式】教唆、帮助他人实施侵权行为的，应当与行为人承担连带责任。

教唆、帮助无民事行为能力人、限制民事行为能力人实施侵权行为的，应当承担侵权责任；该无民事行为能力人、限制民事行为能力人的监护人未尽到监护责任的，应当承担相应的责任。

第十条 【共同危险行为】二人以上实施危及他人人身、财产安全的行为，其中一人或者数人的行为造成他人损害，能够确定具体侵权人的，由侵权人承担责任；不能确定具体侵权人的，行为人承担连带责任。

第十一条 【多人分别侵权的连带责任】二人以上分别实施侵权行为造成同一损害，每个人的侵权行为都足以造成全部损害的，行为人承担连带责任。

第十二条 【多人分别侵权的按份责任】二人以上分别实施侵权行为造成同一损害，能够确定责任大小的，各自承担相应的责任；难以确定责任大小的，平均承担赔偿责任。

第十三条 【被侵权人对连带责任的主张形式】法律规定承担连带责任的，被侵权人有权请求部分或者全部连带责任人承担责任。

第十四条 【连带责任内部责任分担】连带责任人根据各自责任大小确定相应的赔偿数额；难以确定责任大小的，平均承担赔偿责任。

支付超出自己赔偿数额的连带责任人，有权向其他连带责任人追偿。

第十五条 【承担侵权责任的方式】承担侵权责任的方式主要有：

（一）停止侵害；

（二）排除妨碍；

（三）消除危险；

（四）返还财产；

（五）恢复原状；

（六）赔偿损失；

（七）赔礼道歉；

（八）消除影响、恢复名誉。

以上承担侵权责任的方式，可以单独适用，也可以合并适用。

第十六条 【人身损害赔偿范围】侵害他人造成人身损害的，应当赔偿医疗费、护理费、交通费等为治疗和康复支出的合理费用，以及因误工减少的收入。造成残疾的，还应当赔偿残疾生活辅助具费和残疾赔偿金。造成死亡的，还应当赔偿丧葬费和死亡赔偿金。

第十七条 【同一事故多人死亡的同命同价原则】因同一侵权行为造成多人死亡的，可以以相同数额确定死亡赔偿金。

第十八条　【请求赔偿的权利主体范围】被侵权人死亡的，其近亲属有权请求侵权人承担侵权责任。被侵权人为单位，该单位分立、合并的，承继权利的单位有权请求侵权人承担侵权责任。

被侵权人死亡的，支付被侵权人医疗费、丧葬费等合理费用的人有权请求侵权人赔偿费用，但侵权人已支付该费用的除外。

第十九条　【财产损失的计算标准】侵害他人财产的，财产损失按照损失发生时的市场价格或者其他方式计算。

第二十条　【与人身权相关的损失计算标准】侵害他人人身权益造成财产损失的，按照被侵权人因此受到的损失赔偿；被侵权人的损失难以确定，侵权人因此获得利益的，按照其获得的利益赔偿；侵权人因此获得的利益难以确定，被侵权人和侵权人就赔偿数额协商不一致，向人民法院提起诉讼的，由人民法院根据实际情况确定赔偿数额。

第二十一条　【危及他人人身、财产安全的责任承担】侵权行为危及他人人身、财产安全的，被侵权人可以请求侵权人承担停止侵害、排除妨碍、消除危险等侵权责任。

第二十二条　【精神损害赔偿】侵害他人人身权益，造成他人严重精神损害的，被侵权人可以请求精神损害赔偿。

第二十三条　【防止、制止他人侵权的责任承担】因防止、制止他人民事权益被侵害而使自己受到损害的，由侵权人承担责任。侵权人逃逸或者无力承担责任，被侵权人请求补偿的，受益人应当给予适当补偿。

第二十四条　【公平分担损失】受害人和行为人对损害的发生都没有过错的，可以根据实际情况，由双方分担损失。

第二十五条　【损害赔偿金的支付方式】损害发生后，当事人可以协商赔偿费用的支付方式。协商不一致的，赔偿费用应当一次性支付；一次性支付确有困难的，可以分期支付，但应当提供相应的担保。

第三章　不承担责任和减轻责任的情形

第二十六条　【过失相抵】被侵权人对损害的发生也有过错的，可以减轻侵权人的责任。

第二十七条　【受害人故意时行为人不承担责任】损害是因受害人故意造成的，行为人不承担责任。

第二十八条　【第三人侵权】损害是因第三人造成的，第三人应当承担侵权责任。

第二十九条　【不可抗力时的责任形式】因不可抗力造成他人损害的，不承担责任。法律另有规定的，依照其规定。

第三十条　【正当防卫时的责任形式】因正当防卫造成损害的，不承担责任。正当防卫超过必要的限度，造成不应有的损害的，正当防卫人应当承担适当的责任。

第三十一条　【紧急避险时的责任形式】因紧急避险造成损害的，由引起险情发生的人承担责任。如果危险是由自然原因引起的，紧急避险人不承担责任或者给予适当补偿。紧急避险采取措施不当或者超过必要的限度，造成不应有的损害的，紧急避险人应当承担适当的责任。

第四章　关于责任主体的特殊规定

第三十二条　【监护人的责任】无民事行为能力人、限制民事行为能力人造成他人损害的，由监护人承担侵权责任。监护人尽到监护责任的，可以减轻其侵权责任。

有财产的无民事行为能力人、限制民事行为能力人造成他人损害的，从本人财产中支付赔偿费用。不足部分，由监护人赔偿。

第三十三条　【完全民事行为能力人暂时失去意识时的责任形式】完全民事行为能力人对自己的行为暂时没有意识或者失去控制造成他人损害有过错的，应当承担侵权责任；没有过错的，根据行为人的经济状况对受害人适当补偿。

完全民事行为能力人因醉酒、滥用麻醉药品或者精神药品对自己的行为暂时没有意识或者失去控制造成他人损害的，应当承担侵权责任。

第三十四条　【用人单位责任与用工单位责任】用人单位的工作人员

因执行工作任务造成他人损害的，由用人单位承担侵权责任。

劳务派遣期间，被派遣的工作人员因执行工作任务造成他人损害的，由接受劳务派遣的用工单位承担侵权责任；劳务派遣单位有过错的，承担相应的补充责任。

第三十五条　【个人劳务关系的责任承担】个人之间形成劳务关系，提供劳务一方因劳务造成他人损害的，由接受劳务一方承担侵权责任。提供劳务一方因劳务自己受到损害的，根据双方各自的过错承担相应的责任。

第三十六条　【网络侵权】网络用户、网络服务提供者利用网络侵害他人民事权益的，应当承担侵权责任。

网络用户利用网络服务实施侵权行为的，被侵权人有权通知网络服务提供者采取删除、屏蔽、断开链接等必要措施。网络服务提供者接到通知后未及时采取必要措施的，对损害的扩大部分与该网络用户承担连带责任。

网络服务提供者知道网络用户利用其网络服务侵害他人民事权益，未采取必要措施的，与该网络用户承担连带责任。

第三十七条　【公共场所的安全保障义务与第三人责任】宾馆、商场、银行、车站、娱乐场所等公共场所的管理人或者群众性活动的组织者，未尽到安全保障义务，造成他人损害的，应当承担侵权责任。

因第三人的行为造成他人损害的，由第三人承担侵权责任；管理人或者组织者未尽到安全保障义务的，承担相应的补充责任。

第三十八条　【受伤害学生为无民事行为能力人时的责任承担】无民事行为能力人在幼儿园、学校或者其他教育机构学习、生活期间受到人身损害的，幼儿园、学校或者其他教育机构应当承担责任，但能够证明尽到教育、管理职责的，不承担责任。

第三十九条　【受伤害学生为限制民事行为能力人时的责任承担】限制民事行为能力人在学校或者其他教育机构学习、生活期间受到人身损害，学校或者其他教育机构未尽到教育、管理职责的，应当承担责任。

第四十条　【侵权人为校外人员时的责任承担】无民事行为能力人或

者限制民事行为能力人在幼儿园、学校或者其他教育机构学习、生活期间，受到幼儿园、学校或者其他教育机构以外的人员人身损害的，由侵权人承担侵权责任；幼儿园、学校或者其他教育机构未尽到管理职责的，承担相应的补充责任。

第五章 产品责任

第四十一条 【生产者的产品责任】因产品存在缺陷造成他人损害的，生产者应当承担侵权责任。

第四十二条 【销售者的产品责任】因销售者的过错使产品存在缺陷，造成他人损害的，销售者应当承担侵权责任。

销售者不能指明缺陷产品的生产者也不能指明缺陷产品的供货者的，销售者应当承担侵权责任。

第四十三条 【产品责任的请求权与追偿权的行使】因产品存在缺陷造成损害的，被侵权人可以向产品的生产者请求赔偿，也可以向产品的销售者请求赔偿。

产品缺陷由生产者造成的，销售者赔偿后，有权向生产者追偿。

因销售者的过错使产品存在缺陷的，生产者赔偿后，有权向销售者追偿。

第四十四条 【生产者、销售者向第三人追偿权】因运输者、仓储者等第三人的过错使产品存在缺陷，造成他人损害的，产品的生产者、销售者赔偿后，有权向第三人追偿。

第四十五条 【产品缺陷危及他人人身、财产的侵权责任】因产品缺陷危及他人人身、财产安全的，被侵权人有权请求生产者、销售者承担排除妨碍、消除危险等侵权责任。

第四十六条 【缺陷产品的警示、召回】产品投入流通后发现存在缺陷的，生产者、销售者应当及时采取警示、召回等补救措施。未及时采取补救措施或者补救措施不力造成损害的，应当承担侵权责任。

第四十七条 【产品责任的惩罚性赔偿】明知产品存在缺陷仍然生

产、销售，造成他人死亡或者健康严重损害的，被侵权人有权请求相应的惩罚性赔偿。

第六章 机动车交通事故责任

第四十八条 【机动车交通事故的法律适用】 机动车发生交通事故造成损害的，依照道路交通安全法的有关规定承担赔偿责任。

第四十九条 【机动车所有人与使用人不同时的责任承担】 因租赁、借用等情形机动车所有人与使用人不是同一人时，发生交通事故后属于该机动车一方责任的，由保险公司在机动车强制保险责任限额范围内予以赔偿。不足部分，由机动车使用人承担赔偿责任；机动车所有人对损害的发生有过错的，承担相应的赔偿责任。

第五十条 【机动车已交付但未变更登记的责任承担】 当事人之间已经以买卖等方式转让并交付机动车但未办理所有权转移登记，发生交通事故后属于该机动车一方责任的，由保险公司在机动车强制保险责任限额范围内予以赔偿。不足部分，由受让人承担赔偿责任。

第五十一条 【拼装或报废机动车交通事故的责任承担】 以买卖等方式转让拼装或者已达到报废标准的机动车，发生交通事故造成损害的，由转让人和受让人承担连带责任。

第五十二条 【盗窃、抢劫或者抢夺的机动车交通事故责任承担】 盗窃、抢劫或者抢夺的机动车发生交通事故造成损害的，由盗窃人、抢劫人或者抢夺人承担赔偿责任。保险公司在机动车强制保险责任限额范围内垫付抢救费用的，有权向交通事故责任人追偿。

第五十三条 【驾驶人逃逸的责任承担】 机动车驾驶人发生交通事故后逃逸，该机动车参加强制保险的，由保险公司在机动车强制保险责任限额范围内予以赔偿；机动车不明或者该机动车未参加强制保险，需要支付被侵权人人身伤亡的抢救、丧葬等费用的，由道路交通事故社会救助基金垫付。道路交通事故社会救助基金垫付后，其管理机构有权向交通事故责任人追偿。

第七章　医疗损害责任

第五十四条　【医疗过错责任】患者在诊疗活动中受到损害，医疗机构及其医务人员有过错的，由医疗机构承担赔偿责任。

第五十五条　【医务人员的说明义务以及患者的同意权】医务人员在诊疗活动中应当向患者说明病情和医疗措施。需要实施手术、特殊检查、特殊治疗的，医务人员应当及时向患者说明医疗风险、替代医疗方案等情况，并取得其书面同意；不宜向患者说明的，应当向患者的近亲属说明，并取得其书面同意。

医务人员未尽到前款义务，造成患者损害的，医疗机构应当承担赔偿责任。

第五十六条　【紧急情况下知情同意的特殊规定】因抢救生命垂危的患者等紧急情况，不能取得患者或者其近亲属意见的，经医疗机构负责人或者授权的负责人批准，可以立即实施相应的医疗措施。

第五十七条　【医务人员诊疗中的注意义务】医务人员在诊疗活动中未尽到与当时的医疗水平相应的诊疗义务，造成患者损害的，医疗机构应当承担赔偿责任。

第五十八条　【医疗机构的过错推定】患者有损害，因下列情形之一的，推定医疗机构有过错：

（一）违反法律、行政法规、规章以及其他有关诊疗规范的规定；

（二）隐匿或者拒绝提供与纠纷有关的病历资料；

（三）伪造、篡改或者销毁病历资料。

第五十九条　【医疗产品有缺陷时的责任主体】因药品、消毒药剂、医疗器械的缺陷，或者输入不合格的血液造成患者损害的，患者可以向生产者或者血液提供机构请求赔偿，也可以向医疗机构请求赔偿。患者向医疗机构请求赔偿的，医疗机构赔偿后，有权向负有责任的生产者或者血液提供机构追偿。

第六十条　【医疗机构的法定免责事由】患者有损害，因下列情形之一的，医疗机构不承担赔偿责任：

（一）患者或者其近亲属不配合医疗机构进行符合诊疗规范的诊疗；

（二）医务人员在抢救生命垂危的患者等紧急情况下已经尽到合理诊疗义务；

（三）限于当时的医疗水平难以诊疗。

前款第一项情形中，医疗机构及其医务人员也有过错的，应当承担相应的赔偿责任。

第六十一条　【医疗机构对于资料的保存义务以及患者的查询与复制权】医疗机构及其医务人员应当按照规定填写并妥善保管住院志、医嘱单、检验报告、手术及麻醉记录、病理资料、护理记录、医疗费用等病历资料。

患者要求查阅、复制前款规定的病历资料的，医疗机构应当提供。

第六十二条　【患者的隐私权】医疗机构及其医务人员应当对患者的隐私保密。泄露患者隐私或者未经患者同意公开其病历资料，造成患者损害的，应当承担侵权责任。

第六十三条　【过度诊疗的禁止】医疗机构及其医务人员不得违反诊疗规范实施不必要的检查。

第六十四条　【医疗机构及其人员合法权益的保护】医疗机构及其医务人员的合法权益受法律保护。干扰医疗秩序，妨害医务人员工作、生活的，应当依法承担法律责任。

第八章　环境污染责任

第六十五条　【环境污染的无过错责任】因污染环境造成损害的，污染者应当承担侵权责任。

第六十六条　【污染者举证责任】因污染环境发生纠纷，污染者应当就法律规定的不承担责任或者减轻责任的情形及其行为与损害之间不存在因果关系承担举证责任。

第六十七条　【污染者责任的确定】两个以上污染者污染环境，污染者承担责任的大小，根据污染物的种类、排放量等因素确定。

第六十八条　【污染者赔偿责任及其向第三人的追偿权】因第三人的过错污染环境造成损害的，被侵权人可以向污染者请求赔偿，也可以向第三人请求赔偿。污染者赔偿后，有权向第三人追偿。

第九章　高度危险责任

第六十九条　【高度危险作业的严格责任】从事高度危险作业造成他人损害的，应当承担侵权责任。

第七十条　【核事故侵权责任】民用核设施发生核事故造成他人损害的，民用核设施的经营者应当承担侵权责任，但能够证明损害是因战争等情形或者受害人故意造成的，不承担责任。

第七十一条　【航空事故侵权责任】民用航空器造成他人损害的，民用航空器的经营者应当承担侵权责任，但能够证明损害是因受害人故意造成的，不承担责任。

第七十二条　【高度危险物占有人或者使用人的侵权责任】占有或者使用易燃、易爆、剧毒、放射性等高度危险物造成他人损害的，占有人或者使用人应当承担侵权责任，但能够证明损害是因受害人故意或者不可抗力造成的，不承担责任。被侵权人对损害的发生有重大过失的，可以减轻占有人或者使用人的责任。

第七十三条　【高空、高压、地下挖掘以及高速轨道运输侵权责任及其免责】从事高空、高压、地下挖掘活动或者使用高速轨道运输工具造成他人损害的，经营者应当承担侵权责任，但能够证明损害是因受害人故意或者不可抗力造成的，不承担责任。被侵权人对损害的发生有过失的，可以减轻经营者的责任。

第七十四条　【遗失、抛弃高度危险物侵权责任】遗失、抛弃高度危险物造成他人损害的，由所有人承担侵权责任。所有人将高度危险物交由他人管理的，由管理人承担侵权责任；所有人有过错的，与管理人承担连带责任。

第七十五条　【非法占有高度危险物侵权责任】非法占有高度危险物造成他人损害的，由非法占有人承担侵权责任。所有人、管理人不能证明对防止他人非法占有尽到高度注意义务的，与非法占有人承担连带责任。

第七十六条　【擅自进入高危区域的责任承担】未经许可进入高度危险活动区域或者高度危险物存放区域受到损害，管理人已经采取安全措施并尽到警示义务的，可以减轻或者不承担责任。

第七十七条　【高度危险责任赔偿限额】承担高度危险责任，法律规定赔偿限额的，依照其规定。

第十章　饲养动物损害责任

第七十八条　【动物损害侵权责任】饲养的动物造成他人损害的，动物饲养人或者管理人应当承担侵权责任，但能够证明损害是因被侵权人故意或者重大过失造成的，可以不承担或者减轻责任。

第七十九条　【未对动物采取安全措施的侵权责任】违反管理规定，未对动物采取安全措施造成他人损害的，动物饲养人或者管理人应当承担侵权责任。

第八十条　【烈性犬等危险动物致人损害的严格责任】禁止饲养的烈性犬等危险动物造成他人损害的，动物饲养人或者管理人应当承担侵权责任。

第八十一条　【动物园动物侵权责任】动物园的动物造成他人损害的，动物园应当承担侵权责任，但能够证明尽到管理职责的，不承担责任。

第八十二条　【遗弃、逃逸动物侵权责任】遗弃、逃逸的动物在遗弃、逃逸期间造成他人损害的，由原动物饲养人或者管理人承担侵权责任。

第八十三条　【动物侵权的第三人过错责任】因第三人的过错致使动物造成他人损害的，被侵权人可以向动物饲养人或者管理人请求赔偿，也可以向第三人请求赔偿。动物饲养人或者管理人赔偿后，有权向第三人追偿。

第八十四条　【饲养动物的合法原则】饲养动物应当遵守法律，尊重社会公德，不得妨害他人生活。

第十一章　物件损害责任

第八十五条　【搁置物、构筑物、悬挂物侵权的过错推定责任】建筑物、构筑物或者其他设施及其搁置物、悬挂物发生脱落、坠落造成他人损害，所有人、管理人或者使用人不能证明自己没有过错的，应当承担侵权责任。所有人、管理人或者使用人赔偿后，有其他责任人的，有权向其他责任人追偿。

第八十六条　【建筑物等设施倒塌侵权责任】建筑物、构筑物或者其他设施倒塌造成他人损害的，由建设单位与施工单位承担连带责任。建设单位、施工单位赔偿后，有其他责任人的，有权向其他责任人追偿。

因其他责任人的原因，建筑物、构筑物或者其他设施倒塌造成他人损害的，由其他责任人承担侵权责任。

第八十七条　【高楼坠物的可能加害人责任】从建筑物中抛掷物品或者从建筑物上坠落的物品造成他人损害，难以确定具体侵权人的，除能够证明自己不是侵权人的外，由可能加害的建筑物使用人给予补偿。

第八十八条　【堆放物过错推定责任】堆放物倒塌造成他人损害，堆放人不能证明自己没有过错的，应当承担侵权责任。

第八十九条　【堆放、倾倒、遗撒物品损害侵权责任】在公共道路上堆放、倾倒、遗撒妨碍通行的物品造成他人损害的，有关单位或者个人应当承担侵权责任。

第九十条　【林木折断致人损害侵权责任】因林木折断造成他人损害，林木的所有人或者管理人不能证明自己没有过错的，应当承担侵权责任。

第九十一条　【公共场所以及路面施工侵权责任】在公共场所或者道路上挖坑、修缮安装地下设施等，没有设置明显标志和采取安全措施造成他人损害的，施工人应当承担侵权责任。

窨井等地下设施造成他人损害，管理人不能证明尽到管理职责的，应当承担侵权责任。

第十二章　附　　则

第九十二条　【施行时间】本法自 2010 年 7 月 1 日起施行。

图书在版编目（CIP）数据

最高人民法院关于医疗损害责任纠纷案件司法解释理解运用与案例解读/杨立新主编.—北京：中国法制出版社，2018.1

ISBN 978-7-5093-9189-1

Ⅰ.①最… Ⅱ.①杨… Ⅲ.①医疗事故-民事纠纷-处理-法律解释-中国 Ⅳ.①D922.165

中国版本图书馆CIP数据核字（2018）第009104号

策划编辑/责任编辑　马金凤（editormjf@163.com）　封面设计　李　宁

最高人民法院关于医疗损害责任纠纷案件司法解释理解运用与案例解读

ZUIGAO RENMIN FAYUAN GUANYU YILIAO SUNHAI ZEREN JIUFEN ANJIAN SIFA JIESHI LIJIE YUNYONG YU ANLI JIEDU

主编/杨立新

经销/新华书店

印刷/三河市紫恒印装有限公司

开本/730毫米×1030毫米　16开　印张/17.75　字数/223千

版次/2018年1月第1版　2018年1月第1次印刷

中国法制出版社出版

书号 ISBN 978-7-5093-9189-1　定价：59.00元

北京西单横二条2号

邮政编码100031　传真：66031119

网址：http：//www.zgfzs.com　**编辑部电话：66070046**

市场营销部电话：66033393　**邮购部电话：66033288**

（如有印装质量问题，请与本社编务印务管理部联系调换。电话：010-66032926）